# 内発的発展と地域社会の可能性

徳島県木頭村の開発と住民自治

丸山 博 編著

法律文化社

# 目　次

　　序　 1

第 **1** 章　木頭村における近代開発の歴史───丸山博・田中真澄　9
　　　　　───地域開発と地方自治───

　**1**　近代開発の黎明　 9
　**2**　戦後の地域開発　 25
　　　 1　那賀川総合開発計画　 25
　　　 2　小見野々ダムと木頭村民の反応　 33
　　　 3　拡大造林政策と林業・森林　 42
　　　 4　外来型開発から内発的発展へ　 55

第 **2** 章　細川内ダム反対運動の展開過程───丸山博　 79
　　　　　───住民運動と環境政策───

　**1**　細川内ダム対策同志会　 79
　**2**　木頭村ダム対策協議会　 89
　**3**　細川内ダム計画の再浮上　 101
　**4**　反ダム組織の動向と環境変革運動　 110
　　　 1　反ダム組織の村内再編成　 110
　　　 2　環境変革運動　 116
　**5**　藤田恵村長 2 期 8 年間の闘い　 129
　　　 1　原理───ダム反対の論理───　 129
　　　 2　政策───ダム抜きの村づくり───　 132

  3　運動——山村と都市との連帯——　146

## 第3章　自然と人間の共生　　　　　　　　　田中真澄・丸山博　163
    ——広義の労働とローカルな知識——

### 1　ローカルな知識と近代開発　163
### 2　木頭村各地区における意思決定と社会紐帯　177
  1　聞き取り調査の焦点　177
  2　各地区（部落）組織とその活動
    ——和無田，折宇，北川の場合——　179
  3　組の活動——和無田地区1組，和無田地区7組，折宇地区土居組，
    北川地区藤下組，南川の日早，宇井の内集落の場合——　191
### 3　住民自治に基づく広義の労働　196
  1　和無田地区の採草地と吉野用水の維持管理　197
  2　折宇地区の山焼きと水車の維持管理　198
  3　北川地区の部落林，久井谷発電所のイデ普請，北川小学校
    の屋根の葺き替え　203
### 4　森や川に関するローカルな知識　205
### 5　木頭村の再生に向けて　225

あとがき
付　録
索　引

# 序

　農林水産省の最新の統計によれば，過去10年間に日本の農山漁村から5000を超える集落が崩壊したという。このことは普段，問題視されることはなく，農山漁村が世間の耳目を集めるのは地震や豪雪，洪水などの災害があった時である。しかし，その際も，「なぜ，そんなところに住んでいるのか」という非情な視線が年老いた住民らに注がれ，悲劇に拍車をかけている。農山漁村が消えていくのは当然なのだろうか。

　このような事態に対して，本書は，徳島県那賀郡木頭村の住民らのダム反対運動を主題に，「農山漁村は決して遅れた存在ではなく，住民の不断の運動さえあれば，未来があるのだ」というメッセージを送ったものである。換言すれば，住民たちの目線や言葉に即しながら，地域開発と住民の自治，環境政策と住民の運動，地域の自然，社会と住民の認識などについて論じ，内発的発展に基づく地域社会の可能性を描いた，住民主体の地域環境政策論といえよう。以下，もう少し詳しく説明する。

　本書は，木頭村が藩政時代に多様な作物を生産していたことからはじまり，その未来は近代開発によって失われた地域の自然の多様性を取り戻すことにあるとして終わる。その間，木頭村の開発の歴史と細川内ダム反対運動を通して日本の近代開発の問題点を浮き彫りにし，それを克服するものとしての宮本憲一の内発的発展論についても批判的に検討する。また，歴史的視点とともに国際的視点から近代開発を問い直すことによって，アジアやアフリカなどの国々における伝統的開発の根底にある地域固有のローカルな知識に基づく地域住民の自治的管理が地域環境の持続性を保証するものであることを確認する。こうして本書は，地域開発における住民自治は，民主的な意思決定に不可欠であるばかりではなく，地域住民のローカルな知識の合理性という観点からも必要であることを根拠づけ，木頭村民の森や川に対するローカルな知識もそれに連な

るものであることを明らかにするのである。本書は三つの章からなり，各章ごとの概要を示すと，以下のようになる。

　第1章『木頭村における近代開発の歴史』では，「細川内ダム問題がなぜ，引き起こされたのか」を探るべく，歴史資料や先行研究に基づき主として近代以降の木頭村における開発の歴史を概観し，地方自治を踏まえた地域開発の原理を内発的発展論に求め，その検討を試みた。

　藩政時代の木頭村地方は，林業地帯として知られていたが，ヒエ，アワ，ソバ，キビ，トウモロコシ，里芋，麦，大豆，茶，コウゾなど，多様な作物を生産していた。しかし，近代以降，水田開発を支える用水，貯池の開発が大規模になり，その後，木材流走路の整備も資本主義の進展による木材需要の増加とともに進められた。ここに近代開発の特徴，すなわち大規模化，単一化の端緒がすでに見られる。昭和7（1932）年から3年間，国の最初の大規模公共事業ともいうべき時局匡救事業が全国的におこなわれ，木頭村の道路や林道も整備された。開発の主体を左右する自治制度は，昭和20（1945）年8月のアジア太平洋戦争の敗戦まで明治自治制のもとで地域住民の自治権が制限され，とりわけ日中戦争以降，市町村は国の末端機構と位置づけられた。戦後，国民主権，徹底した平和主義，基本的人権の尊重を基調とした日本国憲法が制定され，地方自治も憲法に保障された。しかし，国は次々と法令を制定し，自治体を事実上の下部機関とした。道路・河川の管理権限の知事から建設大臣への委譲，地方農政局や地方建設局などの新設・権限強化，中央省庁による全国総合開発計画の策定などによって，地方自治体の主体性，内発性を封じ込め，地方自治を建前にした中央集権システムをつくったのである。

　戦後最初の国土開発は国土開発法に基づく特定地域開発計画にはじまる。昭和25（1950）年，全国の21の地域が指定され，那賀川もその一つとなった。那賀川開発の目的は水資源の確保と電力など生産の向上に置かれ，木頭村内には小見野々ダム，細川内ダムが計画された。小見野々ダムは，当初，住民の反対が強かったため，規模を縮小して建設された。しかし，木頭の人々は小見野々ダムから「ダム建設は一時的な雇用をもたらすだけであること，ダム建設は川

の流れを止め，川を死に至らしめること」などを教訓として学んだ。国，県は，その後，上流の細川内ダム計画の目的を当初の電源開発から洪水調整も加えた多目的ダムへと変更し，その建設を強行しようとした。川が高度成長をめざした国の国土開発計画によって分断されたように，森もまた国の拡大造林政策とその後の外在輸入の自由化政策によって荒廃に向かった。国は，昭和31 (1956) 年以来，広葉樹林を皆伐して成長の早い針葉樹に変えるよう政策誘導しながら，都市での急速な木材需要に応えることを急ぎ，昭和36 (1961) 年，外材輸入の自由化を決定した。その結果，国内林業は安い外材に市場を奪われ，間伐や枝打ちもままならず，森が保水力を失ったのである。昭和51 (1976) 年9月，木頭村で久井谷の大崩壊が起こり，6名の貴重な命が奪われたことは，その当然の帰結といえよう。林業自体も昭和30年代にチェーンソーが導入されるとともに生産効率が飛躍的に上昇し，自然のサイクルを破壊するものとなっていった。

　こうした近代開発を歴史的に分析し，先駆的に地域開発のあり方を，その主体に注目し，外来型開発と内発的発展という枠組みでとらえたのは宮本憲一である。宮本 (1989) [i]にしたがって木頭村の戦後開発を検討すると，藤田村長以前の村長はいずれも戦前同様，国や県に依存した開発＝外来型開発を進めたといえる。筆者は，宮本の内発的発展論が地域開発原理の到達点であると考えるが，問題点として次の2点を指摘した。第一に，宮本の内発的発展論には他の地域との関係が入っていないため，地球環境の持続的発展をカバーする理論とはなりえていない。地域開発の視点から地球環境全体を視野に入れるには，各地域が他の地域のあり方をも視野に入れなければならない。そこで，環境正義の概念を貧困層や有色人種の人権侵害にとどまらず，都市と農山漁村など地域間の社会的不公正にまで広げて，宮本の内発的発展の原則に組み込む必要があるとした。第二に，保母武彦は宮本の内発的発展論を農山村での政策論に発展させ，産業振興を重視した木頭村総合振興計画をつくった。しかし，それは木

---

i ) 宮本憲一『環境経済学』（岩波書店，1989年）。

頭村の状況を踏まえれば，必ずしも住民の主体性，地域の固有性を反映したものとはいえないととらえ，内発的発展を「地域の歴史・文化，住民自治，環境正義などを踏まえ，産業振興を必要条件とはせず，近代開発の問題と真摯に向き合い，自然と人間との共生をめざすこと」と規定した。

　第2章『細川内ダム反対運動の展開過程』では，「木頭村の住民運動はどのように国や県のダム計画を中止させたのか」ということを明らかにするため，地方紙や全国紙の記事などから国や県のダム推進の論理を追いながら，木頭村の広報誌や住民運動組織の内部資料，主要人物のインタビューなどによって，国や県に対峙する住民運動の展開過程を歴史的にとらえた。なお，第1章は地域開発の歴史的分析を通して，その原理＝内発的発展を扱ったものであるのに対し，第2章は内発的発展に基づく地域開発をめざした運動論といえる。理論的には環境正義や予防原則を検討し，それぞれに新たな知見を得た。

　細川内ダム反対運動は内発的発展を実現するためには避けることのできない運動であり，その展開過程は質的変化に応じて四つの時期に分けられる。第一期は，昭和46（1971）年9月に水没予定地域の住民を中心に誕生した同志会が，昭和49（1974）年11月，村議会において「ダムをテコにした木頭村総合計画」が可決されるや否や村議会議員のリコール運動に入り，その計画を白紙撤回させるまでの過程。その間，同志会はダムにともなう問題の学習を通して，問題点を把握し，デモや総会などによって村内の人々にダム問題の重要性を知らしめた。第二期は，同志会が全村的な組織へと発展し，リコールを契機とした自主解散後の選挙でも半数近くの議席を獲得したこと，ダム対策協議会では少数派ではあったものの全体の議論をリードし，昭和51（1976）年12月，村議会の反対決議を導き出したことなどによって特徴づけられる。その後，ダム計画はしばらく立ち消えになったが，昭和62（1987）年12月，徳島県知事の議会答弁によって再浮上する。やがて，那賀川を守る会と同志会を前身とするダム反対同志会が木頭村内にでき，それぞれ村外に活動の場を求めて積極的に活動をはじめた。村内の二つの組織と村外の組織とが連帯し，ネットワークをつくる，その時期が第三期である。そして，国も県もダム建設への動きを強めようとし

た矢先，村内の二つのダム反対組織から推薦された藤田恵が村長として登場する。その後，ダム計画の完全中止を実現するまでの7年間がダム反対運動の最終幕，第四期である。平成5（1993）年4月，藤田恵が村長に就任すると，全国初の環境権に基づく環境基本条例とダム阻止条例を制定し，ダム抜きの村づくりのための総合計画をつくるなど，自治権を盾に国や県のダム計画の不当性を訴えた。藤田村長の言動は，全国的注目を集めるとともに共感をよび，その過程において，平成9（1997）年には河川法の改正がおこなわれ，公共事業の見直しなどの動きも政治レベルで出るなど，社会全体に影響を与えた。とりわけ，第四期の運動は細川内ダムの命運をかけた最後の闘いであったことから，ダム反対の原理，それに基づくダム阻止のための政策と運動に分けて，詳しく論じた。そのなかで，保母武彦の木頭村総合振興計画への批判を具体的に展開するとともに，平成13（2001）年の村長選挙の驚くべき実態など筆者しか知りえないことも書き添えた。なお，細川内ダム反対運動のキーパーソン，田村好と藤田恵については，新聞，雑誌の記事や筆者によるインタビューなどにもページを割き，ダムに関する考え方や生い立ちを探った。

　こうして細川内ダム反対運動の展開過程を追いながら，木頭村の細川内ダム反対運動を「環境問題の解決を社会変革に求める運動」すなわち環境変革運動と規定した。そして，世界に目を転じ，木頭村の運動と同時代の環境変革運動から環境正義と予防原則という今日の政策原理が生み出されたと考え，それぞれに独自の視点を打ち出した。環境正義は，歴史的にはアメリカで廃棄物処理場の多くが貧困層や有色人種の多く住む地域につくられたことに対する人権擁護運動の基本原理であった。筆者は，核問題の検討を通して，環境正義の概念が途上国と先進国，都市と農山漁村など地域間，現在世代と将来世代の世代間にも適応されるべきとした。予防原則については次のような二つの論理を組み立てた。第一に，その起源は，日本においても1970年代のドイツの Vor-sorgeprinzip（配慮原則）にあるとされるが，武谷三男が1960年代に論じた安全性の哲学に原形が見られるととらえた。武谷の「無害の証明がない限り使用

---

ii）武谷三男『安全性の考え方』（岩波書店，1967年）。

してはならない」という考えは，水俣病第一次訴訟の原告側の理論の基礎となり，チッソの安全義務違反を引き出し，裁判を原告側の勝訴に導いた[iii]。しかし，ドイツが Vorsorgeprinzip を発展させたのに対し，日本は武谷の考えを取り入れなかったため，その後の両国の環境政策には大きな隔たりができたのである。第二に，ウィングスプレッド宣言は，代替案の検討をふくむことから政策論への展望を開くものであり，現状においては予防原則の到達点であると考えた。その上で，化学物質汚染の象徴として PCB の歴史を振り返り，ウィングスプレッド宣言の有効性を確認した。

第3章『自然と人間の共生』は，木頭のダム問題を普遍的にとらえるため，近代開発を国際的視点から検証し，ローカルな知識を内発的発展のなかに組み込んだ。さらに，「木頭村の人々はなぜ30年もの間，権力と闘うことができたのか」という問題意識のもと，木頭村の人々同士の絆や自然とのつながりを明らかにし，ローカルな知識の意義を探り，広義の労働とローカルな知識をキーワードに木頭の未来を描いた。

ヴァンダナ・シバ（Vandana Shiva, 1993）は，1960年代からアメリカによってインドで進められた食糧増産計画「緑の革命」をインドの伝統的農業と比較検討し，後者の優位性を指摘した。「緑の革命」は，欧米の考えをグローバル化し，小麦や米など単一種の大量栽培をめざして化学物質や水を大量投下した結果，環境破壊に終わったのに対し，インドのローカルな農業は生物多様性と土，水，家畜，植物などの間の共生関係の上に成り立ち，持続的であるというのである。ヴァンダナ・シバ（Vandana Shiva, 2000）は，近年，遺伝子組み換え技術と農業のグローバル化がなければ世界の人口は生き延びられないとの宣伝が繰り返されているが，女性や小農による生物多様性に基づく農林業が世界の人口を養っているとして，女性や小農の役割の重要性を強調する。それにもかかわらず，食料のグローバリゼーションが進められ，貧しい人々の知識がグローバル企業の財産へと変わるにつれて，地域の食文化の多様性の喪失と貧富

---

[iii] 富樫貞夫「法創造に挑む水俣病裁判」『原田正純編・水俣病講義』（日本評論社，2004年）163-179頁。

の差の拡大が同時に起こっていると警告している。また，ダニエル・ネトルとスザンヌ・ロメイン（Daniel Nettle & Suzanne Romaine, 2000）は，近代のグローバルな開発は貧富の格差を広げ，環境破壊を引き起こしてきたが，アフリカなど現地の住民が長い歴史のなかで獲得してきた伝統的開発は自然に負荷をかけず，持続的であるという。したがって，そうした伝統的な知識や生活方法と結びついている先住民族などの言語を将来世代に継承するとともに，地域住民に開発行為に対する権限を与えるべきだと主張するのである。筆者は，上記の伝統的農業や伝統的開発などそれぞれの土地に根ざしたローカルな知識と内山節（1988）[iv]の広義の労働概念とを統合し，ローカルな知識を「自然とともに生きる人々が場所の自然と地域社会を基盤とする協働的労働を通して獲得し，共有し，継承してきた知識」と規定し，内発的発展の「地域の歴史・文化」の中核にローカルな知識を位置づけ，地域社会の未来を描く基盤とした。

共同執筆者の田中は，木頭村の折宇地区に1年間暮らし，「木頭村の人々の職業が農林業であれ土木業であれ，それらの基底に存在し，生活基盤となっているのは地域での意思決定と社会紐帯，住民自治に基づく労働を通して形成された森や川に関するローカルな知識である」ことに気づき，インタビューを繰り返した。その結果，木頭村では，地区とそれを構成する組という集落を単位として自治的に意思決定がおこなわれてきたこと，神社や寺（庵）の行事，道普請や用水普請などに関しては手間替え（テマガイ）や出役（デヤク）などの労働を通して住民間の社会紐帯が築かれてきたこと，人々は自然における労働を通して山（森）や川（魚）に関する知識を獲得し，自然や他の人々とのつながりを形成してきたことなどを示した。その上で，木頭村の人々に蓄積されたローカルな知識は，自然と社会との有機的連関を表すとともに，自然の変化を知るモニターの役割を果たしてきたことを明らかにした。今日の地域開発におけるローカルな知識の意義はしたがって，次のように考えられる。ローカルな知識は自然と社会との有機的連関を示すため，近代開発によって分断された自

---

iv）内山節『憧景のなかの労働――労働のなかの二つの関係――』（有斐閣，1988年）。

然と社会の関係を再生する際の基盤として再評価されるべきであり，ダムなどの計画にあたっては，モニターとしてのローカルな知識が最優先され，地域開発における住民自治の重要性が改めて認識されなければならない。

　最後に，木頭村の未来の枠組みについては，生産力の発展に基づく「進歩」史観の見直しと日本列島の各地域の多様性を踏まえて，デビッド・C・コーテン（1998）のグローバル資本主義批判と内山節（1988）の広義の労働の概念を検討し，ローカルな知識を基盤として広義の労働を主とする社会を再生することに求めたのである。

# 第1章　木頭村における近代開発の歴史
──地域開発と地方自治──

## 1　近代開発の黎明

**藩政時代の木頭村民**

　徳島県木頭村の歴史資料をさかのぼると，『那賀荘内大由郷文書』に元応2(1320)年現在の木頭村をふくむ場所から京都下鴨神社の造営に木材が寄進されていたことが記録されており，『兵庫北関入船納張』には文安年間（1444～49年）に「那賀」の樽（山出しの板材）が平島（現那賀川町）から兵庫北関（現神戸港）に輸送されたという記述も見られる。したがって，現木頭村など那賀川上流域は少なくとも中世から水運を利用した林業地域であったと考えられる。近世に入ると，木頭地方の生活は，以下のように，焼畑を第一とし，木材伐出販売・山稼ぎを第二としたものとして描かれている。

　木頭住民は，主として，焼畑で食料としての雑穀を生産し，木材販売・山林労働で現金を入手し，茶・コウゾなど数少ない商品作物の生産販売で現金収入の不足を補い，重い年貢・夫役に耐えながら生活してきた。焼畑からの産物は，ヒエ・アワ・ソバ・キビ・トウモロコシ・里芋・麦・大豆・アズキなどであった。焼畑が生活基盤であった木頭住民とりわけ中・下層民は，それらを常食としたが，時として，田からの米・麦と畠からの麦を食べることもあった。不作の年には伐畑御林を請作して補食したが，それでも不足する食料のため，住民は搬入される高価な御蔵米を購入したという。味噌・醤油・酒・酢などは，ほとんど自給であった。焼畑から産する大豆・トウモロコシ，田と畠から産する麦がこれらの原料として用いられた。動物性のたんぱく質源としては，夏季には那賀川やその支流からアユ・アメゴ・イダ・ウナギなどが採れたものの，冬

季はそれらを入手できないため,海部郡海岸町の鞆の浦・奥の浦・牟岐浦などの商人が山越えして馬に積んできた海の魚介を購入した。また,塩,油類や針・鍋・釜などの金属製品その他の加工品なども,主として海部郡海岸部の商人から入手した。衣類は木頭で生産するコウゾを原料に太布を織り,それで普段着や作業着,寝具の一部をつくったという。しかし,太布はゴツゴツしていてそれだけでは不便であったから外部商人を通じて木綿をコウゾとの交換によって求めた。住居は,木材が地元で調達できたので,スギやカヤを利用して自給的に構築できた。このように,藩政期の木頭村地方の住民は,山地を基盤とする自給的生活をめざしたものの,不足する生活必需品については木頭の外部より購入しなければならなかった。したがって,藩政時代の木頭村地方は決して孤立した地域ではなく,木頭材は主として那賀川ルートで搬出され,海産物,塩,油類,金属製品などの日用物質は主に海部郡の皆ノ瀬ルートを経由する舟と人馬のかつぎ運搬によって運ばれるなど,外部との交易が日常的におこなわれていた(図1-1)。

　木頭村の各地区の生産物や身分について記述された史料をもう少し紐解いておこう。

　寛永の検地帳(1628年)によれば,水田石高は出原,和無田,南宇が圧倒的に多く,茶園は多いほうから南宇,出原,折宇,西宇となっているが,陸田,伐畑の場合は折宇,北川が他を圧倒し,カジは北川,南宇,折宇,西宇に偏在している。このような各地区間の生産物の違いは木頭村内の多様な生産活動の実態を裏づけるものである。また,『木頭上山村棟付け帳』(文化9〔1812〕年)によれば,木頭村の上流部に位置する北川,折宇地区は他の地区に比べて,名子や下人など水呑み百姓が多く見られるため(表1-1),米作中心の歴史観から見れば両地区は貧困であるということになる。

　網野善彦(2000)[4]は,従来の歴史像の概念,たとえば身分に対する固定観念に疑いを投げかけ,下人というと地主である主人に仕えて労働に従う者で,大家の土地を耕作する農奴のようなものといわれる名子よりも下の階級であるとされてきたが,能登半島の時国家の下人が北前船の船頭として千両におよぶ交

第1章　木頭村における近代開発の歴史

図1-1　木頭地方と外部との交通ルート図（近世～近代）

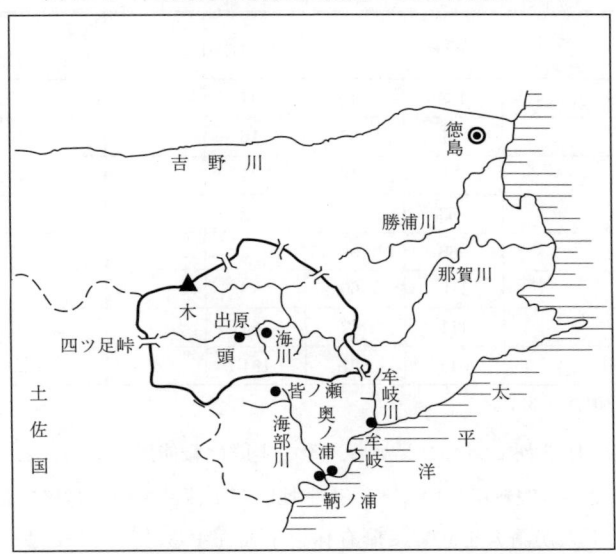

出典：有木純善『林業地帯の形成過程』（日本林業技術協会，1974年）164頁。

図1-2　寛永5（1628）年の検地時の各地区（石）および
総戸数（戸）と本百姓の個数（戸）

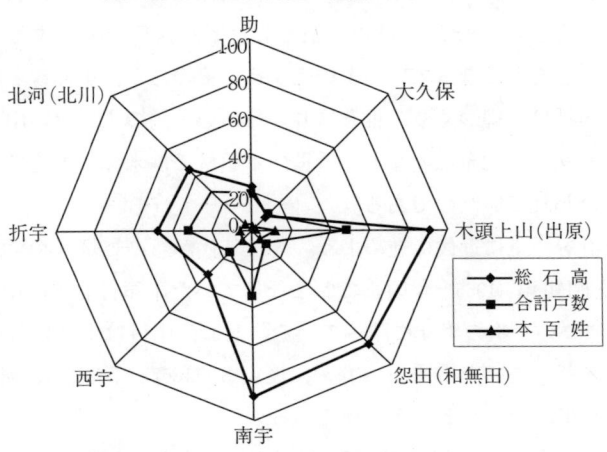

出典：『木頭村誌』12-18頁を基に筆者作成。

表1-1 文化9（1812）年における各村の戸数（戸）に占める名子・下人の比率

| 村　　名 | 総家数 | 百　姓 | 名　子 | 下　人 | 家数に対する名子，下人の比率（％） |
|---|---|---|---|---|---|
| 助（大久保村をふくむ） | 168 | 110 | 41 | 5 | 27.4 |
| 出　原 | 99 | 65 | 16 | 3 | 19.2 |
| 和無田 | 28 | 18 | 4 | | 14.3 |
| 西　宇 | 53 | 37 | 9 | | 17.0 |
| 南　宇 | 68 | 59 | 2 | | 2.9 |
| 折　宇 | 118 | 60 | 48 | | 40.7 |
| 北　川 | 111 | 42 | 64 | | 57.7 |
| 計 | 645 | 391 | 184 | 8 | 29.8 |

出典：『木頭村誌』37頁。

易・取引を一任されていたことから，その実態は職能民であったということを明らかにした。木頭村においても，折宇地区の下流部の西宇地区では，宝暦14（1764）年，下人が請人を立てて藩有林を手入れする「杣人」とよばれる職能民として労働した例がある。そして，山林労働における雇用関係は身分的隷属性が希薄であり，経済的関係が支配的であったことから，北川，折宇の名子，下人といわれた人々は，藩政期初期からの御留山である久井谷，折宇谷で杣人として働き，年貢（公租），夫役銀を納めるなど，食料を購入するために山林を利用した稼ぎをおこなっていたといえよう。そのほか，農間稼といわれる余業もあり，男性は檜縄づくり，椎茸採りの日雇い，馬の入れない山道での荷物の運搬など，女性は太布織りなど，近世の木頭村では米作に加えて多様な生産活動がおこなわれていたのである。

さて，時計を一気に近代に進めよう。藩政時代からの焼畑（木頭では，ヤマザクという）を昭和40（1965）年頃までおこなっていた木頭村北川の中村広知（78歳）は焼畑について次のように語っている。なお，中村は木頭村北川地区のまとめ役である総代を17年6ヶ月も務め，慶応3（1867）年生まれの祖父から山のことをすべて教わったという人物である。

「ヤマザクの場所は決まっていて，アレといいよりました。アレの意味はよ

くわかりませんが，人が荒らしたという意味でしょうか。1年目はヒエを撒き，2年目はアワ・アズキなど，粉作といいよりましたが，それをしました。3年目はミツマタを植え，2，3年収穫し，その後，20～30年ほからしておきます。そうすると，雑木の林になります。山ならどこでもヤマザクをするのでなく，モトヤマという原生林には太い木がたくさん生えていて，祖父が"モトヤマだけは残しとかんと，ヤマノカミが荒れる"というておりました。その他，ヤマノカミの森というのがあって，そこには小さな祠があり，正月とかお供え物をして拝んでおりました」。

## 大日本帝国憲法下の木頭村の行政機構[5)]

　明治22（1889）年，大日本帝国憲法下において市制・町村制が施行されると，木頭地域はそれまでの自然村から小学校区を単位とした行政村として，南宇，西宇，折宇，北川からなる奥木頭村と海川，出原，和無田，助からなる上木頭村となった。議決機関の村会が置かれるとともに，村議会議員選挙が実施され，執行機関として村長が置かれた（図1-3）。しかし，村長は住民の直接選挙ではなく，村会によって選ばれ，県知事の許可を受けて決定された。知事は官選であり，天皇に任命され，内務大臣の指導指揮を受けた。なお，当時の法律に「市町村ハ第一次ニ於テ府県知事之ヲ監督シ第二次ニ於テ内務大臣之ヲ監督ス」とあるように，内務大臣―府県知事―町村長という縦の命令系統が強固に貫かれ，地方自治の本旨からはかけ離れたものであった。

　奥木頭村の議会選挙では，大地主を中心とする1級選挙人と中小地主中心の2級選挙人がそれぞれ同数の議員すなわち1級議員と2級議員を選出した。明治22（1889）年10月，奥木頭村の第1回選挙の結果選ばれた1級議員と2級議員はそれぞれ4名であった。奥木頭村の人口は，明治5（1872）年2763人，大正14（1925）年2421人であったが，大正7（1918）年の県議会議員選挙の有権者数を見ると，わずか119人にすぎない。衆議院は地租あるいは直接国税10円以上を，県議会は地租あるいは直接国税3円以上を1年間納税している者でなければ，選挙権が認められなかったからである。当時の自治制が地主の自治とよ

図1-3 大日本帝国憲法下の行政機構

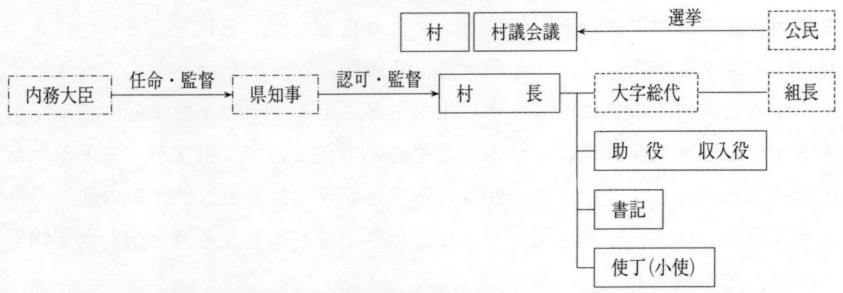

注：1．大正10（1921）年まで村議会議員は納税額によって，1級，2級の等級区分があった。当選後の権利に差はなかった。町村長の町村会選挙は敗戦までつづいた。
　　2．昭和15（1930）年に大政翼賛会が結成されてからは，部落会・隣組などの下部組織もつくられ，選挙に立候補する者は翼賛会の推薦を受けなくては当選の可能性がなくなった。
　　3．役場の事務は，大正12（1923）年に郡制が廃止されるまでは郡から事務監督官が出張してきて厳重な監査を受けていた。その後は，県から係官が出張してきた。
出典：『木頭村誌』338-344頁を基に作成。

ばれるゆえんである。大正15（1926）年，選挙権・被選挙権の制限が撤廃され，等級選挙も廃止となり，それ以降，いわゆる普通選挙が実施されたが，女性が参政権を得るのは戦後の日本国憲法まで待たねばならなかった。

### 大日本帝国憲法下の開発——用水・溜池・森林・木材流走路

木頭村に残されている明治，大正期の風景写真は，美しい棚田が河岸段丘の大半を覆って山麓まで延びており，米の生産に努めた人々の厳しい労働を彷彿させる。『木頭村誌』はこのことについて，以下のように記している。

「幸い木頭は雨量には恵まれているものの，耕地が河岸の段丘に沿って開けているために，用水の開発には涙ぐましい努力をつづけてきたようである。したがって，用水・溜池の開発は郷土の開発史とも見ることができる」。

村内の用水・溜池の古くは地区ごとに藩政時代からつくられてきたが，明治以降もつづけられ，次第に規模が大きくなった。昭和につくられた西宇用水，平野用水はともにトンネル工事をともなう大工事となり，資金も出役も地域内では完結できず，補助金が支給された。そうして得られた水は，たとえば南宇

用水組合規約によれば，管理者，評議員を選挙で選び，評議員会や総会を毎年開催するなど，民主的に管理されていた。

木頭地域での近代開発としては，用水・溜池→水田開発とともに，森林開発とそれにかかわる流走路の整備があり，それこそが木頭村を特徴づけるものである。以下，そのことについて，四手井綱英・半田良一らの先行研究に依拠して素描しておこう。

明治初期（1870～80年代）の木頭の山々は広葉樹におおわれ，林業は採取林業の形でおこなわれていた。山元伐出業者は焼畑農民を杣夫，木挽として雇い，天然林の伐採加工をおこなった。天然生スギについては，伐採したものを現地で手挽により六分板，四分板などに加工し，ケヤキ，モミ，ツガは盤，押角に加工した。その上で，当時，副業として筏流しをおこなった那賀川流域各村の農民を雇い入れ，加工材を流送によって流下して，岩脇村（現羽ノ浦町）古庄ないし中島浦まで搬出し，同地の問屋と取引をおこなったのである。

流送について，もう少し詳しくのべると，次のようになる。

山元で伐採，玉切りしてさらに盤，押角に挽いたものを谷筋に集め，川流し（散流）をおこなう。散流材はいったん山間編筏場（西宇にあった）で集め，これを山筏に編筏して流し，宮浜村谷口に集める。山筏は一杯が約1000才であったが，谷口では山筏の三杯を組み合わせて一双とし，下流の古庄または中島まで流下したのである。この筏を里筏とよんでいた。里筏には1～2人の筏夫が乗り，下流古庄または中島までの60キロメートルを途中10ヶ所の難所を乗り切って平水時には2日がかりで乗り下げた。

流送事業の経営には流送路の改修が重要な意義をもつため，明治10年代には岩石の取り除き，開鑿などがおこなわれた。当時，日本では，資本主義の原蓄期を迎え，鉄道，運送の発達，官営軍事工場の発展が目覚しく，明治20年代には，阪神工業地帯の急速な発展によって関西地方の各種用材需要が激増していた。その頃には植林も徐々に進められ，明治29（1896）年の林業組合設立以降，一般化した。その背景としては，上記の需要増とともに林地，立木価格の上昇のほか，明治29（1896）年，徳島県が「スギ，ヒノキ，クリ，ウルシ，ケヤキ，

写真1-1

木頭村折宇地区六地蔵集落の集材風景　(1976年撮影：不明，所有：西麻夫)

クスに対する植樹補助金交付規則」を制定したこともあった。しかし，こうした造林化の進行は焼畑農民を次第に林地所有ないし利用からしめ出すとともに，共有林を分解させて，村内外大地主の所有集中を促した。日露戦争（明治37～38〔1904～05〕年）前後の木材需要増大，とりわけ軍需用材としてのケヤキ，モミ，ツガなどの需要を背景として，資本蓄積をした中島の木材業者は次第に旧来の手挽製材に代わって機械製材を導入していった。明治24（1891）年以降のことである。

　当時の全国的な交通体系について，筒井正夫（1993）は日本の産業革命が本格的に進展した明治20年代から明治40年代は全国的に交通革命が進展し，伝統的な和船による海運・河川輸送中心のものから鉄道と道路ならびに汽船を中心とするものへと変わっていった[8]とのべている。つまり，交通革命は太平洋側の都市を中心として発達し，たとえば「日露戦後期には輸入大豆粕や過燐酸石灰等の金肥が京浜・阪神から東海の養蚕製糸地帯や近畿周辺の農村を筆頭にして北海道・東北・九州に至るまでかなりの地域格差を伴いながら全国的に普及し，

農業生産の増進に寄与したのである」。交通革命は農業生産のみならず，農民の生活様式にも変化を与えたが，逆にいえば，交通や経済の発展から取り残された「後進」地帯に地域固有の生活や文化がその後も長く残されることになったという。木頭村も，その一つであろう。また，地域経済の再編過程を通して，「入会山野は今や茶・桑・果実等商業的農業のための開墾地あるいはそのための肥料や原材料の供給地としての意義を与えられて競争的乱伐の対象とされ，入会地利用の共同体規制は弛緩して日露戦後には早くも各地で山野荒廃化の危機が叫ばれた。水利の管理主体も耕地整理等の展開のなかで，従来の部落主体のものから地主主導の水利組合や町村役場に委ねられるケースが増えていった」。木頭村では，北川地区の部落林が今でも残され，和無田地区の水利管理もまだ住民主体でおこなわれており，地元住民による自治的な資源管理が長くつづけられてきたといえよう。

　木頭村初代村長・岡田仁平は，明治22（1889）年11月から明治34（1901）年11月の3期12年間にわたって在職し，森林開発に力を尽くした。岡田家は，西宇に代々つづく庄屋で，藩政時代以来，藩有林および民有林の木材仕出しにかかわり，木材商を営んでいた。岡田村長は，政府の殖産興業奨励策を受けて，日清戦争（明治27～28〔1894～1895〕年）後の明治29（1896）年に奥木頭村林業組合を設立した。そして，徳島県から勧業資金（500円）を借りて奈良県吉野地方へ視察員を派遣するとともに，翌30（1897）年には同地方から林業技師を奥木頭村に招いて育苗・植付けなどの講習会を開き，スギ苗5万本を村民に無償配布するなど，林業の振興を進めた。岡田村長はまた，山村民にとって山林が唯一の資源であるとして，天然林の保護を掲げるとともに，毎年5000本の常備林を保有し，50年生のスギを各戸毎年100本まで伐採することを標準に収入を得るという政策を村民に提案した。こうして岡田村長が林業の発展に努めたのは，世の中の進歩にしたがって木材需要の激増が乱伐のひきがねとなり，山林が急速に荒廃するとともに河川に土砂が甚だしく排出していくことを危惧したからでもあったようだ。

　日清戦争後，「都市開発のエネルギー源として，また建材や鉄道用枕木とし

て，あるいは輸出用枕木やマッチ等の資材として森林が次々に伐採されたことが洪水頻発の大きな要因として横たわっていた。しかも，従来治山治水を一体のものと考え森林保護とセットになって施行されてきた伝統的な低水工事法は，流域土地の有効利用を求める地主や資本家の利害のもとに退けられ，自由党が政府の軍拡財政＝地租増徴と引き換えに実現した河川法によって洪水処理の全てを高い堤防に囲まれた河川に任せる高水工事方式がこれにとって代っていった」[12]。このような時代背景を考慮すると，岡田村長の森林政策は時代の流れを追いながらも，それに飲み込まれることなく，木頭林業の基礎を築くことに寄与したといえよう。なお，「高水工事は昭和初期頃まで大きな成果をあげていくが，森林保護と治水事業を分割したつけは，森林伐採による河川への流水量の増加となってやがて現れやがて大規模洪水の続発という手痛いしっぺ返しとなって返ってくることになった」[13]のである。

　木頭村の開発に話を戻そう。[14]大正12（1923）年，仁平の長男，岡田蒸太郎の主導でつくられた木頭山林会が，立木価格の低迷を打破するため，全長30キロメートルにおよぶ平谷以奥の那賀川幹流で木材流下の障害となる岩石破砕工事をおこなった。大正15（1926）年，国が国内の木材の生産費を切り下げ，低廉な原木供給を維持すべく，林業共同施設奨励事業をおこなうことを決定した結果，木頭においても和田省一を組合長とする木頭土工保護施業森林組合（以下，三種組合と省略）が2200名の組合員のもと誕生した。三種組合は設立後，直ちに組合事業として総経費2万余円を投じて流送路の障害となる岩石の破砕工事ならびに集水堰・当堰を施工した。流送路の本格的な改修は，昭和7（1932）年から9（1934）年にいたる3年間の政府の補助金交付いわゆる時局匡救事業（じきょくきょうきゅうじぎょう）によっておこなわれ，那賀川本流では延長2万715メートルが工費29万500円を投じて改修され，那賀川支流においても延長6万6250メートルが工費1万450円で改修を終えた。時局匡救事業に引きつづき，災害復旧助成金の交付を得て，那賀川本流の改修はほぼ完成され，その結果，流送費が3分の1に軽減され，立木価格を高めることにつながった。

第 1 章　木頭村における近代開発の歴史

## 大日本帝国憲法下の開発——道路・林道

　仁木又太郎が第 3 代村長（在職期間：明治36〔1903〕年 2 月～大正 5〔1916〕年 5 月）に就任すると，明治40（1907）年の北川—日和田線の開設を皮切りに村内の道路開発が本格的にはじめられた（表 1 - 2）。出役1900人，費用17円74銭であった。[15]当時の道路開設および改修は，駄馬の通行が可能となることを目標にされ，工事は地元地区住民の夫役に依存する割合が多く，時として青年会等を動員する場合もあったようだ。なお，駄馬から荷車通行を目標に改修が進められるのは，蔭原留太村長の時代，すなわち昭和 6（1931）年の西宇坂トンネル開鑿からであった。

　第 4 代村長蔭原留太（在任期間：大正 5〔1916〕年 5 月～昭和21〔1946〕年 3 月）は林道および道路の開設を中心課題とした。それは，第 7 代村長西竹吉が蔭原村長の仕事について，「翁が最も精根を傾けたことは桜谷発電所問題と那賀川左岸の道路開鑿問題だったことはしばしば私共に語っておられ，又自著『村長三十年の回想』の中に明らかな通りです[16]」とのべていることからも明らかである。なお，桜谷発電所の場合，蔭原村長自身，「私も大正五年，村長就任以来，身命を賭して，和田氏に追従，影武者として努力した[17]」と語っているように，上木頭村長和田昇一が先頭に立って，徳島水力電気株式会社を相手取り，堰堤築造が「魚族の遡河繁殖を阻害し影響する」として裁判を起こしたことに同調したことを指しており，建設をおこなったわけではない。

　蔭原村長は昭和 7（1932）年，村内の主要なスギの人工林の谷に木材搬出用の林道—木馬道を本格的に開設し，その後，自動車道にすべく県営林道の開設・改修をおこなった（表 1 - 3）。蔭原は自伝のなかで，当時を次のように回顧している。「昭和五年頃より全国的に経済の不況が続き昭和八年になると不況は深刻の度を加えた。当時は村の経常費については，補助金，交付金等の国や県からの助成はなく，すべて村税でまかなっていた。不況のため，村民が納付する村税は，納期内に完納する者きわめて少なかった[18]」が，昭和 7（1932）年から 9（1934）年の 3 年間，「国は農山漁村を救済するため，匡救事業をおこなった。村も機を逸せず村内道路の改修，林道，用水路の開削等の事業をお

19

表1-2 奥木頭村，木頭村における明治以降の道路開発の年譜

| 年　　次 | 道　路　区　間 |
|---|---|
| 明治40年 | 北川―日和田線馬道開設 |
| 大正元年 | 栩谷口―六地蔵間馬道改修 |
| 大正2年 | 栩谷―中内間馬道開設 |
| 大正3年 | 宮代廻（上屋地―栩谷口）馬道開設 |
| 大正4年 | 拝ノ久道路（南宇―拝ノ久）開設 |
| 大正6年 | 栩谷―栩谷口間馬道開設 |
| 大正7年 | 和無田―白久間道路開設 |
| 大正8年より13年まで | 西字地区内（クレイシより神社前の間）貫通道路改修 |
| 大正10年 | 折宇道路（宮ノ谷より以東）改修 |
| 大正11年 | 北野（西宇）―白久間道路改修 |
| 大正11年より昭和6年まで | 折宇地区内（久留名より六地蔵の間）貫通道路工事改修 |
| 大正11年より15年まで | 出原地区内（クララよりマツギの間）貫通道路工事改修 |
| 大正11年より昭和5年まで | 北川地区内（北川小学校より日和田口の間）貫通道路工事改修 |
| 大正15年より昭和4年まで | 和無田地区内（マツギよりニシノミヤ間）貫通道路開設 |
| 昭和6年 | 西宇坂トンネル開鑿 |
| 昭和6年 | 西宇坂東西取合道路開設 |
| 昭和6年 | 折宇村道（栩谷より下伴の間）改修 |
| 昭和7年 | 和無田村道（マツギよりイバコの間）改修 |
| 昭和7年 | 上屋地より栩谷口間改修 |
| 昭和8年 | 和無田村道（イワツシ地内）改修 |
| 昭和8年 | 西宇村道（上屋地内）開設 |
| 昭和8年 | 折宇村道（下伴において，川沿いにあるのを人家近くへ変更）開設 |
| 昭和9年 | 西宇村道（屋地谷口より上屋地間）改修 |
| 昭和9年 | イワツシ―月谷線（和無田―白久）開設 |
| 昭和9年 | 白久村道改修 |
| 昭和10年 | 西宇ホキ（タキバタ）改修 |
| 昭和10年 | 西宇神社前―トンネル口迂回開設 |
| 昭和10年 | 西宇北野―神社前開設 |

出典：『木頭村誌』394頁。

表1-3 奥木頭村，木頭村における林道開発の年譜

| 年　　次 | 林道またはキンマ道，木材搬出路開設・改修区間 |
|---|---|
| 昭和7年より8年まで | 船谷林道開設 |
| 昭和7年 | 栗宇谷林道開設 |
| 昭和7年より8年まで | 那賀川流送路改修 |
| 昭和8年より13年まで | 中内林道開設 |
| 昭和9年 | 栩谷宮ヶ谷流送路改修 |
| 昭和10年 | 流送路改修 |
| 昭和14年から16年まで | 南川林道（南宇―拝久）開設 |
| ※以上の林道はキンマ道または荷車道である | |
| 昭和15年より17年まで | 県営林道（出原―柳瀬橋間）開設 |
| 昭和17年より18年まで | 県営林道（出原―北川間）改修 |
| ※県営林道は一車線の自動車道路である | |

出典：『木頭村誌』396-397頁。

こない，昭和八年頃より漸次好転し，村税滞納処分などおこなわず財政難局を切り抜ける事ができた」[19]。

時局匡救事業は，昭和7（1932）年の夏，昭和恐慌の影響が深刻化し，農村救済請願運動や救農対策を求める声の高まりを背景にして，経済更正運動との二本柱の農村対策として決定されたものである。経済更正運動は，時局匡救事業が応急的対策であったのに対し，「農村の恒久的対策として位置づけられ，以後戦時下に至るまで長くとりくまれることになった」[20]。この経済更正運動は当時の農村にどのような影響を与えたのだろうか。大門正克（1993）[21]にしたがい，簡単にまとめておこう。

更正運動は農村の役場や農会，産業組合，小学校の各種団体を通じて，農村の経済から社会にいたる仕組みを広く改変し，農村の新しい組織化をめざした政策であった。その特徴は，農村の経済的組織化と社会的組織化を進めたことであり，担い手となる広範な村民を組織化したことである。経済的組織化については，産業組合—農事実行組合による流通の組織化と農会による農業実行組合の組織化がこの時期に進展した。社会的組織化は，小学校—青年学校—全村学校という学校系列とそれに対応する少年団—男女青年団—婦人会・戸主会という年齢集団の二つの系列を通じて進められた。更生運動の担い手としては，男子のみならず，婦人，子どもなど広範な村民が位置づけられた。このような組織化を進めるために強調されたのが経済更生の精神であり，その内容は三つに分けられる。一つは経済観念・勤労精神の発揮であり，そこには合理的な経済観念を養う側面と精神主義的な要素の両面がふくまれていた。二番目は郷土意識の発揚であり，都市に対する農村を郷土と位置づけ，地域・農業・農民の独自の役割が強調された。三つ目は，更生運動を通じて国民精神が高唱されたことである。国民精神とは，日本精神，敬神崇祖，公民的精神の三つの内容がふくまれている。「建国の大儀」に基づく日本精神・国体観念を強調するために，国家祝祭日の徹底，国旗掲揚，会議における儀礼（皇居遥拝，君が代斉唱）などが実践され，神社参拝や軍人墓参を内容とする敬神崇祖も重視されたが，その反面，公民や自治も強調され，農村の行政や団体を担う公民の育成，地方

政治や青年団・学級自治会などの自治的運営が謳われた。

　木頭村北川の中村広知は，筆者への私信[22]のなかで幼少の頃の思い出をたどり，当時のことを次のように回想している。

　「昭和7（1932）年12月，国の時局匡救事業として船谷(ふなだに)林道が開設されました。林道といっても木馬（キンマ）道ですが，船谷は私のホームグラウンドなのです。幅員1.5メートル，総工費6775円。この林道には近くに長さ20メートルほどの隧道があり，その掘削工事中に祖母に連れられてダイナマイトの爆音を聞きに行きました。また，北川には耕作地がかなりありますが，皆自作で大地主などは居ませんでした。焼畑にかかわり，山主と小作人の関係は生まれています。蜂須賀さんから分与された山林も猫に小判で半世紀も経ぬうちに下流域からの行商人の手に落ちていきました。多くの部落民（筆者注：北川の住民）が，ヒエ，アワなどの食料もコウゾ，ミツマタ，シイタケ，アズキなどの換金作物も山から恵まれていたにもかかわらず，病気や怪我などになると，山を手放して現金化したからです。小作料としては焼畑の跡地に植樹することでした。地主は一銭の投資もすることなく広大な人工林が育ったのです」。

　本論に戻ろう。県営林道は，まず，昭和17（1942）年，平谷から木頭村に向かって14，5キロメートル開通し，翌年，12キロメートル延長し，木頭村北川地区へといった。県営林道はその後，県道に編入されて，現在の国道195号線となり，木頭村を通り，徳島市と高知市とを結ぶ幹線道路となった。県営林道とはいえ，工事費の半額は村が負担したものであり，役場職員だった中山光治郎は次のように当時を振り返っている。「平谷，出原間の幹線林道完成は，蔭原村政の事業の内でも，重要なものの一つであった。工事費の半額を殆んど村が負担し，年度内完成の条件の下に，戦時下，物資，人不足の中で，村が工事を請け負い遂行したことは大英断であった。その後，北川まで延長し，今日の国道の基礎となったもので，その功績はまことに大きなものである」[23]。

　蔭原村長自身，道路建設をめぐる交渉について次のように描いている[24]。

　「荒木知事の時，昭和16年8月頃，農林省がはじめて，県営の幹線林道を認める事となり東京の宿舎で，小坂林務課長を知事がよび，木頭線をやってやれ

と言い，本省の蓮池林務課長の厚意でもあったが，『本年度中に完成するなら二十二万円の工事を認めてやる。国費半額出す』との事で，県へ招致せられ，関係者より半額，十一万円であるがほとんどは木頭村が負担する事として成立した。県道線はいけないとの事で，星越十二弟子の方へ変更しておいて，県営林道として決定した」。

　蔭原村長は，こうして30年にわたる在職期間中，道路建設実現のために，歴代の徳島県知事，政治家，国，県の官僚などにたびたび陳情し，ときには周辺自治体と足並みをそろえ，道路のルートをめぐっては周辺自治体と争いながら，予算を国や県から引き出すことに腐心したのである。

### 明治地方自治制

　木頭村における戦前の開発について理解を深めるには，国の土木政策や農村政策のみならず木頭村と国との関係，すなわち自治の制度を知っておく必要がある。それは開発の主体にかかわる重要なことだからだ。明治，大正を経て昭和20（1945）年8月15日の敗戦までつづいた明治地方自治制とはどんなものであったのか，大石嘉一郎（2001）[25]を参考に概観しておこう。

　明治地方自治制は明治21（1888）年4月公布（翌年4月施行）の市制・町村制および明治23（1890）年公布の府県制・郡制によって発行した。それは官製的かつ輸入模倣的なものであったとされるが，地方自治を求める国民の自由民権運動に対応したものでもあった。その構造的特質は次の三つに集約される。①市町村議会議員と市町村長の公選制が制限された形でではあるが認められたものの，市町村を官僚機構の最下部として機能すべき国家機関と位置づけるなど非民主的＝官治的性格をもっていた。②　地域住民の自治権，地方公共事務への住民参加が拡大されたが，階層的，性的差別によって与えられたため，地主・資産家等の地方有力者の支配秩序を維持することとなった。③　市制・町村制の施行の前提として，大規模な町村合併が半ば強制的に遂行され，数個の自然村を合併した行政村が誕生し，地方自治の基礎的団体である市町村が自然村と行政村の二重構造をもった。

明治末期（1910年代）から大正初期（1920年代）にかけて，大正デモクラシー運動が全国的に広がり，普通選挙制の実施，郡制・郡役所の廃止および府県知事の公選制，国税の地租・営業税の地方団体への委譲などの要求が強まった。その結果，大正10（1921）年から大正15（1926）年にかけて，府県制，市制・町村制がそれぞれ2度改正され，国政レベル，地方レベルともに男子普通選挙制が成立し，公民権が直接市町村税を納入するものに拡大されると同時に町村の2階級選挙制も廃止され，町村会議員選挙の有権者数が一挙に拡大した。地方税制改革については，国税体系を従来どおりに維持したまま，道府県と市町村との間で税目を移動したものにすぎず，近代的財政自主権の確立にはいたらなかった。都市では，下層民＝無産階級の市会進出は限られていたが，先進的な農村では，村政担当層に階層的な変動が生じ，従来の上層地主層の支配体制が崩れて耕作地主・自作・自小作上層が村政に進出したところもあり，また農民組合に組織された小作・自小作下層の下層民が村政または行政区＝部落の運営に発言権を得て，群馬県新田郡強戸村のように地主的「農村自治」の変革をなしとげた村もあった。

　昭和4（1929）年10月，アメリカの株価暴落に端を発した世界大恐慌の波及をきっかけとした昭和恐慌は軍事費の膨張と相まって，地方財政とりわけ市町村財政を直撃し，市町村を危機に陥れた。当時の内閣は，農村救済請願運動を背景に，救農土木事業を中心とする時局匡救事業と「自力更生」をモットーとする農山漁村経済更生運動を柱とする政策を展開し，行政村の一村統一（部落の割拠制排除）を進めた。上からの改革が進行する一方，労農運動が高揚し，長野県更科郡五加村のように小作争議に端を発した民主化運動の結果，下層農民が地方自治へ参加する自治体も現れた。しかし，昭和12（1937）年7月，日中戦争が勃発すると，政府は経済統制をはじめ，国家総動員法，大政翼賛会体制をつくりあげ，町村から「自治的公共性」を奪い，町村を戦時行政国家＝「国家的公共性」の機能を分担する末端機関と位置づけ，アジア太平洋戦争の敗戦まで，歴史の歯車を反転させた。そのことは他方においては肥大化した行政村としての機構・機能と村内下層民の政治・行政主体としての形成を歴史に

## 2 戦後の地域開発

### 1 那賀川総合開発計画

**地方自治制**

　第二次世界大戦終了後，中国や朝鮮半島をはじめとするアジア諸国に対する侵略と支配およびアメリカへの先制攻撃への反省を踏まえて，日本国憲法が施行された。昭和22（1947）年5月3日のことである。国民主権，徹底した平和主義，基本的人権の尊重を基調とし，世界に向けて「日本国民は国家の名誉にかけ，全力をあげてこの崇高な理想と目的を達成することを誓ふ」と高らかに宣言された。日本国憲法の特徴の一つは，第8章を地方自治にあて，第92条において，「地方公共団体の組織及び運営に関する事項は，地方自治の本旨に基づいて，法律でこれを定める」と規定したことにある。

　地方自治の本旨とは何か。宮本憲一（2005）は以下の杉原泰雄の四つの原則が，その内容を明確にするものとしている。[26]

　「① 充実した住民自治―地方公共団体の事務は，住民の意思に基づき，住民のためにおこなわれることを求める。② 充実した団体自治の原則―地方公共団体に法人格を認め，かつその事務は，地方の状況を熟知しない中央政府から独立して，地方公共団体が処理することを求める。③ 地方公共団体優先の事務配分―住民に近い地方公共団体に優先的に公的事務の配分を求めるもので，より包括的な団体＝都道府県はより小さな団体＝市町村で効果的に処理できない事務を補完的に担当し，中央政府は地方公共団体では効果的に処理できない全国民的な性質・性格の事務やその存立に関する事務のみを担当することを求める。④ 事務配分に見合った自主財源の原則」。

　昭和21（1946）年10月，知事・市町村長の直接公選，住民の直接請求権など直接民主制の導入や女性参政権の成立が図られ，昭和22（1947）年5月，上記

の日本国憲法と地方自治法の施行により,地方自治制は根本的な転換をとげるはずであった。しかし,大石嘉一郎(2001)[27]が指摘するように,「地方財政の悪化を背景に,昭和26 (1951) 年以降,地方行財政の民主化よりも効率化が強調され,27 (1952) 年の地方自治法の改正,自治庁(のちの自治省)の発足,28 (1953) 年の町村合併促進法の施行などとともに,地方財政の緊縮・整理へと制度が変えられた。その結果,戦後日本の地方自治は資本蓄積と民衆統合のためのナショナル・ミニマムを全国的に確保する中央集権的地方自治＝中央指向型ボス支配体制として確立するにいたる」のである。

上記,大石の指摘を新藤宗幸(1996)[28]によって補足しておこう。

「昭和23 (1948) 年には早くも,地方自治法に『法律またはこれに基づく政令に特別の定めがあるときにこの限りではない』との但し書きが付け加えられた。以後,国は次々と法令を制定し,この但し書きによって機関委任事務を拡大し,指揮監督権を握って自治体を事実上の下部機関にした。機関委任事務とは都道府県,市町村を国の下級機関と位置づけ,それらに事務の執行をゆだねるものであり,戦前の体制の継続を意味する。

昭和25 (1950) 年から26 (1951) 年にかけて,シャープ勧告を受けて設置された神戸委員会は2度にわたり,『市町村優先主義の原則の下に国の事務を,その存立に直接必要な事務,全国的な見地から統制を必要とする事務,全国的な規模で総合的に行う企画事務に限定する』勧告を政府に提出した。しかし,神戸勧告は中央省庁の抵抗にあって実現にいたらず,機関委任事務の存続を許す結果となった。昭和27 (1952) 年,地方自治法が改正され,国・府県はそれぞれ府県・市町村に対して助言,勧告,資料の提示,措置要求をおこなうことができるとされた。同年,自治体警察が廃止され,都道府県警察を基本に,幹部を国家公務員とし警察庁の統制下におく現行制度へと変えられた。昭和31 (1956) 年,教育委員の公選制が廃止され,教育行政への中央(文部省)統制が強まった。昭和39 (1964) 年には,道路法の大幅な改正と新河川法が制定され,中央―地方自治体の関係が大きく変容する。主要な道路,河川の管理権限が知事から建設大臣の直轄下に置かれ,部分的に機関委任されたのである。中央省

庁はさらに道路，河川の直轄体制を固めるべく，地方農政局，地方建設局の新設，権限強化をおこない，それらの工事事務所を全国にはりめぐらせた。その上，各省庁のもとで，日本道路公団（昭和31〔1956〕年），水資源開発公団（昭和37〔1962〕年）などの特殊法人をつくり，産業基盤の整備に向けて大規模事業を展開する体制を整えた」。

こうして機関委任事務，補助・負担金などを手段とする国—都道府県—市町村にいたる縦系統のチャンネルに加えて，省庁ならびに特殊法人による直轄事業体制のチャンネルが創出され，地方自治を建前にしながら，中央集権システムが再構築されたのである。それでもなお，地方自治の日本国憲法における位置づけが変わらないかぎり，住民の自治意識が高まり，不断の運動があれば，地方自治を住民の手に取り戻すことは可能である。それを証明したのが後述の細川内ダム反対運動であった。

**国土計画**

地方自治と中央集権システムとの関係をさらに検討するために，本間義人（1999）[29]と五十嵐敬喜・小川明雄（1996）[30]にしたがい，国土計画の策定過程や意思決定過程の問題点を見てみよう。

「国土計画という言葉は，もともとはナチス・ドイツの国土計画（Landesplanung）にならった用語である。昭和15（1940）年，日本で初めての国土計画が国家権力の意思すなわち，国防国家体制の強化，生産力拡充，開拓・移民促進などの国策を実現するものとして当時の近衛内閣によって策定された。戦後，日本では，経済の再建策として，アメリカのTVA（テネシー川流域開発公社）方式にならって，電源開発を核に国土開発をおこなうことが，国内資源の総合開発方式として注目された。昭和24（1949）年，国土総合開発審議会が設置され，翌年（1950年）国土総合開発法が制定され，昭和29（1954）年には現在の全国総合開発計画の原型といわれる『総合開発の構想』が策定された。それは，『わが国の国土・資源の実態を出発点として，昭和40年までに増加する人口の雇用への吸収と生活水準の若干の向上を図るに必要な開発・利用・保全

の規模を描いたもの』であり，経済計画の目標実現のための手段として利用されたが，時の政治勢力の計画主題実現の手段でもあった。

　最初の全国総合開発計画（一全総）は，昭和37（1962）年10月，池田内閣の所得倍増計画を実現するための手段として閣議決定された。一全総は，高度経済成長にテイクオフするために，その成長を可能にする舞台を既成の4大工業地帯に設定するという『太平洋ベルト地帯構想』を掲げた。その後，昭和44（1969）年5月，田中内閣の『日本列島改造論』に基づく新全国総合開発計画（二全総），昭和52（1977）年11月，大平内閣が唱える『田園都市国家構想』の第三次全国総合開発計画（三全総），中曽根内閣が重視した『多極分散型開発』を志向する第四次全国総合開発計画（四全総）などがつづいた。

　法的には，国土総合開発法による全国総合開発計画を最上位の計画として，その下には首都圏，近畿圏，中部圏の各整備法のほかに，北海道総合開発法など全国九つのブロックごとに計画がある。また一全総策定前に制定された新産業都市建設促進法，工業整備特別地域整備促進法などが横並びにあり，公共事業の諸長期計画がこれにつながり，その下に複数の都府県を対象とする地方総合開発計画，都府県の区域を対象にした都府県総合開発計画，都府県という行政区域にとらわれない特定の地域を対象とする特定地域総合開発計画の三種の計画がある。市町村の開発計画にいたってはそれらに準拠してつくられる。市町村の都市計画は平成3（1991）年都市計画法の改正によって，市町村がマスタープランを策定できるようになったとはいえ，開発計画の根幹がトップダウンであることに変わりない。こうしたトップダウンの体系のなかで繰り広げられてきたことは，市町村→県→国というボトムアップの陳情であり，およそ地方自治に基づく開発計画からかけ離れた政官財の癒着であった」。

　政官財の癒着とは，本間の言葉を借りるなら，「政治家や，政権党にとっては政治資金源であり，財界にとっては高度成長と政治的安定の保険であり，官僚にとっては天下り先や天上がり（国会議員への転身）先を確保することであり，三者がもたれあうことによってそれぞれが利益を享受できる仕組みそのものにほかならない」[31]もので，意思決定過程の密室化の象徴といえる。五十嵐・小川

によれば，公共事業の問題点の一つは，全総の下位に位置づく公共事業の長期計画には根拠法すらないものもあり，閣議決定という密室で決められていることものが多いことである。その結果，道路整備，治水事業，海岸事業など，ありとあらゆる公共事業において，戦後まもなくスタートした五ヶ年計画という，およそ世界中のどこの国にも見られないシステムがブレーキのない法律によっていまだに生き残っているという状況であるという。

### 那賀川総合開発計画

　建設省四国建設局徳島工事事務所の『那賀川改修史』（昭和56〔1981〕年3月）によれば，那賀川は「昭和4（1929）年から河川改修事業を進めつつあるが，利水面とくに水資源としての開発はほとんどおこなわれず，未開発の豊富な資源が死蔵されていた[32]」と評価されていた。那賀川の開発を遅らせた一因としては，「森林資源の開発を保護育成するためには木材の流送がかかせず，そのためにダム建設については木材業者の理解と協力を得ることが困難[33]」であったことがあげられた。第二次大戦後は，電力事情が「国連軍の火力発電所の賠償指定や石炭などの燃料不足によって極度に悪化し[34]」ているところに，「昭和25（1950）年の朝鮮動乱によって産業活動が活発となり，さらに電力不足が深刻化していた[35]」ことも重なり，「電力，用水の確保を目的とした那賀川総合開発計画が徳島県議会に昭和23年頃から上程され，昭和25年には那賀川河水統制事業として実施されることに決議された[36]」。その間，通産省電力局や建設省が那賀川の開発主体についての協議をし，昭和24（1949）年9月17日，徳島県議会が県営による開発を推進することを決定した。その結果，「昭和25（1950）年に公布された国土総合開発法に基づいて，昭和26（1951）年12月に那賀川地域が特定地域の指定を受け，電力資源・林産資源・地下資源の開発，工業立地条件の整備，国土保全等の事業を進めることとなった[37]」。こうして那賀川流域の開発は国と徳島県（以降，県と省略）が一体となって推進されることになる。

　那賀川総合開発事業計画の概要は，県の『那賀川綜合開発事業計画書』（昭和26〔1951〕年10月）によると，第一期計画として追立（おったて）ダム—坂州（さかしゅう）発電所，長安（ながやす）

写真1-2

長安口ダム。このダムによって木頭村でサツキマスが消えた。
(2005年撮影：大野洋一郎，所有：同)

口貯水池―日野谷発電所，川口ダム―川口発電所，第二期計画として木頭村海川口ダム―大殿発電所，川口ダム―日和佐発電所があげられ，二期計画については未確定である，とされていた。また，県の『那賀川特定地域総合開発計画書』(昭和30〔1955〕年5月)に，「本地域開発の重点としては，那賀川水系の総合開発によって水資源の高度利用を図り，これによって開発された電力，各種用水を活用して臨海工業の振興を図ると共にこの地域奥地に賦存する森林，地下資源及び食糧資源を国土の高度利用の観点より開発し，総合的，有機的にこの地域の生産向上を図るものとする[38]」とあるように，那賀川開発の主眼は生産の向上にあった。そして，「本地域の主導目標は（中略）那賀川水系の電源開発，奥地林の開発，臨海工業地帯の造成であり，副次的には各河川の洪水予防，農水産資源，地下資源の開発が考えられねばならぬ[39]」とされ，第二期開発計画は上記の計画書とは異なり，細川内ダム―木頭発電所，小見野々ダム―平谷発

第1章 木頭村における近代開発の歴史

写真1-3

川口ダム （2005年撮影：大野洋一郎，所有：同）

電所，日和佐発電所となって，細川内ダムが徳島県の工業重視の総合開発計画の第二期に位置づけられたのである。

　第一期計画は昭和36（1961）年8月の川口ダム・川口発電所の完成によって終わったが，第二期計画は第一期と並行して昭和31（1956）年12月からはじまった。しかし，四国電力（以下，四電と省略）や電源開発会社も那賀川上流部での発電所建設に意欲を示したため，県は議会において審議し，開発計画の早期実現を図るには四電に移管するのが適当であるとの結論を出した。その結果，四電が小見野々ダムと蔭平発電所を建設することになり，昭和40（1965）年7月に着工，43（1968）年5月に完成したのである。四電はさらに上流部の工事を進めようとしたが，当時は「水力から火力に発電所の重点が移行し，採算上，水力発電所単独のダム建設には踏みきれないとして，当分静観の状態となった」[40]といわれる。そうした状況に加えて，昭和36（1961）年，46（1971）年の

那賀川流域での出水や昭和39（1964）年の徳島新産業都市の指定による工業用水需要の増大などから，那賀川における治水や利水の必要性が増したとして，建設省が那賀川上流に多目的ダムを建設することとし，昭和42（1967）年から細川内ダムの予備調査をはじめ，47（1972）年には実施計画調査を開始した。こうして県の電源開発事業の一つとしてスタートした細川内ダム計画は，その後，四電へと移管されたものの，最終的には，建設省四国地方建設局の『那賀川の治水計画』（平成7〔1995〕年7月）でも明らかなように，建設省が「那賀川水系那賀川の徳島県那賀郡木頭村西宇地先に多目的ダムとして建設するもので，洪水調整，流水の正常な機能の維持，水道用水および工業用水の供給を目的とするもの[41]」へと転換されたのである。昭和47（1972）年以降，建設省が反対住民を説得するため書いたと思われる『細川内ダム建設について―その必要性と建設省の基本姿勢を理解していただくために―』（建設省細川内ダム調査事務所発行）によれば，ダムの主目的は次のように説明されている。「ダムの主目的は，洪水調整であります。このことはダムに貯水された水の使い方からもわかります。総貯水量約6000万立方メートルの内訳は，堆砂約700万立方メートル，利水（発電，都市用水）約1300万立方メートルの予定です。したがって，洪水調節専用ダムとした場合の容量は，洪水調節約4000万立方メートル＋堆砂約700万立方メートル＝約4700万立方メートルとなり，ダム高で93メートル程度になります。これに利水の参加した多目的ダムとした場合には，容量約6000万立方メートル，ダム高100メートルとなって，増加容量で約1300万立方メートル，ダム高で7メートル程度になります。以上の数字からも明らかなように，あくまでも洪水調整を主目的としたダムであります」。

木頭村をふくむ那賀川流域では，こうして電源開発を目的としたダム建設を中心事業とする「那賀川総合開発事業計画」がもちあがり，那賀川本流の下流側から，昭和32（1957）年2月に長安口ダム，昭和36（1961）年8月に川口ダムと二つのダムが完成し，木頭村の最下流部の助地区でも昭和43（1968）年5月，小見野々ダムが建設され，木頭村を貫く主要道路＝国道195号線が整備された[42]。また小見野々ダム建設に付随して，鉄筋コンクリート造の木頭小学校校

写真1-4

小見野々ダム　（2005年撮影：大野洋一郎，所有：同）

舎，木頭中学校校舎と中学校寮および村民グラウンドもつくられた。ダム建設と道路整備はトラックの出現とともに木材輸送手段を那賀川での流送から国道での陸送へと変え，一時的には林業に繁栄をもたらしたが，土建業の地位を確立し，土建業が木頭村の主要産業となる機会を与えることとなった。細川内ダム計画はその総仕上げのはずであった。だから，国は電源開発から洪水調整へと目的を変えてでも計画の実現を図ろうとしたのではなかったか。

## 2　小見野々ダムと木頭村民の反応

### 小見野々ダム計画の紆余曲折

細川内ダムが建設予定地として徳島新聞に登場するのは昭和32（1957）年2月16日のことである。「四電，新発電所の建設内容を発表―県下で15万キロワット」という見出しで，四電による那賀川奥地の電源開発計画が明らかにさ

れている。それによると、上那賀町向山、木頭村日早、同村西宇の三ヶ所に高さ61メートルから110メートルのダムをつくり、三発電所で15万6000キロワットの電力を生み出そうというものであるが、同地域の開発は徳島県電気局でも昨年末、木頭発電所と平谷発電所の建設案をつくったばかりであり、今後両者の調整が問題になるものと見られている、という。細川内の文字はしかし、本文中にはなく、記事のわきの地図のなかに細川内貯水池として出ているだけである。木頭村が建設候補地として見出しに登場するのは、同年5月2日の徳島新聞における、見出し「那賀川上流―電源開発会社が新計画」の下の小見出し「木頭村に大ダム建設」が初めてである。その内容は、電源開発会社・目黒土木調査部長が原徳島県知事を訪ねて、「木頭村付近に大ダムをつくり、発電計画を立てているので、現地調査をし、早く着手したい」と申し入れたが、県の計画案とほぼ同じである、というものである。

　細川内ダム計画が県の開発計画として具体的に現れるのは、翌3日の徳島新聞の「電発の那賀川開発―県は段階式を希望」という記事のなかである。

　それによれば、電発会社の具体的なプランは明らかにされていないが、県が数年前に那賀川開発第二期計画として立てたプランは木頭村海川口に高さ138メートルの大ダムをつくり、下流の上那賀町大殿発電所に導水して最大5万7000キロワットの電力を起こすものだったという。しかし、それでは木頭村内の人家400戸以上が水没することから地元の反対が大きく、次のような段階式ダム計画に変更し、県の開発プランとした、ということである。それは、①木頭村細川内に高さ85メートルのダム、同村九文名に木頭発電所を設け、最大1万5400キロワットを発電する、②木頭村小見野々に59メートルのダムをつくり、上那賀町字柳瀬に平谷発電所を設け、最大1万9400キロワットを発電するという二本立ての発電計画である。このように那賀川上流の木頭村周辺地域の開発については、県、四電、電源開発会社の三つの電源開発計画が競合することになったが、原知事としては「当時と事情が変わったとして県営による発電事業は考えておらず、電源開発会社の手で政府資金による早期開発を希望している」というのである。

第1章　木頭村における近代開発の歴史

　その後，徳島新聞からは県と電源開発会社の計画が姿を消し，四電の記事が目につくようになる。昭和33（1958）年10月13日には，「四電，那賀川に新発電計画」という見出しの記事がみられ，四電が木頭村および上那賀町に三つの発電所を建設し，19万400キロワット発電計画を立てているということ，電源開発会社の大ダム案には絶対反対している木頭村内にも「電発案阻止の対抗策として水没被害の少ない四電案ならよいではないか」との意見が次第に高まり，四電の調査に協力すると回答したこと，などの内容になっている。昭和35（1960）年2月20日の『徳島新聞』は，四電が昭和36（1961）年1月から昭和39（1964）年にかけて上那賀町蔭平（かげひら）集落に発電所を建設し，上那賀町と木頭村の境にダム建設をおこない，昭和40（1965）年から44（1969）年にかけては木頭村出原に発電所の建設を，木頭村折宇字日早にダム建設をおこなう予定であることを報じている。この電力開発計画は，結局，上那賀町大殿字野口の蔭平発電所と木頭村助字向山の小見野々ダムの建設に変わり，昭和40年度から実施されるにいたった。

### 木頭村の世論の変化

　このようなダム建設計画に対し，木頭村民はどのように考えていたのだろうか。木頭村役場の広報誌『広報木頭』の前身『木頭』のバックナンバーを開いてみよう。

　昭和32（1957）年6月20日発行の『木頭』[43]第42号は同年5月2日，3日の徳島新聞の細川内ダム計画関連記事に対する村民の反応を大きく取り上げている。それぞれ「取り組もうダム問題――ぬかりのない対策を（編集部）」「我々の死活問題だ――ダム建設についての経過（村長西竹吉）」「意気と熱で闘おう――一時金に迷うな（藤原留太）」「ダム建設は反対――座り込み戦術やむを得ぬ（南山利一）」「当局は世論をリードして――村民の指導を切望（河野博章）」という見出しがついている。編集部は「たとい国策だろうとも，憲法に保障された我々の生活権，財産権をふみにじるものに対して抵抗するのはわれわれの権利であり責任でもある」が，それには，村当局ならびに村議会が「反対の根拠となる資料，村民

の結束対策，水没地域の実例といった各種の問題について詳細な資料の蒐集分析，立案等を徹底的に行ってもらいたい」と，そのリーダーシップに期待している。西村長は木頭村をめぐる電源開発として，海川口と細川内ダムからなる県案，海川口と細川内，日早の三つのダムからなる四電案，海川口ダム一つの電源開発案の三つを示し，それらの社会的影響や補償問題などを踏まえると，「国策とはいえ，強大なる都市発展のために，弱小山村を犠牲にせられることは私どもは今や自分の死活問題であるばかりでなく，子孫に対しても責任ある村の興亡をかけた重大なる局面に直面している」として，ダム建設絶対反対の主張をしている。他の三つの記事も，住民の結束を訴え，村当局や対策委員会には，相手の切り崩し工作もあるだろうが，そうしたことに村民が引っかからないよう指導すること，長安口ダムの水没者の様子を参考にすることなどを訴える内容となっている。

　同年7月25日付の『木頭』第43号は一面に二つの記事が目に留まる。「守ろう愛する郷土―挙村一致でダム反対へ―」と「漁業人と提携―工場誘致の富岡，橘方面の漁業組合に協力を―」である。前者は，見出しこそ勇ましいが，内容的には「ダム計画の中でも海川口案は被害の程度からみて絶対反対である。若し総ての案を拒否することが出来ない場合でも，被害の少ない場所と条件を指定して交渉する態度が必要だと思う」とあるように，やや妥協的である。後者は，「ダムと関連してその次には平たん部への工場誘致が考えられる。もしもパルプ工場などが誘致された場合，その廃液によって付近の沿岸漁場がダメになることはすでに他府県の例でご承知の通り」として，工場誘致の候補地として名前があがっている富岡，橘方面の漁業組合と連帯し，ダム阻止を実現するようよびかけている。同年8月25日発行の『木頭』第44号は，一面に，「ダム代案は不可だ―欲人の口車にのるな（N）」，「林業地帯を廃墟に―自分の生活を守りぬこう（松葉）」，「ダム建設は木頭を滅亡さす―デマに迷うな，もう一度真剣に考えよう―（T）」，「ちょっと手ぬるいダム問題―話し合いが是非必要（S）」，「具体的対策急げ―ダムの建設問題（O）」など，ダム問題についての記事を五つも並べており，二面にも「故郷をすてる悲しみ―教えられる『水

没村の運命』」という記事を載せている。トップ記事「ダム代案は不可だ」は，「ダムを見越して川っぺりに家を建てている者や，廃坑を買占めて一旗上げようとたくらんでおる連中は，ダム阻止どころか，誘致に狂奔することであろう」という文章からはじまる。そして，「欲に目のくらんでおるものに説教しても始まらない。我々はそれらの手先，口先に乗らぬだけの用心をする外はない」として，いくら代替案が出されても，村民がそれらを受け入れないよう警告している。記事の筆者Nは，電源開発が国家の至上要請であり，公共の福祉ということであるならば，私有財産はすべて否定されることになるといい，ダム建設の公共性に疑問を投げかけている。「林業地帯を廃虚に」の筆者＝松葉は，国策に基づく那賀川開発が発電や道路改良などを実現したとはいえ，立ち退きなど犠牲を被る住民の生活保障がなおざりにされていることに対する憤りを表明している。したがって，「木材需要に多大の貢献をしているこの林業地帯にダムを作ることは，私達の生活を奪うばかりか，林業地帯を廃虚とするに外ならない」として，国策の問題点を指摘している。「具体的対策いそげ」は，木頭村における反対運動が遅れていることを危惧して，村の代表者が村民の一致団結した態勢をいかにとるかを早急に研究し，「測量調査の阻止方法，反対方法に対する各人の意見のまとめ方，納得のいくまで話し合う機会の作り方など目の前に迫ったことがらを急いでもらいたい」と提案している。他の三つの記事の内容もほぼ同様である。

　9月20日付の『木頭』第45号は西村長のダム反対陳情報告書を掲載している。それによれば，木頭村，上那賀町の総勢18名の合同陳情団が通商産業省，経済企画庁，電源開発株式会社，農林省，自治庁の関係諸機関をまわり，電源開発株式会社の計画する那賀川上流の海川口その他の地点のダムに関係ある一切の調査測量およびダム計画そのものの中止を求めたという。西村長は，報告の最後に，ダム計画と直接関係のない「農林省や自治庁に対しても，われわれ村民の立場と考えをくわしく説明して，ダムの反対に協力していただくことにした」と書き，電源開発株式会社のダム計画への反対の決意を伝えている。「経済企画庁へ陳情書―通商産業省，電源開発総裁へも―」は，ダム反対陳情に対

する回答への再回答である。その主張は，電力事情の緩和は公共のためというが，街頭などのおびただしいネオンなどからして儲け主義であることは明らかであり，もし調査を強行するなら実力によってでも阻止する覚悟である，というものである。10月23日付の『木頭』第46号は「まるでわれわれをサル扱い―ダム建設は反対だ，木頭人をみな殺し」と「海川口ダム絶対反対」の二つの記事を掲載し，絶対反対の論陣を張っている。11月18日付の『木頭』第47号は，一面のトップ記事に「村あげて反対運動―ダム問題の経過をみる―」という記事をすえている。それは，県庁や電源開発などへの反対陳情などダムに関する対外的な活動を時系列に整理するとともに，村議会をはじめ農協や青年団，婦人会等でもダム反対の決議がなされていることなどを振り返り，昭和32(1957)年度におけるダム反対運動の評価をしている。その上で，筆者は，「われわれの生活権と祖先墳墓の地を守りぬくためにいま少し活発な動きをお願いしたい」と，運動へのもどかしさを吐露している。こうした雰囲気は昭和32(1957)年12月20日発行の『木頭』のトップ記事「責任ある態度を―ダム反対へ更に固い約束」にも見られる。「反対陳情から帰った方々の報告をきいてみないとどうともいえないが，最近不思議に思うことがある。それはダム問題について一種の安心感がふえているような気のすることである」ではじまり，「当事者の責任ある態度と並んで村民にも，もっと真剣さがほしい気がする。事態の悪化で困るのは自分自身である。要求希望と共にお互いに言動をつつしみ，より一層結束をかためたいものだ」と結ばれている。

　昭和33(1958)年に入ると，2月25日の『木頭』第50号と9月1日の『木頭』第56号がそれぞれ論説でダム問題を扱っている。前者の論説は「ダム反対運動を強力に」というもので，村内の沈黙を憂慮し，反対運動を強力に進めるべきであると主張しているが，後者の「楽観できない階段式ダム」には，先般の住民大会では，水没被害の少ない階段式ダムならば調査を認めてもよかろうとの意見も聞かれはじめたが，その場合，村当局は水没者の補償をとりつける責任があるといい，村内でのダムに対する態度が当初の絶対反対から受け入れへと傾いてきた様子が読み取れる。その後，ダム問題が『木頭』に再び登場す

るのは昭和35（1960）年2月10日発行の『木頭』第73号であるが，その時点で，ダムは四電案に代わっている。西村長は，「一番問題も大きく関心の深いのは電源開発であるが，これは昨年から四電の手によって調査測量がすすめられており，県の意向としても四電案が有力なので，これに決まる見通しが強い」とダム問題を取り上げ，木頭村の将来を見据えて「村民一丸となって対処されるようお願いする」と，運命に身をゆだねた。

　こうして『木頭』をみるかぎり，昭和32（1957）年から昭和33（1958）年にかけて那賀川の電源開発計画が新聞によって明らかになった段階においては，村民の多くはダムによる村の崩壊を懸念し，将来の生活を不安視していた。しかし，運動を組織して反対するまでにはいたらず，規模の大きい電源開発株式会社の海川口ダム計画に代わって水没戸数の少ない四電の小見野々ダム計画が浮上すると，それを受け入れていったのである。

### 小見野々ダムの着工とその影響

　昭和41年（1966年）9月16日発行の『木頭』第97号は，8ページの紙面中4ページ半を小見野々ダム建設関連情報の提供に割いている。第1面は，「最盛期に入ったダム工事　四十三年五月発電をめざす」という見出しのもと，小見野々ダム建設の過程と途中経過が記されている。具体的には，昭和37（1962）年3月，木頭村と四電との公共補償が一応妥結したが，徳島県と四電との補償交渉が難航している間に経済情勢が悪化し，設備投資の抑制などにより着工が遅れた，とある。その後，昭和39（1964）年の夏から徳島県と四電の歩みよりが進み，翌40（1965）年5月に交渉が妥結し，同年6月3日，県知事は四電に対して蔭平発電所の水利使用の許可を与えている。発電所の位置や使用水量などに若干変更があったものの，同年12月28日，通産省より四電に対し，工事着手の認可がおり，昭和41（1966）年4月7日，起工式がおこなわれた。ダム建設にかかわる主な工事の請け負いについては，堰堤と骨材製造関係は大成建設，国道付替は鹿島建設，島谷建設などに決まり，水没地区の個人補償，公共施設の補償工事などの点については未解決であると書かれている。次に，見開きで

表1-4　事業に必要な土地の面積　　(単位：平方メートル)

|  | 堰　　堤 | 貯　水　池 | 骨材採取場・製砂工場 | 計 |
|---|---|---|---|---|
| 田 | 0 | 21,820 | 2,354 | 24,174 |
| 畑 | 0 | 21,820 | 4,212 | 26,032 |
| 採 草 地 | 0 | 992 | 0 | 992 |
| 山　　林 | 19,417 | 50,307 | 52,721 | 578,345 |
| 竹 林 地 | 0 | 10,910 | 0 | 10,910 |
| 原　　野 | 0 | 13,885 | 0 | 13,885 |
| 宅　　地 | 0 | 9,323 | 0 | 9,323 |
| 道 路 敷 | 0 | 32,800 | 0 | 32,800 |
| 河 川 敷 | 0 | 447,570 | 0 | 447,570 |
| そ の 他 | 0 | 2,003 | 0 | 2,003 |
| 合　　計 | 19,417 | 1,067,330 | 59,287 | 1,146,034 |

注：物件は、民家103戸、神社1ヶ所、学校1ヶ所、製材所1ヶ所である。
出典：木頭村広報委員会『木頭』第97号（1970年）6‐7頁。

蔭平発電所建設工事概要図が載り，四電が建設大臣へ提出した事業認定書からの抜粋として，「一，事業計画」「二，事業の開始及び完成」「三，事業に要する経費」「四，付帯工事」の見出しが目につく。「一，事業計画」の「(5) 事業に必要な土地などの面積，数量などの概数ならびにこれを必要とする理由」の項には，事業に必要な土地の面積と物件が書かれている（表1‐4）。

　小見野々ダム建設にともなう補償については，同年6月末に，四電が地元の小見野々ダム対策会，水没対策研究会などに対する補償基準を示し，小見野々ダムサイト，工事用の砂利を採る原石山，発電所建設用地などの交渉を進めていた。その実態については，四電蔭平水力建設事務所・平井総務課長が徳島新聞に次のように話している。
(44)

　「今度の工事で水没するのは百三戸ですが，このうち約半分が計画発表（三十四年）以後に建ったものです。どういうもんでしょうかね。こんな山のなかに家を建てて…。別荘？　とんでもない。トタンを打ちつけただけのあばら屋ですよ。今やっと三割が移転のハンコを押してくれましたが，本番，イヤ決戦

第1章　木頭村における近代開発の歴史

はこれからです。(中略) 私は思うんですよ。ダム補償というのは絶対に評価以上出したらいけないとね。たとえば五十万円の家屋敷があったとするでしょう。これで仮に六十万円の補償金を出したとします。すると，人間というものは弱いもんで差額数十万はただでもうけたような気になるんですね。そしてこれだけは…と思って遊びやバクチにふけるんですよ。それがいけない。やみつきとなってすっからかんになっちゃうケースがよくあります」。

　上記の記事は，「補償をめぐる"土着民"と"新入り者"間のいざこざ，こつ然と現れたバー，スタンド，パチンコ屋が純朴な村の風紀や生活を乱し，それにつけ入る悪事が通り魔のようにやってくる気配がある」と，補償問題の社会的側面を指摘して締めくくっている。

　では，普通の村民はどうだったのか。当時，村議会議員であった助地区在住の後藤守男によれば[45]，個人補償について村は関与しておらず，ダムサイトの地権者は，すぐにその土地を手放したから，何も問題はなかったという。しかし，水没地の住民の一人名村トキエ (83歳) は，「ダム計画当初，庭木一本までお金に換算される状況のなか，補償金の問題でみんな疑心暗鬼になりコミュニティは崩壊させられた。(中略) 一日一日と立ち退きにあてる補償額を引き下げられて，とうとうやむなく追われるように家を出た」[46]と語っている。

　木頭村の他の地区の住民たちは当時，小見野々ダム建設をどう見ていたのだろうか。森林労働者として村内で働いていた，後の細川内ダム反対同志会会長の田村好 (75歳) も，日和佐の郵便局の職員であった，後の木頭村長藤田恵 (65歳) も，小見野々ダム建設を傍観していたという。田村は，補償金をもらって村を離れた人々が生活に行き詰まったり，補償金をめぐってコミュニティが破壊されるなど，いろいろな問題があったことを聞いていた。田村は後に，助地区の地元有力者が四電に協力し，各戸をダム建設に協力するよう説得してまわったということも耳にし，ダム反対運動が起こらなかったことを納得したという。小見野々ダムはこうして簡単につくられたが，村民たちは小見野々ダムの建設から多くのことを学んでいく。それは，ダムの景気や雇用は一時的なものであること，ダムは川の流れを止め，川を死にいたらしめ

ること，ダムは堆砂を生み，川の景色を一変し，上流域を洪水の危険にさらすこと等々である。

昭和43（1968）年4月22日付の徳島新聞は，「営業運転待つ蔭平発電所　小見野々ダム満水に―那賀奥に新しい観光地―」という見出しをつけ，「一時は約二千人の職員，労務者でにぎわった工事現場もいまでは約二百六十人に減り，工事の跡片づけを急いでいるが，建設事務所では近く発電所付近にサクラ，アカシア，サツキなどを二百本，ダムサイトにもサクラ百本を植えて那賀奥の新観光地にすることにしている」と伝えている。その後，今日まで37年の歳月が経った。小見野々ダムサイトの上流側では，緑色によどんだ水がダム湖をつくり，下流側では水が枯れ，川底の岩や砂利がむき出しになっている。これでどうして観光客が来るというのだろうか。

### 3　拡大造林政策と林業・森林

**拡大造林政策**

木頭村は現在総面積の98％が森林に覆われ，その7割以上を占める人工林の50％以上は戦後の拡大造林によるものである。木頭の人々は口々に「拡大造林の後，森が荒れ，川の水量が少なくなった」といって顔を曇らせる。つまり，「国の拡大造林政策によって広葉樹を伐り開き，スギを密植造林したものの，値段の安い外材輸入が自由化されて国内林業が不振に陥った。その結果，間伐をする余裕もなくなり，森が荒れ，土が保水力を失い，大雨が降ると一気に水量が増し，晴天がつづくとたちまち水量が少なくなる」というのである。では，国の拡大造林政策と，その後の外材輸入の自由化政策とは一体どういうものだったのか，山岸清隆（1988）[47]にしたがって見ておこう。

第二次大戦後，日本政府はGHQの指導を受けて，戦時強制伐採跡地を中心に造林することを奨励し，昭和30（1955）年頃にはほぼ目的を達成した。昭和31（1956）年，林野行政当局は，パルプ原木用などの未利用資源の開発を主眼とする拡大造林の推進を打ち出し，林道開設への予算措置と行政指導の強化を図った。すなわち，林道事業への財政の集中投資を図るとともに，県を通じ

てヘクタールあたり3000〜4000本もの密植造林の指導を造林補助金の支給を梃子におこなったのである。国有林については，昭和32（1957）年，紙・パルプ産業の針葉樹から広葉樹への原料転換を図る技術革新に対応するため，奥地未開発林の開発をスローガンに機械の導入と拡大造林の推進を重点とする「林力増強計画」を立案した。昭和37（1962）年には，「木材増産計画」を立て，それまで指針としていた植伐均衡の経営計画を改変し，見込み成長量を採用することによって年平均収穫量を2割近く増加させ，紙・パルプ産業への木材の大量供給を図った。これら一連の造林政策は，朝鮮戦争を契機にした世界的に類のない日本経済の高度成長が木材関連産業にも波及したことを背景としていた。木材需要は昭和30（1955）年時点を基準にすると6年後の昭和36（1961）年には36％も急増した。しかし，こうした林業政策の展開は，紙・パルプ産業などの原木需給を量的にある程度緩和したものの，製材用原木などをはじめとする木材価格の高騰を抑制するものではなかった。昭和36（1961）年，政府はこうした事態の打開を図るため，「木材価格安定緊急対策」を閣議決定した。それは，① 輸入丸太の関税を全廃し，外材輸入を促進すること，② パルプ原木対策として，パルプの輸入自由化を図ること，③ 民有林での木材増産体制を整備すること，④ 森林開発公団の事業を拡張し，民有林造林をおこなわせること，⑤ 国有林の「林力増強計画」を手直しし，新たな木材増産計画を樹立することなどからなるものであった。閣議決定後，丸太関税が全廃され，国・地方自治体によって全国的な規模で港湾の整備がおこなわれた。その結果，旧財閥系の大手総合商社が外材輸入に参入し，昭和48（1973）年には外材が木材供給の3分の2を占めるにいたった。

　奥地正（1978）は，林業政策の問題は国有林の増産政策と外材への依存政策との矛盾にとどまらず，昭和40（1965）年以降の民有林を包括する基本法林政にもあるとして，その問題点を以下のように指摘している。

　その狙いは「第一に，激増をつづける日本資本主義の建築材需要・紙パルプ需要に対応して，木材の低価格大量供給と木材資源の低価格大量造成を実現することであり，第二に重化学工業化高度促進のための生産基盤整備＝公共投

資・地域開発・防衛・海外協力等への国家予算の重点配分強化に対応して，"安上がり林政"すなわち財政支出の"合理化・効率化"を促進することであり，第三に重化学工業＝独占への低賃金労働力への大量補給，すなわち農林漁業，中小・軽工業からの労働力の新たな流動化・再配置に対応して，農・山村における新たな相対的過剰人口の創出と低賃金基盤の再編成を促進することであった[48]」。そのための林業構造改善事業とは「65～73年に全国1122市町村で実施されたが，その特徴は事業費総額の7割が生産基盤の整備＝林道の開設に投下され，集材機・チェンソー・刈払機など森林組合を事業主体とする資本整備の高度化の事業費を合わせて事業費総額の9割以上に[49]」およぶというものであった。その他の施策は次の三つに大別される。「第一は森林組合を基軸とする林業生産構造の再編成＝構造政策であり，林業協業促進対策事業（62年），森林組合合併助成法（63年）をさきがけとして展開された。第二はこの構造政策を補完する施策であり，入会林野近代化法（66年），国有林野活用法（71年），内陸製材業振興対策事業（71年）などとして実施された。第三は主として林業・農業がおこなわれるべき山村の生産・生活基盤に対する基盤整備策であり，道路・農道・林道など産業基盤の整備を中心に山村振興法（65年），過疎地域対策緊急措置法（70年）などの形で実施された[50]」。

　民有林が森林の大多数を占める木頭村では，後述のように当時の榊野誠村長が上記の事業を利用して木頭の開発を進めた。では，こうして展開された基本法林政は一体どんな結果をもたらしたのか。奥地正（1978）によれば，基本法林政は「(1) 林道・山村道路——それは『高度成長』政策下，港湾・工業用地・高速道路をはじめ巨大な規模で蓄積される『社会資本』の最末端を形成した——を一層奥地まで延長し，それによって大・中山林所有者の立木価格・地代を底上げする一方，資本の山村農民掌握と農民層分解，都市への流出を一層促進し，(2) 森林組合に資本・資本装備を集中し，それを槓杆として分解し賃労働者化する農民労働力の一部を組合の下に再組織し，それによって大・中山林所有者の森林を中心に林業生産の『協業』化を推進し，(3) 他方における公的造成（公社・公団造林）の展開と相まって，森林と山村に対する国家的管理・支配の

第1章 木頭村における近代開発の歴史

領域を大きく拡大していった[51]」のである。

こうした一連の国策は次にのべるように，木頭村においても林業の衰退と森林の荒廃を招くこととなった。

### 林業の衰退と森林の荒廃[52]

戦後，林道の延長によって奥地の開発が進み，前述のように，昭和26 (1951) 年から北川・千本谷線が施行されたのを皮切りに助・蟬谷線，出原・出原谷線が県によって相次いで開鑿された。昭和31 (1956) 年には森林開発公団が設置され，その第一期事業地域に木頭村をふくむ剣山周辺地域が熊野川流域とともに指定され，電源開発と一体になった総合開発が期待された。公団事業で開設された林道の総延長は82キロメールに達し，朝鮮戦争による木材ブームもともない，昭和25 (1950) 年頃から素材生産量が増加した。こうした変化は林業労働者にも影響をおよぼし，昭和30年代の初期 (1950年代後半) には，林業労働を専業ないし主業とする者は上木頭200人，奥木頭250人に達した。

昭和32 (1957) 年2月に完成した長安口ダム・日野谷発電所は那賀川本流を全面的にせき止め，木材の生産流通構造に多大な影響を与えた。敗戦直後の状況は流送90％，陸送10％の比率を示していたが，その後，トラック輸送力の増大につれて長安口ダム着工当時の25 (1950) 年には那賀川筋の出材50万石の56％は流送となった。昭和30 (1955) 年11月，流送は完全に停止され，昭和32 (1957) 年，陸送体系への転換が完成すると，集材機をつかった架線集材が一般化し，川と肉体労働による木馬―管流（鉄砲堰）方式から機械による架線―トラック輸送方式へと一変した。その結果，昭和34 (1959) 年以降，素材生産量の飛躍的増大が見られた。木材の流通に革命的な変化が生じ，素材の大量供給体制が可能になったのである。しかし，政府は前述のように，木材需要の高まりに応えるべく，昭和36 (1961) 年，輸入丸太の関税を撤廃し，外材輸入の促進を図った。木頭の素材生産量は，その影響を受けて，35 (1960) 年をピークに横ばいから減少に転じた。那賀郡全体では，素材，製材ともに増え，とりわけ製材量に著しい増加傾向が見られた。これは，下流域の大手を中心とする

製材業者が36（1961）年頃からその製材原木を外材とくに米材に求め，それを大量に導入しはじめたからである。外材は流域材より価格が安く，材質も悪くはなく，一括大量需要にも対応できるだけではなく，買い入れ代金の決済期間が長く，資金的にも有利であることなど多くの利点があった。そのため，昭和43（1968）年には外材が那賀郡全体の製材工場入荷量の36％を占めるなど外材需要が拡大する一方，流域材価格は低迷し，それに影響されて産出量が停滞ないしは減少傾向を示すにいたったのである。それは那賀川流域の人工造林面積にも影響をおよぼし，中流域の相生町が45（1970）年に若干上向いている以外はすべて減少傾向を示すにいたった。昭和40（1965）年には林業部門の純生産額が全部門純生産額の56％を占めていた木頭地域でも，43（1968）年になると47％に落ち込み，林業部門に代わって建設業部門やサービス業部門の占める比率が増大した。木頭村では，村内の造林や伐出事業，林道開設工事さらには小見野々ダムの建設工事などによって労働者が流入し，昭和43（1968）年までの10年間に約17％の人口増加が見られた。しかし，昭和42（1967）年からは若年労働者の流出が急増し，流入労働者の数がそれを穴埋めするにはいたらず，人口は減少に転じた。木頭村の人口は，昭和40（1965）年の4115人をピークに，減少の一途をたどり，平成10（1998）年には2000人を割ったのである。

　こうして拡大造林と外材の自由化は木頭林業を衰退させ，その結果，森林の荒廃をもたらしたのである。このことについて林業家・大城茂三郎に育てられた前木頭村長・藤田恵は次のようにのべている。

　「木頭村内では，昔から密植をして，少しずつ間伐を進め，数十年間に1ヘクタールあたり1000本前後の立派な杉林をめざす方法があり，密植自体が悪いわけではない。私の育ての親，大城茂三郎も，『一目千本の林をつくらねばならん』といって，寸暇を惜しみスギやヒノキを蜜植し，下草刈や間伐などの手入れに明け暮れ，見事な杉林を残した。しかし，1950～60年代，農林省はブナ，ケヤキ，ナラ，シデなどの広葉樹を皆伐させ，成長の早い針葉樹の植林を奨励する拡大造林政策を進めた。その時代には，木頭村でも，木材を6トントラックに1台分売れば，一家が1年間食べていけるといわれていた。しかし，林業

第1章　木頭村における近代開発の歴史

の好況は長くはつづかなかった。国の政策転換により，安い外材が輸入されるようになり，国内市場を外材に奪われたからである。かつて1ヘクタールあたり3000本以上も密植された杉林は現在，間伐もままならず，遠くから眺めると緑豊かな山々であるが，森のなかはまったく太陽も当たらず，草も生えないため，荒地同然となっている。拡大造林の問題点は尾根筋や沢筋，岩場など，広葉樹に最適の場所にまでスギやヒノキの植林を奨励したこと，国が国産材の暴落を傍観し，林家の間伐の意欲をそいだことにある」。

　森林は，大雨が降った際，水を地下に蓄え，洪水を防ぐ役割を担っている。したがって，渇水時にも，その水を川に流出させ，川の水量を一定に保っている。森林の土は分厚いスポンジのようなものと考えられる。木頭村の人々によれば，天然林の豊かな時代は広葉樹におおわれた場所の地面はふわふわしていて歩きにくく，スポンジみたいだったという。落葉広葉樹は冬になると葉を落とし，その葉はやがて腐敗して土に変わる。しかし，スギ，ヒノキなどの常緑針葉樹が自然に葉を落とすことはないから，その土は広葉樹に比べて，保水力が劣っているのである。間伐に加えて，節のない原木をつくるために枝打ちがおこなわれれば，切り落とされた枝葉はやがて土をつくる。しかし，林業の不振はそうしたことも林業家にさせる余裕を奪うため，森林の荒廃を一層加速するというのである。

　昭和51（1976）年9月の台風17号にともなう豪雨は木頭村北川の久井谷で大きな山くずれを起こした。その結果，北川地区平集落では6人が土砂にのみ込まれ，村内の久井谷，栩谷，折宇谷の三つの谷は山林崩壊で埋まった。当時の雨量は1日で1114ミリメートルといわれ，日本の気象史上の最多雨量記録として，平成17（2005）年12月現在も残されている。しかし，山くずれの原因は豪雨だけなのだろうか。田村好は，60年以上の山林労働の経験に基づき，自作の森のガイド用リーフレットのなかで，拡大造林にも言及している。[53]・[54]

　「自然林といわれた広葉樹を切れば，当然切り株や根が残ります。しかも，大小さまざまです。広葉樹の場合は，その根っ子が木の高さと同じぐらい伸びると言われています。その根っ子や毛根が土のなかで網の目のように交差し，

47

写真1-5

土石流が起きた翌日の北川地区平集落　（1976年撮影：不明，所有：北川会）

ときには岩盤に深く食い込んでいます。根っ子はただ養分を吸うだけでなく，こうして山肌を支える役目もしています。（中略）しかし，切り株は30年，40年経つと，自然に腐っていき，山全体がガタガタに緩んできます。その緩んだ所に大雨が浸み込み，蜜植した杉林が大風に揺れるから，なお崩壊が激しくなるのです。言い換えれば，拡大造林をおこなうために，無計画に自然林を伐採したから山崩れが起きているのです」。

山くずれの原因は豪雨と拡大造林に加えて，農薬の空中散布による森林の下草枯れにもあるかもしれない。

中川清（75歳）は，昭和48（1973）年頃，木頭村役場の林業課長をしていたが，「横井林業，岡田林業，山田林業，和田林業が四社林業という共同事業体をつくって，国の補助金事業を受注し，下草刈の作業を節約するため，木頭の山にヘリコプターで枯葉剤を撒いた」というのである。北川在住の野口菊秋[55]（84歳）に確かめると，北川グランドからヘリコプターが飛び立っていき，バケツのようなものをロープに吊り下げて液体を撒いているのを見たという。

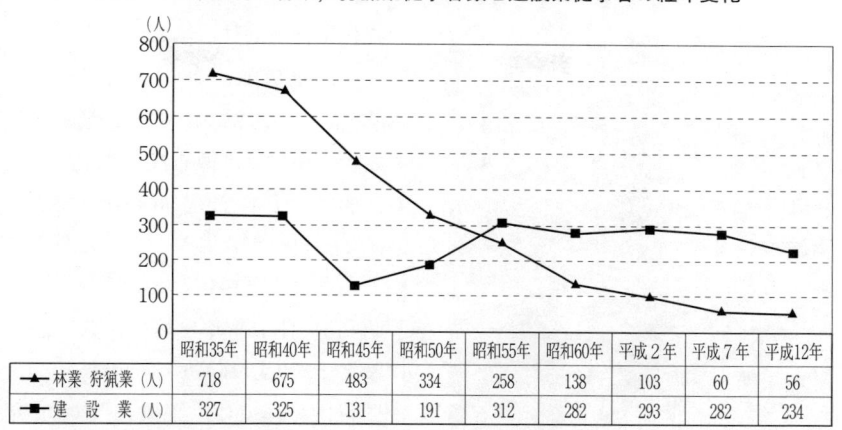

図1-4　木頭村の林業，狩猟業従事者数と建設業従事者の経年変化

| | 昭和35年 | 昭和40年 | 昭和45年 | 昭和50年 | 昭和55年 | 昭和60年 | 平成2年 | 平成7年 | 平成12年 |
|---|---|---|---|---|---|---|---|---|---|
| 林業 狩猟業（人） | 718 | 675 | 483 | 334 | 258 | 138 | 103 | 60 | 56 |
| 建　設　業（人） | 327 | 325 | 131 | 191 | 312 | 282 | 293 | 282 | 234 |

出典：徳島県発行統計資料に基づき筆者作成。

「胃の手術をしたのが昭和46年だから，逆算すると，44年くらいかのぉ」というので，中川の証言とは時期が少しずれてはいるが，「千本谷の岡田林業の山だった」というのは符合する。野口の記憶は鮮明で，「落葉樹の下の草は枯れていたが，モミやツガなど針葉樹の下は草が枯れておらんかった。散布の後，下刈作業をしていると，ウサギが出てきてのぉ，それまでじゃったら逃げるんだけんど，飛べないもんやけん，若い衆がカマの柄でたたいて殺し，皮むいて焚き火で焼いて食べよった。その味は悪かったのぉ」とまるで昨日の出来事のように覚えていた。田村好も当時のことを鮮明に記憶しているという。「岡林業の社長，岡克信さん，監督の畑山利一さんと一緒に，散布のうわさを聞いて北川の船谷と久井谷に見に行ったら，山の斜面一面，ササが枯れ，雪の重みで倒れたんじゃろうかのぉ，腐って，まるでイノシシが穴を掘ったようになっていたな」というのである。さらに中村広知にも確かめたところ，大字北川会の記録に「昭和45年4月16日，除草剤ヘリコプター船谷口を着陸基地とする」とあることがわかった。船谷口は北川グランドがある場所だから，野口の証言とも一致する。その場所は野口の家と目と鼻のところにある。中村は，あんまり腹が立ったので拾ってとっておいたという，当時の枯葉剤の袋を見せてくれた。

写真1-6

木頭村の山林労働に使われた道具，ハツリ（写真左），サメモリ（写真右）（2005年撮影：大野洋一郎，所有：同）

それには「『クサトール FP 粒剤』保土谷化学株式会社，塩素酸ナトリウム50.0％，重炭酸ナトリウム30.0％，鉱物質・その他20.0％」と印刷されていた。中村は，散布後，北川周辺の谷，船谷，千本谷(せんぼんたに)，久井谷などで，ツノイオやウナギなどがたくさん死んでいるのをよく見かけたという。

昭和51（1976）年を境に，久井谷ではおよそ200基の砂防ダムがつくられ，木頭村内全体では，平成12（2000）年までに583基が建設された。その結果，木頭村の産業構造は大きく変化し，昭和50（1975）年時点で，林業従事者は334人，建設業は191人であったが，昭和55（1980）年には，林業が258人，建設業が312人となり，両者の数が逆転し，今日にいたるのである。

**林業の労働と技術**

林業を人間に即して理解するため，山林での労働過程や労働者の組織について先行研究に依拠して概観し[56)]，その後，林業に長年携わった4人の人々，田村好（75歳），野口菊秋（84歳），岡田争助（79歳），由江（73歳）の話をもとに労働の実態を明らかにしたい。

山林における労働過程は植林，育林，伐木，造材，集材，運材に大別することができる。植林および育林は年配者や女性が担う比較的熟練度の低い労働で，明治以来，技術的に大きな進歩はない。伐木には皆伐と間伐とがあり，立木が山なりに伐り倒される技術にはかなりの熟練度を必要とする。伐り倒された木材は，玉切りされ，集材（トバセ）の後，木馬（キンマ），堰出し，修羅（スラ）

写真1-7

北川地区大明地集落でのキンマ曳き （1952年撮影：不明，所有：北川会）

出しなどによって川まで運ばれる。その後，木材は，宮浜村谷口まで管流（一名散流バラナガシ）で運ばれ，谷口から岩脇までは筏流しで運ばれるのである。その間，管流の困難な小流では水堰や鉄砲堰などをつくって流速を増す工夫が凝らされ，ハグチ，水止めなど種々の技術が生み出された。那賀川本流の流送は前述のように昭和30（1955）年11月，長安口ダムの着工にともなう陸送への切り替えによって姿を消したが，北川の久井谷では昭和34（1959）年頃まで鉄砲堰がつかわれていた。

木頭村では山林労働者が固定した組織のもとで労働していない。基本的な雇用形態を示すと，図1-5のようになる。(I)は山林と製材工場を有するA級の業者の場合に見られる。(II)はごく普通に見られる形である。(III)は戦後とくに流送が陸送に変わり，架線搬出が盛んになるにつれて発生したものである。小型トラックなども所有し，5，6人から30人くらいの労働者の集団だが，その中心は親方であり，業者との交渉や事業の獲得，監督など一切の責任をもっている。しかし，この集団も組織の確立された強固なものではない。

60年以上の林業労働の経験をもつ北川の野口菊秋，田村好へのインタビュー[57]

図1-5　雇用形態

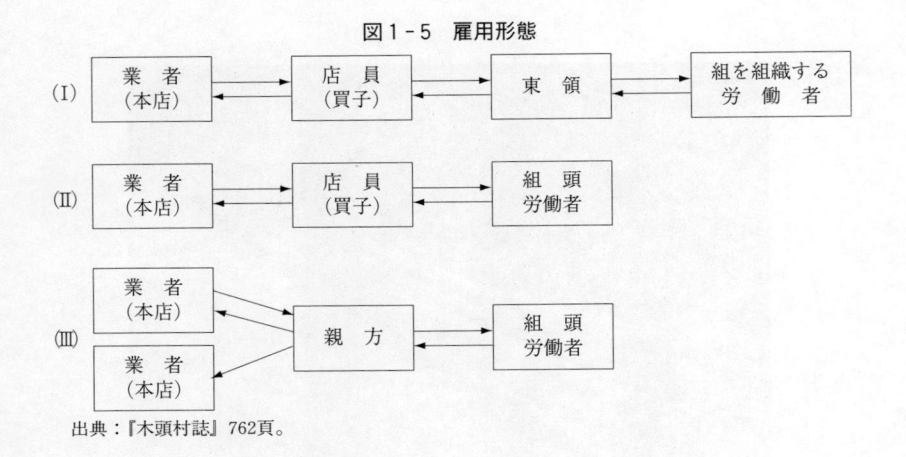

(Ⅰ)　業　者（本店）　⇄　店　員（買子）　⇄　束　領　⇄　組を組織する労　働　者

(Ⅱ)　業　者（本店）　⇄　店　員（買子）　⇄　組　頭労働者

(Ⅲ)　業　者（本店）／業　者（本店）　⇄　親　方　⇄　組　頭労働者

出典：『木頭村誌』762頁。

から，拡大造林以前の林業労働を再現してみよう。

「日の出とともに起床し，天候を確かめた後，一汁一菜の朝食（茶の子）を済ませる。日帰りのときは弁当と水筒を用意し，身支度をする。夕食も一汁一菜のヨウ（夜）メシ。弁当箱は通常曲げわっぱで，檜板底の桜皮製である。日帰り二食分の麦やヒエ飯（白米になるのは昭和30〔1955〕年頃から）に漬物とイリジャコ（煮干），それに自家製味噌を少々入れる。味噌は山に自生する野草をおかずにするときにつける。水筒はモウソウ竹の竹筒製。身支度は上衣がシャツにハッピや厚司，下衣が股引（バッチ）やズボンに脚絆。手甲（テゴ）で腕を保護。足ごしらえはマムシに咬まれないとされるアシナカ（草履形）や地下足袋である。天候次第でわら製ミノとカサを着ける。その日の山仕事に必要な道具だけをフグツというシュロ皮編みの背負い袋で肩に負うが，なかにはコビキノコ（土佐型横引き伐採用ノコギリと枝払い用小型腰ノコギリ），サメキリチョウナ（鋸のことで高知ではヨキという），ハツリ（角材加工用の幅広刃斧），ハリトビ（集材用大型トビ），ツル（集材用具），エガマ（下草，小枝下刈り用），カワハギ（木皮剝ぎカマ），クサビ（矢という留め具）などを入れる。刃物はシュロ皮縄で編んだ刀掛けで刃部を巻いて保護する。

作業は幅の狭い山道を上ってイリヤマ（入山）後，午前10時のアサメシ，午

第 1 章　木頭村における近代開発の歴史

写真 1 - 8

田村好（写真左）と野口菊秋（写真右）　（2005年撮影：大野洋一郎，所有：同）

後2時の二番茶の食事休憩を除いて，夕方，デヤマ（出山）して下山，帰宅するまで，棟梁の指示のもと，4〜5人程度の請負衆が立ち木の伐採，集材労働に明け暮れる。作業が大がかりなときには簡素な泊小屋を立てることもあった。ケヤキ，モミ，ツガの皮を剝いで屋根とし，クリを伐採して支柱として，それらをカズラで縛るのである。作業分担としてはサキヤマ，ヒヨウ，スラ敷き，キンマヒキ，ハネバ（土場），などがある。戦前，用材を伐る場合は5寸5分から7寸，2間などの標準があり，曲がりの少ないケヤキ，モミ，ツガ，ツゲ，ブナ，ナラ，ミズメ（モウカ）などを択伐していたが，昭和30（1955）年頃には立木をパルプ材として皆伐した。チョウナで受け口をつけ，クサビ止めし，反対側からノコを入れ，クサビを外して山の斜面に斜めに伐り倒し，枝を払い，皮を剝ぎ，ハツリで角材にする（タマギリ）が，その際，木口が破損しないように角落し（面切り）する。山の斜面に合わせて倒す木の方向と寝かせる角度が次のスラ出しの手間を容易にするため，樵の腕が試される。熟練した職人技

を有する人は『ヒョウの目が見える人』とよばれて仲間から一目置かれた。伐採，集材された木材は，丸太を並べた梯子滑り台のようなスラの上をトビで引きずり落されるか，キンマというシュラ（ソリ）のような運搬台に載せて引き落とされ，那賀川の岸辺につくられた集材搬出場（ハネバあるいはドバ）まで運ばれ，流送組の人々に渡されるのである。また，イリヤマ時の儀礼としてヤマノカミ参りがあり，山道の入り口には自然石や大岩，巨木などが拠り代の目印になっていて，持参のわずかな米，酒を捧げる。毎月15日は『ヤマノカミさんの日』とよばれ，山入り忌みの休日（トウジともいう）とされていた。蜂やマムシの害，作業事故，天候異変など自然災害から身を守ってもらい，神様の許しを得て必要分の木を伐らせてもらうことを祈るのである」。

　昭和30年代，流走から陸送への変化は運送時間の大幅な短縮をもたらし，チェーンソーの出現は伐採効率を一挙に高めた。しかし，伝承され蓄積されてきた熟練の技術は近代的な機械力の導入によるコスト削減の前に非効率的なものとして捨てられ，チェーンソーは「ヤマノカミ」に一顧もくれず，命ある森を切り裂いていったのである。

　木頭村初代村長・岡田仁平の玄孫にあたる西宇在住の林業家，岡田争助とその妻由江とのインタビューからは拡大造林当時の様子が鮮明によみがえる。

　争助は拡大造林の歴史的経緯を以下のように話している。「戦時中は憲兵が乗り込んできて強制的に杉や檜を伐採せいと，日本の資源ちゅうのは山ぐらいで，ほかにはぜんぜんない。木材は日本の石炭じゃ，鉄じゃと，ほんで木を切れというわけですよ。戦後は復興のためにどんどん木を切ったでしょう。まあ，言うたら，その穴埋めちゅうか，それで国や県が奨励して拡大造林をやったわけです」[58]。拡大造林ではまだ残されていた広葉樹を伐採し，その後に杉や檜を蜜植していくのであるが，争助は拡大造林そのものについては次のように複雑な思いをのぞかせている。「それまでは，広葉樹が生えている間に植林した杉や檜を育てて伐採するという，そういう林業やったんです。それが拡大造林ちゅうことで，天然林も切るわけです」[59]。しかし，「拡大造林じゃってみな簡単に言いますけどね，どんだけ苦労したかちゅうことですよね。朝，暗いうちに

提灯持って山に上がるんですよ。働いてくれとる人も大変じゃし，山持っとる人も苦心惨憺してね。うちの家内にしても子ども育てもってな，杉苗作って。何千本じゃったもんな。種とってから3年がかりで自分で杉苗作って，それを山へ持って行って植えたんやけんな。苗は一晩のうちに病気で全滅する時もあったりしてね。何千，何万も杉苗して，それを背中に負うて運んでね，ほいで山を開墾すんですよ」。由江は争助の話につづけて，次のようにいう。「一町に3000本植えるし，100町歩やったら30万本。それ全部，自分で作ったんやけん。人も頼んだけど自分で働いたで。結局，一日も休まんと。ほん時は，ほんなお国のためじゃと思て，天然林を杉，檜に代えたんやけんね」。争助は別の機会ではあるが，拡大造林に関連して次のように語っている。「父は適地適木とよういいよりましたけどな，当時は拡大造林に対する批判などなかったけんな。祖父は質素倹約して木頭の山は自分たちで守っていかなぁいかんやとよくいって，広葉樹の安い山をこうてました。まさか，広葉樹が戦後チップとして売れるとは思っていなかったんじゃないかのぉ。国は造林資金を3分5厘の低利で貸してくれたな。当時の熱気と意欲いうもんは今からでは想像もつかんと。標高の高いところまで切らなくてもという反省材料もあるけんど。木頭では林業だけで食うていけんけんなぁ。昔は椎茸や炭焼きなど，今はユズが副業じゃな」。

## 4　外来型開発から内発的発展へ

### 外来型開発と過疎対策事業

宮本憲一（1989）は，近代以降の開発を歴史的に分析し，後進地域に巨大な資本や国の公共事業を誘致し，それに地域の運命をあずけようという地域開発方法を外来型開発と名づけ，その問題点を以下のように整理した。

日本の外来型開発は明治時代の殖産興業にはじまるが，戦前の地域開発は個別企業の自由な立地であるのに対し，戦後は国や自治体の地域開発政策によって重化学工業化が進められたことに大きな特徴がある。昭和20年代後半から30年代前半（1950年代）には多目的ダム，その後の高度成長期には鉄鋼，石油，

石油化学などの素材供給型産業のコンビナート誘致が盛んであった。高度成長期のコンビナート誘致は拠点開発方式とよばれたが，これは日本だけでなく現代社会における外来型開発の典型であろう。外来型開発の主な問題点として，進出する企業は資源利用を優先し，地元住民を主体とした環境保全や公害防止の計画を後回しにするため社会的損失が大きく，計画から実行にいたるまで進出企業と国家が主導権をもつために民主主義＝地方自治の発展が見られないことなどがあげられる。

宮本（1989）は，外国における外来型開発の失敗例としてインドのボパールで起きた多国籍企業の大事故とその後の地元住民の人権を無視した対策をあげ，「にもかかわらず，依然として発展途上国，さいきんでは欧米でも外国企業をもとめている」と批判している。また，「日本では後進農村地域ほど，外来型開発に血道をあげている。なかには発電所誘致のように，補助金の効果と工事中の雇用増大が主で，その後の地域開発効果のとぼしい開発まで過度の期待をかける状況がつづいている[64]」と苦言を呈している。木頭村でも，すでに見たように，小見野々ダム建設に付随して国，県の財源によって道路を改修または開設し，村内の公共施設をつくったことは，後述の榊野村長に典型的見られるように，その後の村の発展を外来型開発にゆだねる契機となった。

木頭村での開発に話を戻す前に，農山村における代表的な地域政策の一つ，過疎地域対策とは何であったのかについて知ることは決して無駄ではない。保母武彦（1996）によれば，次のようなものであるという。[65]

戦前の農業・農村に向けられた国庫補助金は，たとえば，時局匡救事業が農村の土木事業を中心に展開されたように，農業という産業概念だけでなく，むしろ農村という地域概念で農村対策としてなされていた。戦後の農山村に関係深い地域政策立法としては過疎法，山村振興法などがあげられる。過疎法は昭和45（1970）年に10年間の時限立法として制定されてから，二度にわたり更新され，過疎対策事業には2期20年間に25兆円の予算が投入された。

こうして社会資本整備は進んだものの，島根県の山間辺地の小さな集落では人口減による集落崩壊が現実のものとなりつつあるという。

第1章　木頭村における近代開発の歴史

　木頭村でも，小見野々ダム建設でにぎわった昭和40（1965）年には4000人を超えた人口が，平成10（1998）年8月末には2000人を割り，平成17（2005）年2月末日現在，1773人となり，減少に歯止めがかからない。木頭村の最下流部の助地区にある蟬谷の竹岡章（75歳）によれば，蟬谷は，平家落人伝説が人々の間に口承されてきた由緒ある集落だが，国道195号線から4キロメートル近くも山を登った山中にあり，昭和31（1956）年の36世帯131人が平成17（2005）年3月には竹岡，中野，松本など4世帯7人に激減したという。

　保母（1996）は，過疎地域の現状をもたらした原因は主として国の政策にあるとして，全国総合開発計画にかかわって次の2点を指摘している。[66]

(1)　欠ける農山漁村維持の政策理念

　昭和45（1970）年，過疎地域対策緊急措置法が成立したが，政府は，その前年，過疎法に対立的な内容の新全国総合開発計画（二全総）を策定している。過疎法が人口の過度の減少を防止することを目標としているのに対し，二全総は農村の都市への人口流出を労働力の適正配置として評価したのである。二全総は過疎法より上位の計画であり，その影響は大きく，地域社会の維持政策が主流になることはなかった。

(2)　条件不利地域を対象とした「地域政策」の未確立

　中山間地域とは，木頭村のように，傾斜地や狭小山間部にあって交通の便が悪く，地理的，社会的な制約をもつ地域のことである。中山間地域は，薪炭エネルギー・食料・木材のみならず，労働力の供給地帯として，都市や国を支えてきた。中山間地域の機能は，①　食料の国内自給，②　国土の安全・管理，③　健全な国民生活に欠かせない自然環境の保全など，重要である。しかし，第四次全国総合開発計画（四全総）は，国土保全や自然環境保全など農林業・農山村の外部効果が高生産性農業の育成を通じてもたらされるという政策構造になっている。中山間地域は本来，生産性の向上に限界をもつ地域であり，高生産性農業が不可能な場所であることを考慮した地域政策が必要である。

## 戦後村政の出発

宮本秀仁助役は，昭和43（1968）年8月1日発行『木頭』第99号のなかで，地方自治法が昭和22（1947）年4月17日に施行されてから昭和43（1968）年までの木頭村政の分析を試みている。それは第5代村長の平川から第8代村長の東まで，それぞれの村長のおこなった政策の特徴を総括しているので，その一部を以下に紹介する。

第5代村長平川浩太郎（昭和21〔1946〕年3月～昭和22〔1947〕年3月）の村政は「僅かに農地解放政策が至上命令として実行されたにとどまる」と一言で片づけ，第6代村長中平実（昭和22〔1947〕年4月～昭和30〔1955〕年3月）の村政については次のような分析をしている。

「昭和二十七年四月平和条約の締結前を第一期，締結後を第二期とすると第一期はインフレによる物資の不安定から公共事業等山積しているにもかかわらず財源の不足と民心の政治に関する関心が低いこともあって余りおこなわれなかった。しかし，第二期に入るや隣接町村との対抗上定時制高校の設立及び町村合併による自治財政力の強化などがおこなわれたことは特筆すべきことである。一方，国や県との関係の明確化とゆりかごから墓場までの住民福祉を増進する基本的制度が確立され平和憲法の示す福祉国家の実現に一歩を踏み出す制度作りが終わり，村政もまた住民の意思が強く反映する政治が定着した」。

上記の町村合併は昭和28（1953）年10月1日，町村合併促進法が施行されたことにはじまる。昭和32（1957）年1月1日，助地区が木頭村へ，海川地区が上那賀町へと併合され，助と海川の二つの地区からなる上木頭村は消滅した。このことについて，宮本助役は自治財政力の強化と評価したが，『木頭村誌』は次のように別の見方を示している。

「昭和32（1957）年1月1日におこなわれた木頭村と上木頭村の合併は，合併したというよりむしろ政府の方針にしたがって県の役人が合併させたというのが真実である。地方自治ということがやかましくいわれているけれども，実質上市町村は府県に対して，非常に弱い立場にあり，中央集権的な日本の政治形態は今なお厳存しているといっても，言いすぎではない。財政的に恵まれて

第1章　木頭村における近代開発の歴史

いる市町村は別として，地方税財源の少ない町村，つまり経済的に独立性のとぼしい町村ほど，何らかのかたちで糸目のついた金をもらったり，借りたりしなければならず，その結果として，地方政治のゆき方もしぜん桎梏に甘んじなければならないのである。昭和28（1953）年10月1日から施行せられた町村合併促進法も，その後に施行された合併町村育成法と合わせて，簡単に極言すれば，左手に餌を見せ，右手にムチを振り上げて合併させたというのが真実の姿であった」。

再び，宮本助役の論評に戻ると，第7代村長西竹吉（昭和30〔1955〕年4月〜昭和35〔1960〕年4月）の在任期間の後半3年間は，「池田内閣の高度成長政策の波にのり公共投資事業が活発となりはじめ国の財政支出は公共事業に対する補助率も上がり，起債を大幅に認めるようになり民間企業の設備投資は年とともに増大したことが本村の森林資源の異常なまでに好景気をよぶ結果となり，本村公共投資事業に光明を与えて順風満帆の感がするのであります」と振り返っている。第8代村長東泰六[67]（昭和35〔1960〕年4月〜昭和42〔1967〕年4月）の村政については，「本村の重大な転機を迎えたといえる。則ちダム建設事業にともない補償金と補助金及び起債の財源による幾多建設事業が急ピッチで進められ，村の面目は一新したと評価されている。完成を待たず遷化されたことはまことに残念である」とのべている。いずれにせよ，村政に関する問題点の指摘などなく，木頭における戦後の開発が戦前同様，国や県からの公共事業中心であり，地方自治に基づく主体的な開発ではなかったことは確かである。

**国・県に依存した地域開発**

第9代村長榊野誠の在職期間は，昭和42（1967）年4月から昭和58（1983）年3月までの4期16年にわたり，戦後最長である。その間，木頭村を揺るがせた細川内ダム計画が浮上し，戦後の大惨事，北川の久井谷の山くずれが起こるなど，大きな出来事が相次いだ。『木頭』を手がかりにして，その政策の特徴を少し丁寧に描き出してみよう。

榊野村長は，在職2年目の昭和43（1968）年11月，計画期間10年の『木頭村

振興計画』[68]を策定している。それによれば,「県の財政力が3割自治以下であるように本村の財政力も3割自治は限界」とのべ,昭和43（1968）年から45（1970）年の林道や公共施設建設事業計画の予算およびその財源の大部分は国,県の補助起債を受けなければできないものととらえている。また,立地条件の厳しさから,たとえば企業誘致のような方法で民力を向上させる方法には限界があり,村の「未来は荒涼とした典型的な過疎地帯となるような錯覚に陥る」とのべるなど,自治を進める気概は見られない。

榊野村長は,昭和44（1969）年1月,「村の重要施策と今後の課題」について次のようにのべている。村の主要道路である国道195号線の西宇トンネルと木頭大橋の早期完成早期着工が当面の課題であること,産業振興としては林道の開設を第一にあげ,昭和43年度から3ヶ年計画の林業構造改善事業の実施により5路線の林道の開設工事をおこない,それが終了すれば森林開発公団の管理している林道の村への移管分をふくめて村有林道は12路線90キロメートルに達するとの見通しを示している。しかし,林業だけではなく,小見野々ダム建設を契機に成長した建設業,商工業,サービス業についても健全な育成の配慮が必要であるとしている[69]。つづけて,小見野々ダム＝蔭平発電所建設が地域開発に大きく貢献したと評価した上で,当時県議会において折宇地区日早のダム計画について論議されていることを受け,それを村の最重要課題の一つとして位置づけている。榊野村長は,昭和45（1970）年10月発行の『木頭』では,木頭村が経済企画庁（当時）の山村振興法に基づく振興山村の指定を受け,昭和45（1970）年から4ヶ年,総額14億円におよぶ振興計画を交通通信の整備,産業開発,その基盤整備,社会環境整備,教育の充実,国土保全など,「村づくりのすべての事業がふくまれる総合的なもの」と重視する意向を示している。実際,昭和45（1970）年から学校施設建設,林道建設,ユズ集荷施設,飲料水供給施設設置事業などを実施し,前述の振興計画にはなかったが,村内の小学校と中学校の統廃合による空き校舎への工場誘致を決め,集落再編成に関する調査を県企画課の指導によりおこなった。6月に県から打診され,急遽実施する運びになった集落再編モデル事業は,過疎化の進行の激しい集落が「憲法で

## 第1章 木頭村における近代開発の歴史

保障している文化的生活を維持することさえ難し」くなったとし,「住みよい環境を整えた村づくりの一環として」施策されたものである。その内容は,南川筋の畦ヶ野,日早,宇井の内の集落と栩谷筋の中内集落の住民を村の中心地である川切地区へ移転するというもので,昭和45 (1970) 年,経済企画庁から指定を受け,46 (1971) 年と47 (1972) 年にわたる2年間,総工費2億4900万円の事業として着手され,昭和48 (1973) 年8月に移転先の旭団地が完成した。

榊野村政の前半は,こうして国の制度を利用した事業計画を村の振興計画へと置き換え,施設建設中心の公共事業をおこなったのである。

榊野村長は,昭和47 (1972) 年6月25日付の徳島新聞のインタビューに「山村では土木公共事業がないと発展しない」と答えている。その後,昭和48 (1973) 年3月1日発行の『木頭』第106号において,「細川内ダム問題について」と題し,その経過のあらましを次のように説明している。「昭和46年7月の県議会で明らかになった細川内ダム計画について,水没区域を縮小すれば,木頭村としては実施調査に協力するという基本方針を決定した。しかし,これは決してダム建設を認めたものではなく,その対案を建設省と県に対して示したに過ぎない。とはいえ,那賀川総合開発事業が地域の開発に貢献していると評価し,それを地域発展のチャンスとしてとらえてきました」と総括している。3月30日付の『木頭』第107号では,ダム問題についての基本的考えとして,「昨年十月建設省ならびに県に対しておこなった申し入れのごとく水没戸数を最小限にとどめること,水没関係者の合意を基調として対処していくことが基本である」とした上で,「村(水没関係者もふくめて)の提示する条件が満たされるのならば,ダム建設に同意してもよいと考えている」と,ダム建設に条件付きとはいえ,初めて同意を表明した。同年の『木頭』第108号,109号においても,細川内ダム計画について推進の意向を示唆している。こうした流れのなかで,昭和49 (1974) 年10月1日,榊野村長の細川内ダム建設をテコにした『木頭村総合開発基本構想』が,村議会において可決され,9月定例県議会に上程され可決された。しかし,後述のように,細川内ダム反対の住民組織=ダム対策同志会は,榊野村長が住民の声を無視したとして強く反発し,運動を激

化させた。11月3日，全村域から350名が結集して総決起集会を開き，12月6日，議会リコールに必要な署名を集めて村に提出したのである。その結果，12月21日，村議会は住民の意向を受け入れ，『木頭村総合開発基本構想』を廃止する議案を可決し，直ちに解散した。それにもかかわらず，榊野村長は，昭和49（1974）年1月15日発行の『木頭』第112号に「年頭のあいさつ」を載せ，「ダム問題についても，自然保護の側面からのみ考えるのではなく多面的総合的にとらえ，より広い観点に立って積極的にとりくめば，村の面目を一新するような発展が期せられると考えます」として依然ダム推進を匂わせている。

榊野村長は，なぜ，それほどまでにダムに執着するのか。その答えは同じ『木頭』第112号の次の文章にあると考えられる。「昭和四十六年の県民推定所得推計によると，木頭村民所得は，県下五十市町村のなかで十九位にあります。徳島県民所得は全国平均の八十三％にとどまっています。徳島県のおくれをこの数字がはっきりとあらわしています。無計画な開発による破壊や公害の防止には十分つとめなければなりませんが，建設の槌音の聞こえない土地に，大きな発展を期待できないこともたしかであります」。

昭和49（1974）年7月25日，榊野村長は，ダム建設を進めるべく，ダム対策協議会（以下，協議会と省略）を設置した。協議会のメンバーは，村議会議長，ダム対策特別委員会委員6名，村内各地区代表者19名，青年団，婦人会，農協木頭支部，森林組合，商工会，漁協各代表1名，元村長などの表彰者5名の計37名によって構成された。榊野村長は，協議会の開催中も，昭和51（1976）年1月1日付の『木頭』第123号の「年頭のあいさつ」のなかで，「こうした後進性に歯止めをかけ逆に前進のスピードを上げ，過疎を追越すためには，思い切った総合開発事業の推進が必要であります。本村における懸案のダム問題も，こうした観点から見直すことが大切であります」とダム推進への意欲を改めて見せている。また，4月5日の『木頭』第125号においては，村の振興を図るための基本対策として，「(1) 現在村内にある農・林・商工・建設などの振興をはかること，(2) 新しい安定した企業を立地すること，(3) 公共事業（ダムもふくめて）の拡大をはかること」をあげている。協議会は，後で詳しくのべるよ

第1章　木頭村における近代開発の歴史

うに，延べ11回開催され，昭和51（1976）年11月27日，ダム拒否の答申を出すにいたった。村議会は全村的メンバーによる協議会の答申を尊重し，同年12月20日，ダム反対決議をおこなった。

　時間を少し戻すが，同年9月8日からはじまる台風17号による記録的豪雨は，全国で死者114名の被害者を出し，木頭村でも6名の尊い命を奪った。北川地区・平において幅100メートル，高さ80メートルにわたり土砂が崩壊し，集落が1戸を残して全壊し，6名の犠牲者を出したのである。相生土木事務所の推定では，久井谷の山腹崩壊は約14ヘクタールにおよび，100万トン以上の土砂が放出されたという。北川地区の降水量は6日間に2562ミリメートルと戦後の最高を記録し，日早は一日降水量の日本記録を更新し，1114ミリメートルの新記録をつくった。住民のダム反対運動の高揚，ダム対策協議会のダム拒否の答申，村議会のダム反対決議に加え，未曾有の豪雨による災害への復旧事業が重なり，細川内ダム計画はその後，影を潜めた。台風17号がもたらした被害総額は27億円と推定され[70]，災害復旧事業は，林道の復旧だけでも大小合わせて91ヶ所，8億円を超え，通常の林道事業の10年分にもおよぶ量であった[71]。昭和52（1977）年度，村予算の一般会計は約14億円であったが，村内の公共事業総額は15億円にものぼり，通常の年の2倍に達した[72]。

　その後の主な事業を『木頭』から抜き出して，以下に列挙する。

　昭和54（1979）年は，第二期山村振興事業（自治省所管：昭和51〔1976〕年度〜54〔1979〕年度）後期過疎対策事業（昭和50〔1975〕年度〜54〔1979〕年度）が終わり，第三期山村振興事業の策定とともに，第二次林業構造改善事業（農林省所管：昭和49〔1974〕年度〜52〔1977〕年度）の追加事業（昭和54〔1979〕年度〜55〔1980〕年度）地域農政整備事業などの実施年である[73]。昭和45（1970）年度から54（1979）年度までの10年間にわたる旧過疎法による過疎地域振興計画事業は約17億7400万円の事業をおこなったが，昭和55（1980）年，新過疎法に基づく総事業費46億1800万円の過疎地域振興計画（昭和55〔1980〕年度〜59〔1984〕年度）が新たに決まった。その主な事業は，木頭診療所の改築，消防ポンプ付自動車の購入，中央公民館，各地区の公民館・集会施設，ユズ集荷施設等の新

写真1-9

久井谷砂防ダム　(1977年撮影：田村好，所有：同)

築である。昭和57（1982）年度は，昭和43（1968）年からの山村振興事業および林業構造改善事業の計画を更新し，第三期山村振興事業（昭和58〔1983〕年度〜61〔1986〕年度），新林業構造改善事業（昭和58〔1983〕年度〜62〔1987〕年度）の指定が確定するとともに，自治省より地域経済振興の村として指定を受け，「もみじとゆずの里づくり」計画事業を3年間1億円で実施した。昭和56（1981）年度は和無田地区に割り箸工場をつくり，昭和57（1982），58（1983）年度は高ノ瀬峡の観光施設と駐車場整備などをおこなったのである。

　昭和58（1983）年1月，榊野村長は，村の戦後史を振り返り，昭和30年代からはじまった林道・農道の開設，国道の改良事業，奥地森林の開発，那賀川総合開発事業など，一連の開発事業が現在の村の原動力になっていると評価し，国全体が経済低成長時代を迎え，林業不振がつづくなかで，「過疎をはねかえし村の再生をはかるには，これまでにない大幅な国・県の資金を導入するような大規模な施策の展開が必要」であると結論づけた。榊野村長は，こうして最後までダム建設をテコにした総合開発に執着したが，同年4月の統一地方選には体調不良を理由に出馬せず，代わって，製材業を営み，村議会議員を経て村議会議長を歴任した福井貫一が第10代木頭村長に就任した。

　榊野村政の後半は細川内ダム反対運動，台風17号による災害復旧事業などに直面し，細川内ダム計画を前提にした『木頭村総合開発基本構想』が村議会で

廃止され，ダム反対決議が村議会で可決されたにもかかわらず，大規模な公共事業に村の発展を託して，国や県から予算を引き出しながら開発事業をつづけた。その開発政策は，国や県依存型の外来型開発であり，多くの資金を確保したものの，基幹産業である林業の衰退を止められず，土建業の肥大化を招いたばかりか，地方自治の発展も見られなかった。

### 新しい村づくりの模索

福井貫一村長は，就任後，次のような抱負をのべている。

「『地方の時代』即ち100年に亘る中央集権の時代に終わりをつげて，それぞれのアイディアと力をつくして，地域の特性を生かした個性ある地域づくりを目ざして，全国のすべての地域社会が鳴動しはじめております。私たち木頭村も，この時代の波に乗らなければその発展は望むことはできません。（中略）そして，今一つには，物の時代は終わったのだということ。これからは，すべての村民がこころの窓を開いて語り合い，助け合う心の時代，即ち，協調の時代であるという認識の上にたたなければならないと思います」[77]。

つまり，福井村長の村づくりの考えは，個性ある地域づくりと心の時代をキーワードにするものである。就任2年目には，財団法人林政総合調査研究所(当時)の森巌夫を助言者にして村内に「百人委員会」を設け，村民の手による村づくりをはじめた。昭和59 (1984) 年7月，森は，木頭村「二十一世紀をめざす新しい村づくり村民大会」において講演し，「21世紀にむけて，今，人々の間では，"物から心へ""量から質へ"と意識が変革し，人間の生き方，くらし方といった内面の充実が求められている[78]」と訴えた。

その後，福井村長は，昭和60 (1985) 年の初頭のあいさつのなかで，「昨年は，村の基本構想の見直しやら，新しい二十一世紀を目ざした村民大会をはじめ，各集落ごとの対話集会，これからの村の進むべき道を求めての百人委員会等々，全村民あげてのご協力をいただきました」と感謝した上で，具体的な村づくりとして，「若者の住める村づくり，三千人の住める村づくり」を公言した[79]。同年1月24日，木頭村は，百人委員会から『二十一世紀をめざす村づくり

について（提言）』と題する4項目40ページにわたる提言が村になされたことを受けて，村づくり討論会を開催した。席上，百人委員会を代表する6名の委員がそれぞれの部会で話し合われた村の課題を以下のように紹介した。

　産業部会林業担当の谷文吉は，全員が林業の危機を認識し，間伐材対策を中心に話し合ったと報告した。同農業担当の谷省二は，ユズ以外の山菜，高冷地野菜などを組み合わせた多角的経営および平均的農家の目標収入額を700万円として，農地開発をおこなわなければならないと結論づけた。建設部会を代表する曽根将美は，災害復旧の公共事業が減少したら大変な事態になるとして，治山治水の砂防事業および農林業振興の基となる生産基盤の積極的な整備拡充をおこない，雇用の水準を維持するように提言した。観光部会を代表する中崎善弘は，観光客を誘致し，金を村内に落としてもらうには，村内の美那川キャンプ場および高ノ瀬峡の施設運営を見直し，スーパー林道もふくめて有効活用を図る必要があるという意見を表明した。最後に，同部会の副代表の丸山セツコから，太布織りのグループ活動を通して太布織りを商品開発し，産業として甦らせられないかという希望がのべられた。福井村長が心の時代という認識をもつようよびかけたにもかかわらず，いずれのグループも経済的豊かさを中心にすえている。唯一，生活文化部会（代表者＝中平サワコ）だけが，「戦後，物が豊かになった反面，心が貧しくなったことから，これからの村づくりは貧しかった時代に後戻りして考えることも必要ではないか」と提案しているにすぎない。その後，参加者とパネラーとの間で質疑応答があり，最後に森も産業振興を強調して，次のように締めくくった。

　「産業おこしこそ村づくりの大黒柱である。しかし収入が上がっただけでは良い村と言えない。住む人々の心，人間関係の良い村を作り仕事を作って，若者が喜んで住める村を作らなければなりません。（中略）今後の百人委員会の活動として，間伐材，ゆず，太布，あめご等の専門家を作ること。一生情熱をつぎ込んだ気違いといわれる程の人が出て，そう云う人の足を引っ張らず，大切に育てて行くこと。そしてグループ作りにより大きな輪となって，地域産業は振興されて行くのであります」。

その後，百人委員会などの活動を通して木頭村内に六つの実践グループが誕生し，上部連絡組織として「めばえの会」が結成され，村おこしが本格的にスタートした。実践グループには，木材流送の伝統芸である一本乗りを伝えることを目的とした「木頭杉一本乗り保存会」，趣味で盆栽をしながら販売もおこなう「盆栽研究会」，将来の特産品としてギンナンを取り上げた「ギンナン研究会」，シイタケのハウス栽培に取り組む「奥木頭きのこ会」，コミュニティ・レクリエーション研究グループの「とんぼ」，かずら，竹を利用して籠などをつくる「手芸研究会」がふくまれていた。こうした運動に基づいて『二十一世紀に架ける住民主役の村づくり基本構想』が策定され，6月村議会において承認された。その基本構想は，① 人と自然が調和した産業の広がりのある村づくり，② 健康で明るくやすらぎのある村づくり，③ 生涯学習で教養を高め文化の香り高い村づくり，④ 住民の暮らしを守る村づくり，の四つのテーマに絞られている。昭和61（1986）年3月1日発行『木頭』第166号は，福井村長が前年に策定した基本構想に基づき，夏には集成材工場を一部操業し，翌年春頃から本格操業をおこなう見通しをもっていることを伝えている。同年6月1日発行『木頭』第167号によれば，集成材工場は，昭和60（1985）年度から，木沢村，上那賀町，相生町，鷲敷町，木頭村の5ヶ町村において，総事業費9億5000万円の国産材主産地形成対策事業（国産材供給体制整備事業）の一環としてつくられ，間伐促進，間伐材の有効利用，雇用の創出などを直接的目的としたのである。なお，福井村長は次の村長選へ再出馬せず，昭和62（1987）年4月21日，昭和45（1970）年以来，教育長を務めた走川輝一が第11代村長に就任した。福井村長の在任期間は1期4年であり，百人委員会をつくって住民による村づくりをはじめようとしたものの，その基本的考え方は心の時代といいながら産業振興を重視するなど整合性に乏しく，福井が力を入れた集成材工場も平成14（2002）年度に閉鎖された。

　第11代木頭村長・走川輝一は，就任当初，過疎の進む村の生き残り策として，観光開発案，林道建設および国道195号線の未改修区間の2車線化を考えているとのべ，郷土づくりの3本柱として，① 人の和を大事にする，② 昭和60

(1985)年6月策定の「村づくり基本構想」に沿う事業を推進する，③地の文化を尊重し，新しい文化を創造して明るい村づくりにあたること，をあげた。走川村長はまた，昭和63（1988）年の「年頭のあいさつ」[82]のなかで，政府が大型補正予算を組み，公共事業の大幅増を中心に景気の浮揚を図っていることを受け，木頭村においても積極的に事業量の増大に努めるが，村の個性を開発することが村おこしの基本理念であるとのべた。平成2（1990）年3月には，「木頭の明日を創る」と題して，重点施策として3点をあげている。

　第一は農林業の振興を図ることである。具体的には，木頭村の林道網が延長100キロメートルにおよぶとはいえ，その密度は国や県の平均に比べ非常に低位な状態にあるとして，新規路線の着手をふくめ，その推進を積極的に図るという。第二は教育文化を振興すべく，教員住宅の改築，中央公民館・図書館併合施設の建設などをおこなうことである。第三は生活基盤の整備であり，平成元（1989）年度の助地区大久保，折宇地区菖蒲野・久留名につづき，北川地区大城においても飲料水供給施設の整備をはじめるというのである。

　同年10月6日付徳島新聞は，木頭村での「ふるさと創生金」の使途として，平成元（1989）年4月に村民にアンケートをおこない，9月に「ふるさと木頭村私のむらづくり委員会」において村民の意見を集約した結果，若者定住をふるさと創生事業の最重点事業として結論づけ，若者集会施設を平成3（1991）年3月末までに完成させる予定であると報じた。平成3（1991）年4月19日発行『広報木頭』第191号は，走川村長の3月議会における施政方針を掲載し，村財政の自主財源がきわめて苦しく国，県に依存しなければならない状況下にあるものの，若者の定住化，村民経済の安定と福祉の向上，活力ある村づくりを進めるためには事業の選択にあたり十分な配慮の上積極的な投資を必要とするとした。具体的には，第一に，雇用体制の確立として，平成2（1990）年度に誘致した磁気センサーの製造会社ミネルバと外食産業向けカット野菜製造を主な事業とする木頭食品本舗につづいて企業誘致をおこなうことをあげ，第二に生活の場としてトータルな魅力をもつ地域づくりを心がけるという地域創造の理念のもと若者定住対策を図ることをあげた。

平成3 (1991) 年4月，走川村長は再選され，同年6月21日発行『広報木頭』第192号の村長就任あいさつにおいても，若い人は「地域のあらゆる部面のレベルが少しでも高いことを望んでおり」，生活のレベルが向上することが定住への条件であるとして，トータルな生活の場としての地域づくりを基本的な考えとすべきである，としている。つまり，産業・生活・教育文化等の基盤整備を総合的な視点に立って推進しなければならないと結論づけ，村づくりの基本として，昭和60 (1985) 年度に策定された村づくり基本構想を引き継ぐとのべたのである。走川村長はまた，平成4 (1992) 年の念頭のあいさつのなかで，高齢者福祉をもっとも緊急な課題ととらえ，平成3 (1991) 年8月以来，木頭村社会福祉施設整備推進委員会を発足させ，施設建設の実現に向けて国・県と折衝していると報告した。つづけて，若者定住への考え方として，トータルな生活の場としての地域づくりに向けて，生活基盤の設備，産業基盤の設備，教育文化の振興に力を入れ，「活力と潤いのある，魅力ある村づくり」の推進に全力をあげたいとの決意を改めて示した。それにもかかわらず走川村長は，平成5 (1993) 年2月中旬，突然失踪し，3月4日，辞職願を提出し，3月24日には辞職が確定したのである。

走川村長は，福井村長時代に策定された『村づくり基本構想』を受け継ぎ，若者の定住あるいは高齢者福祉を目的とした社会基盤設備整備を重視した。しかし，十分な効果を上げることなく，唐突に役場を去った。走川村長を突然の辞職に追い込んだものは一体何だったのか。

平成2 (1990) 年3月2日，三木徳島県知事（当時）が木頭村を訪れ，細川内ダム計画について公式に走川村長らに協力を申し入れた。それが細川内ダム問題の再浮上の瞬間であり，それは昭和51 (1976) 年9月の台風17号による災害復旧事業が終わりかけた時期でもあった。その後，国や県がダム計画の実施に向けた動きを活発化させるなかで，走川村長は当初，昭和51 (1976) 年の村議会におけるダム拒否の議決が生きているとしてダム反対の姿勢で臨むとの決意を示した。[83] 平成4 (1992) 年3月13日付の徳島新聞でも，改めて村長という立場からダムに反対であることを村議会で明らかにしたことが報じられている。

しかし，同年9月26日付の徳島新聞は，建設省や県が細川内ダム計画を前提とした「木頭村振興計画（素案）説明会」を開き，村を無視して8月末から3回，計20人の村民に説明したことを報道している。それに対して，走川村長は改めてダム抜きの村づくりを進めるとのべ，村議のなかにも建設省の動きが地方自治の原則からはずれると反発する声もあがった。しかし，走川村長は村の財政が国や県の補助金および公共事業に依存しなければ成り立たないとも考え，その結果，ダム反対の村議会とダム推進の国，県との間で板ばさみになり，辞任にいたったと推測されるのである。

こうして福井，走川の村政は榊野村長とは違い，独自の村づくりを模索したものの，後の藤田村長のように，「ダムに頼らない村づくり」という明確な目標をもつことなく，国や県への財政的な依存を前提としている点において，外来型開発の延長線上にあるといえよう。

### 内発的発展

宮本（1989）は，国内外の地域開発を検討し，外来型開発に対置する概念として内発的発展をとらえ，その定義と原則を次のように示している。[84]

内発的発展とは，「地域の企業・組合などの団体や個人が自発的な学習により計画をたて，自主的な技術開発をもとにして，地域の環境を保全しつつ資源を合理的に利用し，その文化に根ざした経済発展をしながら，地方自治体の手で住民福祉を向上させていくような地域開発」である。ただし，それは外来の資本や技術を拒否するものではなく，地域の企業・労組・協同組合などの組織・個人・自治体を主体とし，その自主的な決定と努力の上であれば，先進地域の資本や技術を補完的に導入することはありうる。補助金をもらうための村おこしや街づくりではなく，中央政府や大企業の助成を受けずに独創的な成果をあげた地域で明らかにされた内発的発展の原則は以下のとおり。

(1) 地域開発が大企業や政府の事業としてではなく，地元の技術・産業・文化を土台にして，地域内の市場を主な対象として地域の住民が学習し計画し経営するものであること。

(2) 環境保全の枠のなかで開発を考え，自然の保全や美しい街並みをつくるというアメニティを中心の目的とし，福祉や文化が向上するような総合され，何よりも地元住民の人権の確立を求める総合目的をもつこと。
(3) 産業開発を特定業種に限定せず複雑な産業部門にわたるようにして，付加価値があらゆる段階で地元に帰属するような地域産業関連を図ること。
(4) 住民参加の制度をつくり，自治体が住民の意志を体して，その計画に乗るように資本や土地利用を規制しうる自治権をもつこと。

宮本（2000）はまた，日本での内発的発展論の代表として鶴見和子と西川潤を取り上げ，以下のような評価を下している[85]。

鶴見和子は，「内発的発展とは西欧をモデルとする近代化論がもたらす様々な弊害を癒し，あるいは予防するための社会変化の過程である」といい，メキシコの思想家イリイッチやインドのガンジーの思想と同じ流れにある。これに対して西川潤は，これまでの経済学の批判の上に立って，内発的発展を次の4点にまとめている。① 経済のパラダイム転換を必要とし，経済人に代え，人間の全人的発展を究極の目的として想定している。② 他律的，支配的発展を否定し，分かち合い，人間解放など共生の社会づくりを指向する。③ 組織形態は参加，協同主義，自主管理等と関連している。④ 地域分権と生態系重視に基づき，自立性と定常性を特徴としている。

いずれも「地域に根ざした全人間的発展をめざすという点では共通しているが，私は欧米の近代化を全面否定するのではない。欧米の市民社会のもつ自立・自治・人権そして民主主義は継承したいが，近代化の弊害を明確にした上で，新しい地域論を構成したいと考えた[86]」とのべ，宮本（2000）は自らの内発的発展論を展開する。それは基本的には平成元（1989）年に外来型開発に対置した内発的発展論と同じであるが，新たに「社会的余剰を地元の福祉，文化や教育に配分する[87]」という部分を加え，地域開発の公共性を明確にした。こうして宮本の内発的発展論は完成の域に近づいたように見える。しかし，「内発的発展論は当初から環境保全を開発の目的の枠組みとしているが，それはあくまで地域の環境であった。現代の課題は地域の環境保全だけでなく地球環境の保

全である」としながらも,「地球環境の保全は足もとの地域からはじめなければならない」というだけで,内発的発展論のなかにグローバルな視点を組み込んでいない。[88] はたしてそれでいいのだろうか。

廃棄物の越境問題が示すように,自らの地域の環境保全が他の地域のそれに優先されると,環境問題は他の地域にもちこまれ,多大な損害と犠牲を強いることになる。筆者は,地域の主体性を踏まえて地球環境の保全を宮本の内発的発展論に組み込むには,上記の内発的発展の原則(2)の最初に「自らの地域における開発が他の地域の環境に負荷をかけることなく」という項目を付け加え,環境正義の視点を入れるべきだと考える。なお,環境正義とは,1980年代,アメリカにおいて,廃棄物処理場などが貧困層や黒人などマイノリティの割合が多い地域につくられることに抗議した住民運動から生まれた,環境問題に社会正義を求める運動原理である。その後,環境正義運動が発展し,環境正義は都市と農山漁村との間など地域間の社会的不公正の問題にも適用されうる原理となった。このことについては第2章において詳しくのべる。

宮本の内発的発展論はまた,産業開発が重要な位置を占めているが,木頭村をふくむ「生産性の向上に限界をもつ」[89] 中山間地にも同じ様に適用するのだろうか。保母(1996)は,内発的発展を「宗教,歴史,文化,地域の生態系などの違いを尊重して,多様な価値観で行う,多様な社会発展である」ととらえ,宮本の内発的発展の原則を踏まえて,産業振興を重視した政策論を展開する。[90] 木頭村については,次のように記述している。[91]

「この村は,ダム反対で全国に有名になった。しかし,反対しているだけでは,過疎化・高齢化の圧力に勝てない。『ダムに頼らない村おこし』計画づくりに協力して,筆者は1994年度から村にはいって,村総合振興計画づくりのお手伝いをした。この村のメインテーマは,川である。ダムに反対するのも川,村おこしに活かすのも川である。村の中央を貫く清流はアユつり客も多い。清流と緑豊かな木頭村は,スギとユズに代表される農林業があり,その高次産業化に加えて新たに都市との交流・観光が期待される。ここの振興はこれからであるが,村の伝統産業のスギと品質の高いユズの生産を『基盤産業』として,

その上に二つの要素，加工機能と都市交流を乗せるという，内容的に村民にも明瞭な事業構成となった。平成8（1996）年4月，『おからケーキ』の企業（徳島市）が村と第三セクターをつくり，その名も『ヘルシック』という村に見合った新しい職場もつくられた。（後略）」

「ヘルシック」はその後，藤田村長に多大な負担をかけ，村民を二分していく。このことについては，後で詳しく扱うとして，保母のいうように，内発的発展を多様な社会発展であるとすれば，木頭村のように人口2000人程度の中山間地において，そもそも産業振興など可能だろうか。そういうと，木頭村に近い高知県馬路村のように，ユズの加工で何十億円もの販売をおこなう成功事例が示され，やればできるといわれそうである。だとすれば，本当にそうしなければならないのだろうか。そうでなければ内発的発展とはいわないのなら，多様な社会発展というのは一体何なのだろうか。

内山節（1988）は，群馬県上野村に十数年間住んで初めて，村の人々が「稼ぎ」と「仕事」という言葉を使い分けていることに気づいたという[92]。つまり，「稼ぎ」とは村人にとっては，あくまでもお金のためにする仕事であり，そうしないですむのならそのほうがいい仕事なのである。それに対して，「仕事」は人間的な営みであり，直接自然と関係している。山の木を育てる仕事，山の作業道を修理する仕事，畑の作物を育てる仕事，自分の手で家や橋を修理する仕事，そして寄り合いに行ったり祭りの準備に行く仕事，即ち山村に暮らす以上おこなわなければ自然や村や暮らしが崩れてしまうような諸々の行為を，村人は「仕事」と表現していた，というのである[93]。内山はしたがって，農山村では，「人間が生きていく上で必要なものをつくりだしていく諸々の行為＝使用価値をつくりだす労働＝広義の労働と，貨幣のための労働＝狭義の労働の使い分けがある[94]」と考える。そして，資本主義社会における労働のあり方について次のように一般化するのである。

「おそらく近代以前の人間たちは，例外的な部分を除いて広義の労働をとおして生きていたはずである。そしてこの広義の労働の世界は近代以降になっても多くの場所で残っていた。だが，資本制商品経済の社会は，広義の労働の世

界を分解し，狭義の労働の世界にだけ特別な労働としての位置を与えた。そのことがもともとは未分化であった労働と生活を分解し，労働を生活のための手段に，そして生活を労働のための手段にしてしまった」[95]。

　筆者が木頭村に通うようになって9年になった。夜，インタビューや資料収集を終えて「きとうむら」(旧ヘルシック)のゲストハウスにいると，必ずといっていいほど，誰かがやってきて酒を飲んだり，お茶を飲んだりしながら，いろいろな話を聞かせてくれる。インタビューでは思いつかなかったことを聞くことができるのである。いつのことだか忘れてしまったが，ダム反対同志会の宮本敬明が酒を飲みながら，「ダムに反対するのは生易しいことじゃないけん。国や県からの仕事がなくなることを覚悟しなければならんのじゃ」といったときの厳しい顔がいまだに脳裏から離れない。村議会議長の大沢夫左二が「もう利益を求める時代じゃないのう。ぼちぼち食っていけたらいいのと違うか。村の未来はお金をもうけることにあるんじゃないけん。心の豊かさにあるんじゃけん」といったこともまた，強く胸に刻まれている。これはテレビで見たのだが，藤田恵は平成7(1995)年正月の成人式のあいさつで未来を担う若者に対して「私は世の中にはお金に換えてはならないものが二つあると思っています。一つは人間の良心，もう一つは故郷です」と断言した。この言葉は永遠の輝きを放っている。

　筆者はしたがって，木頭村のダム反対運動とは，個人に即して考えれば，「大切なことはお金ではなく，先祖や地域の人々とともに森や川と結ばれた生活を送りたい」という生き方を貫いたことではないかと考える。それは「稼ぎ」をまったく必要としないということではない。たとえば，出原地区の一香フジ子(80歳)は，藤田恵村長の熱心な支援者であったが，夫が50代で早く逝った後，20年以上，寝たきりの舅の面倒を一人で見ながら，自分の畑で野菜をつくり，自分で漬けた梅干を木頭村から離れて暮らしている息子たちに送り，余ったものを「きとうむら」に卸している。内山(1988)の言葉を借りれば，一香もまた上野村の住民と同じように，「仕事」を「稼ぎ」に優先させているのである。だとすれば，内発的発展は，地域の歴史・文化，住民自治，環境正

第1章 木頭村における近代開発の歴史

義などを踏まえ，産業振興を必要条件とするのではなく，近代開発の問題と真摯に向き合い，自然と人間との共生をめざしていくことではないのか。

[注]
1) 大石慎三郎他『江戸時代　人づくり風土記36　ふるさとの人と知恵　徳島』（農山漁村文化協会，1996年）125頁。
2) 同上書，125頁。兵庫（神戸）の港に入港する船に関税を課した文安年間の記録簿のこと。
3) 有木純善『林業地帯の形成過程』（日本林業技術協会，1974年）153-185頁。
4) 網野善彦『「日本」とは何か』（講談社，2000年）。
5) 木頭村誌編集委員会『木頭村誌』（1961年）。
6) 同上書。
7) 四手井綱英・半田良一『木頭の林業発展と日野家の林業経営』（農林出版，1969年）61-131頁。
8) 筒井正夫「農村の変貌と名望家」『日本近現代史―2　資本主義と「自由主義」』（岩波書店，1993年）234頁。
9) 同上書，235頁。
10) 同上書，236頁。
11) 同上書，241頁。
12) 同上書，243頁。
13) 同上書，243頁。
14) 四手井綱英・半田良一，前掲書114-131頁。
15) 北川大字会『40年のあゆみ――新規約制定足かけ40年――』（2005年）。
16) 徳島県那賀郡木頭村『村長三十年　蔭原留太伝』（1973年）30-32頁。
17) 同上書，132頁。
18) 同上書，135頁。
19) 同上書，140頁。
20) 大門正克「名望家秩序の変貌」『日本近現代史―3　現代社会への転形』（岩波書店，1993年）87頁。
21) 同上書，87-92頁。
22) 平成17年3月14日私信。
23) 『村長三十年　蔭原留太伝』（1973年）139-141頁。
24) 同上書，30頁。
25) 大石嘉一郎・室井力・宮本憲一『日本における地方自治の探究』（大月書店，2001年）15-59頁。
26) 宮本憲一『日本の地方自治その歴史と未来』（自治体研究社，2005年）9-10頁。

27) 大石嘉一郎・室井力・宮本憲一，前掲書58-59頁。
28) 新藤宗幸『地方分権を考える』（NHK人間大学，1996年）35-45頁。
29) 本間義人『国土計画を考える』（中公新書，1999年）1-16頁。
30) 五十嵐敬喜・小川明雄『公共事業をどうするか』（岩波新書，1996年）52-100頁。
31) 本間義人，前掲書15頁。
32) 建設省四国建設局徳島工事事務所『那賀川改修史』（昭和56年3月）275頁。
33) 同上書，275頁。
34) 同上書，176頁。
35) 同上書，176頁。
36) 同上書，176頁。
37) 同上書，177頁。
38) 同上書，276-277頁。
39) 徳島県『那賀川特定地域総合開発計画書（計画の部）』（昭和30年5月）1頁。
40) 同上書，7頁。
41) 同上書，281頁。
42) 丸山博「徳島県木頭村・細川内ダム反対運動と住民自治（Ⅰ）」室蘭工業大学CRD論文紀要（1998年）。
43) 『木頭』は昭和26年から発行され，昭和32年の第41号から平成5年の第200号までが『広報木頭〔総集編〕』に収められている。当初，発行所は木頭中学校生徒会，編集・発行は新聞委員会であるが，発行所と編集・発行は昭和35年の第75号から木頭村新聞委員会に，41年の第96号からは木頭村広報委員会へと変わり，今日にいたっている。
44) 徳島新聞，昭和41（1966）年6月25日。
45) インタビューは丸山博と田中真澄が2000年9月6日，後藤宅においておこなった。
46) 玄番真紀子『山もりのババたち』（凱風社，2003年）98頁。
47) 山岸清隆「戦後林業政策の展開過程」有永明人・笠原義人編著『戦後日本林業の展開過程』（筑波書房，1988年）1-18頁。
48) 奥地正「現代日本資本主義と林業・山林」1-26頁。
49) 同上書，1-26頁。
50) 同上書，1-26頁。
51) 同上書，1-26頁。
52) ここでの数字などは徳島県林業史編纂協議会『徳島県林業史』（1972年）を参照した。
53) 田村好『林業体験ツアー──みんなで森を育てよう』（2005年）。
54) 徳島新聞，平成17（2005）年7月11日。記事は，田村が6年前から那賀町内外の小中学校の授業で林業で培った知識や経験，山林の魅力を伝えていると報じている。
55) 丸山博によるインタビュー。平成17（2005）年3月29日。
56) 徳島県林業史編纂協議会『徳島県林業史』（1972年）。

第 1 章　木頭村における近代開発の歴史

57)　丸山博によるインタビュー。野口宅，2001年8月8日，2005年3月29日。
58)　矢貫隆「ガロの住む村　第6回治山治水その1」(1995年) 133頁。
59)　同上書,「第3回岡田争助」(1995年) 133頁。
60)　同上書, 133頁。
61)　同上書, 133頁。
62)　丸山博・久末進一によるインタビュー。岡田宅，2001年8月7日
63)　宮本憲一『環境経済学』(岩波書店, 1989年) 285-294頁。
64)　同上書, 293頁。
65)　保母武彦『内発的発展と日本の農山村』(岩波書店, 1996年) 81-90頁。
66)　同上書, 92-94頁。
67)　昭和40年2月1日発行『木頭』第9号では，東泰六村長が「これからの木頭村政」という見出しで，四電による薩平発電所—小見野々ダム，出原発電所—日早ダムの電源開発問題についての所見として，以下のようにのべている。「この開発事業は，新産都市など，本県産業発展のため欠くことのできないものであることはもちろんですが，同時に水没関係地区の人々に幸福をもたらし，村の発展にも役立つように進められなければなりません。」
68)　『木頭』第100号（昭和43〔1968〕年11月1日）。
69)　『木頭』第101号（昭和44〔1969〕年1月1日）。
70)　『木頭』第127号（昭和51〔1976〕年10月10日）。
71)　『木頭』第129号（昭和52〔1977〕年1月20日）。
72)　『木頭』第134号（昭和53〔1978〕年1月20日）。
73)　『木頭』第140号（昭和54〔1979〕年1月1日）。
74)　『木頭』第145号（昭和55〔1980〕年11月10日）。
75)　『木頭』第151号（昭和57〔1982〕年11月10日）。
76)　『木頭』第155号（昭和58〔1983〕年1月31日）。
77)　『木頭』第159号（昭和59〔1984〕年2月20日）。
78)　『木頭』第161号（昭和59〔1984〕年10月1日）。
79)　『木頭』第163号（昭和60〔1985〕年2月20日）。
80)　徳島新聞，昭和60 (1985) 年2月5日。
81)　徳島新聞，昭和62 (1987) 年5月18日。
82)　『木頭』第176号（昭和63〔1988〕年1月20日）。
83)　徳島新聞，平成2 (1990) 年3月20日。
84)　宮本憲一『環境経済学』(岩波書店, 1989年) 294-303頁。
85)　宮本憲一『日本社会の可能性』(岩波書店, 2000年) 195-197頁。
86)　同上書, 197頁。
87)　同上書, 202頁。
88)　同上書, 203頁。

89) 保母武彦，前掲書93-94頁。
90) 保母武彦，前掲書151-154頁。
91) 保母武彦，前掲書156-157頁。
92) 内山節『自然と人間の哲学』(岩波書店，1988) 12頁。
93) 同上書，12頁。
94) 同上書，15頁。
95) 同上書，15頁。

# 第2章　細川内ダム反対運動の展開過程
――住民運動と環境政策――

## 1　細川内ダム対策同志会

**国・県・村の一体化と住民の抵抗**

　昭和46（1971）年7月3日，徳島県議会で副知事が次のような答弁をした。「那賀川の総合開発という面から見ますと，県としては洪水対策という治水上の必要性はもちろんのこと，下流域におきます上水道あるいは工業水道の必要性もあるわけです。このことから，那賀川上流の支流において電気オンリーの日早ダムに変えて，本流の細川内という地点に建設省による多目的ダムの施行を検討しています」。細川内ダム計画が初めて公にされた瞬間である。同年9月12日，水没予定とされた折宇，西宇地区など，約100戸の住民は，「地元民には知らせずに予備調査をおこなっているのは納得できない。早急に署名を集めるなどして反対陳情をする」として，細川内ダム対策同志会（以下同志会と省略）を結成した。これに対して建設省四国地方建設局（以下，四国地建と省略）や県河川課の関係者は，「計画といっても，まだ構想の域を出ていない段階なので，地元の人々に周知していない。もっと計画が具体化すれば，建設に伴うあらゆる不安の解消に乗り出す。予備調査に関しては村当局へ一応の連絡はした」とのべ，住民に知らせるのはすべてが決まってからという認識を示している。憲法に保障された地方自治は一体どこにあるのだろうか。

　同志会はその後，反対の理由を4項目―① 多数の世帯が水没し，農地や山林に被害が出る，② 村の中央に位置し，村が二分される，③ 森林資源に依存した生活が立ち退きなどで破壊される，④ 自然破壊が進み，観光地として立地できなくなる―として，村，県，四国地建の順に反対陳情を繰り返した。し

図2-1 木頭村西宇地区細川内に計画されたダム堤

（徳島新聞社提供）

かし，翌47（1972）年6月17日，四国地建の松浦細川内ダム調査事務所長らが木頭村役場を訪れ，榊野村長と村議会に対し，次のような説明をしている。

「本年度は予算八千万円で七月から図面作成，物理探査，試掘横杭（九本）などの各種の実施調査をおこない，年度内にダムの建設位置と高さなど規模と型式を決定，続いて四十八年度は地形，地質などの実施調査と水没する地籍や立ち木調査などをおこない，四十九年度か五十年度に建設の準備工事に取りかかりたい。（中略）ダム地点は，那賀川本流と南川との合流点より1キロ下流といわれてきたが，それよりさらに1キロ下流になることもありうる」。[4]

木頭村は，同年9月30日の『木頭』第105号において，「建設省が昨年から細川内ダムの予備調査をおこなっていたが，47年度から実施計画をおこなうため，5月10日付で四国地建の組織を改正，新たに細川内ダム調査事務所を設置した」ことを周知し，暗に細川内ダム計画を認めた。[5]同年10月12日，村議会は全員協議会を開催し，「予備調査のおこなわれた細川内地点のダム建設は，村づ

くりの基本構想が大きく損なわれるので、これを認めることはできないが、水没地区を最小限にとどめるとの基本方針に基づき、標高四二十五メートルを水没限度として西宇字拝の久での建設に伴う調査については県と建設省と協議のうえ協力する」ことを決議し、建設省と県に申し入れた。同志会は、「村が水没関係者の組織と協議する」との約束を破り、村が勝手に申し入れをおこなったことに不信感を強め、以後、県や村の説明を拒否した。同志会の中心メンバー岡田争助は後日のインタビューに対し、次のように答えている。

「ワシ、"けしからん"て言うたわ。役場へ。村が中心になって建設省と対応してくれと申し入れたのに、村民にも私にも何の経過報告もなしにな、ただ"1キロ下流なら OK"て新聞に大きいに出たけんね。私としてみたら村民に対して顔がないわな。私にしてみたら裏切られたちゅうことですわ。議会が勝手に OK やいわれてたってな…。ほたら村民も怒ったわけよ。村民をバカにするなちゅうて。我々を何と思うとるんじゃって。権力によってな、勝手にダム問題をやるんか。そうはいかんぞ、ちゅうて」。

しかしながら、建設省と県は昭和48（1973）年に入ると、細川内ダム建設計画の推進活動をより一層強めていくのである。

3月18日、四国地建の藤川河川部長以下、細川内ダム調査事務所長、県企画開発部長、土木部長、河川課長らが木頭村役場を訪れ、細川内ダム計画の説明会を開き、協力を依頼した。榊野村長は、当時、「村（水没関係者もふくめて）の提示する条件が満たされているならば、ダム建設に同意してもよい」との認識を示している。榊野村長はまた、朝日新聞の取材に対し、「村は小見野々ダム建設でうるおった。村民所得は県下一にもなった。人口はふえるし、村の財政も好転し、生活環境の改善や新産業の振興もこの間にできる。にごり対策を十分してもらえば観光開発もできる」とダムのメリットを強調している。それに対して同志会の田村好会長は次のような意見をのべている。

「村は同志会に何の相談もなく、突然下流につくって欲しいとの要望書を出した。県は県会に発表する前に地元に何の話もしなかったばかりか、県の意向で造るという責任をはっきりさせようとしない。建設省は道路に水没の高さの

印を入れ，いやがらせをする。県や村の態度は高圧的で，県が責任をはっきりさせようとしない以上，話し合いに応じるわけにはいかない。本当にダムが必要とわかれば反対しないが…。県は水没者だけの組織となら話せるが，それ以上の住民が入っているから相手にならないという。だが，ダムができると，水際の民家は影響を受けるし，いままで隣近所で助け合ってきた生活の維持ができなくなる。水没しない人でも発言する資格はあるはず」。

　4月26日，徳島県知事が木頭村を訪れ，村当局および村内有志と懇談した。その際，榊野村長は「ダム問題について，今後この問題が進展するようになれば水没関係に対する補償および生活再建については万全が期せられるよう配慮されるとともに村の振興についても特別の配慮を賜りたい」と知事に要望している[11]。榊野村長は，その後，ダム問題には三つの対処の仕方が考えられるとして，「(1) あくまで反対をおこなう。(2) 必要な条件を準備し，相手の出方に応じ弾力的に対処する。賛否の結論はその過程において出す。(3) 基本的に直ちに同意する」の三つをあげている[12]。その上で，(1)は絶対反対にも通じるもので，すでに地元の組織からはそうした陳情等が関係方面になされているとしながらも，村としては(2)の立場に立っていると態度を明らかにしている。その理由として，建設省や県などの話を最初から拒否するのではなく，広い視野に立って冷静な判断に基づく弾力的な対処の仕方が必要であり，ダム問題は避けて通れないのである以上，積極的に取り組み，今後の村の大きな発展の条件を確保するための積極的な努力が求められるとのべている。さらに，次のようにのべ，見通しのない反対への疑問を投げかけている。

　「ダム建設は国の政策のなかで計画され，提起されています。当局は地元の了解が得られるまで何年かかってでもその実現に努めるといっています。これに対する反対は，当局同様何年でもつづけるということになります。問題は反対をつづけることによって，その計画が永久にご破算になる見通しが立つかどうか，ということであります。直轄事業においては，反対によって計画がご破算になった例はほとんどありません。しかも各河川それぞれに状況がちがっているので，他の例が那賀川にも通用するというような，安易な考え方には問題

第 2 章　細川内ダム反対運動の展開過程

があります。むしろ十年とか，十数年の歳月をかけて建設を実現した例の方が多くあります。国会においてもダム建設の必要性を否定するような政党はありません。今後とも，国土保全と水資源開発ということが国策からはずされないかぎり，ダム計画が消滅するとはとうてい考えられません。要するに，確たる見通しのないまま反対に明け暮れて歳月を過ごすことが，関係地区の人々はもちろん，村全体として，ほんとうに賢明な対処のしかたといえるかどうか，深く考えなければならないところであります」。

　こうしてダム推進の動きが進むにつれ，後述のように同志会のダム反対運動が活発化し，『木頭』からダム問題についての記述が姿を消していく。

　12月19日，県企画開発部長と土木部長が榊野村長に細川内ダム実施計画調査への協力依頼をし，12月25日，国は昨年度8000万円だった細川内ダム実施調査費を1億8000万円に格上げすることを決定した。同志会は，こうした県や国の一方的な動きに危機感を強め，翌49（1974）年1月23日，木頭村栩谷公民館で総会を開き，「これまでの反対が一部地元だけに限定されていたのを反省し，エネルギーと自然保護問題を前面に押し出し，吉野川，祖谷川，勝浦川など県内の他の主要河川がすでにダム建設によって自然破壊された現状を訴え，県自然保護協会などとも連絡をとり奥那賀の自然を残すよう広く県民にアピールしていく方針」[13]を立てた。つまり，ダム建設の絶対反対を再確認するとともに，測量員の立ち入りボイコット，署名集め，村外の自然保護団体との連携の強化などの運動方針を決め，場合によっては村内のデモ行進や県への抗議行動をおこなうことも申し合わせたのである。[14]同志会会長の田村好は後に，私のインタビューのなかで，「49年1月23日の総会が細川内ダム反対運動の原点であった」とのべている。[15]それに対して，県知事は，同年3月7日，木頭村長に細川内ダム実施計画調査への協力を重ねて依頼し，4月15日，細川内ダム建設推進対策班を設置して，ダム建設の推進を図った。

　同志会は国や県の住民無視の姿勢に強く反発し，8月18日，会員約120名による村内デモをおこない，榊野村長，福井貫一村議会議長らに「那賀川の清流を守り，自然が豊かな村を守るため村もダム建設に反対すべきである」という

83

写真2-1

1974年8月18日におこなわれた村内デモの様子　（徳島新聞社提供）

写真2-2

1974年8月18日，村内デモの後，木頭村役場で行われた同志会による榊野村長との団体交渉，写真中央が田村好　（徳島新聞社提供）

抗議文を手渡した。木頭村はじまって以来のデモは，折宇地区の地区集会所から車30台に分乗して北川地区まで「ダム建設絶対反対」「建設省帰れ」などとシュプレヒコールをしながら行進した後，和無田地区から役場までの1キロメートル間は徒歩となり，整然とおこなわれた。その後，同志会は1120名もの署名を集め，村議会9月定例会に「ダム建設をしないとの議決をせよ」との請願書を提出した。それにもかかわらず，村議会は10月1日，榊野村長のダム建設をテコにした「木頭村総合開発基本計画」を可決したのである。

このことを契機に，折宇，西宇の住民を中心とした同志会は南宇，和無田，出原，川切，助など下流の地区にも広がり，細川内ダム反対同志会連合会（岡田争助会長，以下，連合会と省略）へと発展した。反対住民らは，11月3日，那賀高等学校木頭分校に350名が集まり，ダム反対総決起大会を開くとともに村内をデモ行進し，ダム建設反対を訴えた。総決起大会では，中野安男・南宇地区代表世話人が「那賀川下流には次々とダムが造られ，アユものぼらない死の川となった。ダム建設は木頭村を犠牲にし，村の死滅を意味する」と発言し，久米登村議は「村民の声を聞かず地方自治の原点を忘れ，ひたすら建設省，県の手先となってダムを推進している村理事者，議会は許せない」と決意表明をした。大会の最後に，「住民の声を無視して細川内ダム建設をふくむ村長期総合開発計画を承認した議会を解散させる運動を始める」との議決を満場一致で採択し，解職請求（リコール）のための署名運動へと突入した。

同志会会長・田村好は，当時の状況について徳島新聞に次のような投書を寄せ，その問題点を明らかにしている。

「那賀奥の木頭村では，いま議会解散請求に必要な署名活動を展開している。事の起こりは三年前にさかのぼる。細川内ダム建設を推進しようとする村当局及び議会に対し，住民側が反対したからだ。そもそも木頭村に長安口ダムをはるかに上回る大ダムを建設し，村の財源を求めようとする事自体が無茶な話である。村長さんの説明では，ダム建設によって二十億円もの公共補償や事業費などが村内へ投入され，村の発展と開発に大いに寄与し，財源もうるおうと力説する。しかしダム建設によって栄えた町村が全国で果たしていくらあるだろ

うか。一度失えば，木頭村の自然と清流は永遠に取り戻す事が出来ないしダム公害は住民が受けねばならないのだ。にもかかわらず，木頭村総合基本開発計画が九月定例村議会で議決された。今後十年，あるいは三十年先の村の将来とその大計を決定する重要な問題が，村民に一切知らされずに，いとも簡単に承認されたのである。ダム建設を受け入れたこの"基本計画"こそ，村民に公聴会や説明会を開き，議会で十分審議したうえで議決されるべき性質のものである。またダム建設に反対する署名千百二十人の陳情書やダム建設の中止を訴えた請願書も公開審議は一切おこなわれず，いまだ公式回答すらない。三十数人の傍聴者と多くの村民が怒るのは当然といえる。このようなやり方は議会制民主主義を否定したものであり，村民を全く無視した行為だ」。

12月6日，同志会はリコールに必要な有権者の3分の1（656名）以上の703名の署名を添えて，村議会解散請求書を村選挙管理委員会に提出した。田村好・同志会会長は徳島新聞の取材に対して，「ここまで来る前に村民と話し合う機会は作れたはず。それをやらずに開き直った態度に出られては我慢できない。村政刷新の闘いはスタート地点に立ったばかり。ねばり強く運動を進め，リコールを成功させたい」とのべ[20]，リコールの成立については，「村政を村民の手にとり戻そうという私らの運動は大きく盛り上がっており，絶対の自信を持っている」と話している[21]。

木頭村における細川内ダム反対運動の第一期を同志会，連合会の結成を経て，リコール成立までの過程としてとらえ，主に徳島新聞の記事に依拠して整理すると，上記のようにまとめられよう。次に，同志会の内部資料の分析や昭和47（1972）年1月から50（1975）年4月まで同志会の会長職にあった田村[22]へのインタビューなどを通して，同志会内部に光を照射し，ダム反対運動の内的側面をとらえてみたい。

### 住民の団結とエネルギー

同志会は昭和46（1971）年9月12日，折宇地区84（畔ヶ野8，栩谷12，折宇谷5，下番11，久留名11，土居15，菖蒲野11，六地蔵11），西宇地区・平野12の96世帯から

発足し，折宇地区の伝統的な住民組織を基本とした。昭和49（1974）年9月には水没予定地区であった西宇（平野，拝の久）と折宇（栩谷，石畳）の22世帯が「過去3年間，反対，陳情をくり返してきたが，ダムが中止になるわけでもなく，将来の不安が募るので，先進地視察などをおこない，建設中，建設後の生活設計はどうなるか調査研究する」として，同志会を脱会し，ダム対策研究会を結成した。その結果，同志会は49（1974）年12月30日の時点で69世帯に減少したが，田村によれば，「同志会の結束はむしろ固まった」という。田村が会長を務めた同志会の3年間は総会議案によると次のように総括される。

 (1) 昭和47（1972）年度の活動は役員会，代表委員会，委員会，会長副会長，懇談会，調査研究会など，年間60回におよんでいる。その内容は，愛媛県池田ダム・高知県大渡ダム・高知県早明浦ダム・広島県土師ダムなどへの現地視察，前年の台風23号による鷲敷町での浸水状況と長安口ダムの放流実態，県への抗議声明書の提出，細川内ダムの現状と実態，村議会議員選挙への対応など，ダム建設に関する諸問題の把握が多くを占めている。総括として，「最近の社会情勢を考えると，細川内ダム建設は県南開発から必至の情勢にあり，今年度は上層部の調査研究が主体となったが，今後は委員会中心の会合と各地区各部落ごとの調査や研究会が必要であり，内部の団結が求められるとともに広報活動を重視しなければならない」としている。昭和47（1972）年度は，こうして他のダムを調査研究することによって問題点を把握したことから，ダム反対運動の基礎的段階ととらえられる。

 (2) 昭和48（1973）年度の活動は年間34回となり，前年より減っている。しかし，村や県との直接交渉によって調査研究費を要求し，調査事務所に戸別訪問中止を申し入れ，ダム反対・立ち入り禁止の立て札を各要所に建てるなど，ダム反対という目標が明確化し，運動的になった時期といえる。田村は後に，「個別交渉をしなかったこと，測量の立ち入りを禁止したこと，この二つが反対運動の成功の要因だったと思う」と当時の運動を振り返っている。前年の同志会総会において「次年度の課題は内部の団結にある」と総括したことが結実したのである。その契機として，田村は，「昭和47（1972）年は何回かダム視

察に行ったが，村長主導のもとだったので，問題点を十分把握できなかった。しかし，昭和48（1973）年には同志会のメンバーだけでダム視察に行き，なかでも当時大渡ダム（国直轄事業，昭和43〔1968〕年着工，昭和61〔1986〕年完成）建設計画に反対していた住民組織『吾川郡ダム対策協議会』の大野正彦会長から「建設省や県は裏工作や嫌がらせをし，ダムを容認した途端に補償金を引き下げるなど，そのやり方が汚い」ということを聞かされ，「ダムによっていいことは何もないことがわかった」ことをあげており，住民運動のネットワークが同志会の運動を確信的なものにしたといえよう。なお，昭和48（1973）年度の通常総会議案には所感の一つとして「村内にはダム反対の声が強いが，それをどのように結集してゆくかが今後の課題であろう」と記されており，運動強化の必要性が示唆されている。

（3）昭和49（1974）年度は51回の活動が記録された。3月3日の漁協組合定期総会や5月19日の森林組合定期総会でダム反対決議案を提出し，8月18日には木頭村はじまって以来のデモ行進をおこなうなど，同志会のダム阻止にかける意思の強さを村内外に印象づけた。その後，同志会の運動は，各地区における同志会の結成→連合会総決起大会の開催→村議会解散請求へと，村政刷新へと一気に突き進むことになる。田村は，デモ行進について，「水没予定地区または近隣地区の住民中心の同志会が，条件闘争的ではなく，本気でダムを絶対反対していると他の地区住民に理解された契機となった」と振り返る。また，「デモ行進の参加者の約半数は女性であり，同志会の会合に一家の代表として男性が参加するときにも，家を守る女性の同意や応援がなければ難しかった」と断言する。さらに，「このように運動が盛り上がったのは，単にダム反対というだけではなく，当時の村行政にたいする不満[24]が背景にあった」と付け加える。また，「連合会の会長として，村内で最も有名な林業家であり，ダムサイトの地権者でもある岡田争助さんがダム反対運動の先頭に立ったことも，他の村民に大きな影響を与えた」とのべている。木頭村議会は11月8日，「議会解散請求書に署名することは絶対なさらないようお願いいたします」という文書を各戸に配り，リコールを阻止しようとしたが，ダム反対運動の勢いを止める

写真2-3

ダム対策協議会の様子　（徳島新聞社提供）

ことはできなかった。こうして「会員同志の勇気と団結によって，どのような難問題でも解決することができるという確信を得た」同志会はダム建設阻止に向けて運動を先鋭化させたのである。

## 2　木頭村ダム対策協議会

　昭和49（1974）年12月24日，村議会はリコールの直接的な原因となった総合開発基本構想の廃止案を可決し，リコールの成立を待たずに自主解散を決めた。その結果，翌50（1975）年1月26日出直し選挙がおこなわれ，基本構想を承認した前議員派9名，リコール運動の中心となった同志会系6名，その他（同志会ではないがダム反対を表明している者）1名が立候補し，前議員派7名，同志会系4名（1名は前議員），その他1名が当選した。こうして同志会・連合会を中心とした住民運動が村議会の構成を変えたことから，榊野村長は住民の意見を

無視できなくなり，村長の諮問機関として木頭村ダム対策協議会（以下，協議会と省略）を発足させ，その結論を尊重することを余儀なくされた。

協議会は村議会議長，村議会ダム対策委員会委員5名，村内各部落代表19名，青年団・婦人会・老人会・農協木頭支部・森林組合・商工組合・漁業組合各代表1名，元村長などの表彰者5名の計37名を構成員として，昭和50（1975）年7月25日，スタートし，合計11回の会議を経て，昭和51（1976）年11月27日，ダム拒否の答申をすることになる。協議会では「同志会などダム反対派は12名と少数派であった」（田村の話）にもかかわらず，ダム拒否にいたったのはなぜか。その間の議論は次の三つの段階を経て推移した。(1) 前半の3回は，榊野村長，建設省，県が計画推進の説明をおこない，その後，協議会の委員である住民との間で質疑応答を積み重ねた。その過程を通して明らかになったことは推進側のビジョンのあいまいさであった。(2) 中盤の3回は，反対住民の主導のもとで，2人のダム問題研究者の招聘が決まり，ダム建設を広い視点から批判的に検討した。2人の研究者は，専門は違うが，いずれも出席者に住民自治の大切さ，住民の団結の重要性を説いた。(3) 後半の4回は，再び県や村長の意見を聞く機会が設けられたが，住民の間からダム建設を容認するような発言は皆無となり，県や村長に対する厳しい意見が反対派ではない委員からも出され，最終的には全員一致の反対という結論にいたった。

では，実質審議がはじまる2回目以降の議事録に光を当て，議論の焦点を探ってみよう。

**国，県，榊野村長のビジョンのあいまいさ**

第2回（昭和50〔1975〕年8月31日）の会議は，冒頭今後の会議の進め方について議論し，運営委員会を置くこと，決議に関して少数意見がある場合はそれも併記することなどを決めた。その後，議長から，議論の出発点としてダム計画について建設省の意見を直接聞くことからはじめたらどうかという提案があった。それに対して宮本敬明（同志会）から「建設省の説明を聞くと，ダム建設の必要性ばかりを説く。他にもダムを研究している人はいくらでもあるの

でそんな人の話を聞く必要がある」という意見が出された。田村好（同志会）や秋月幹彦らの同意もあり，議長が「建設省と大学の先生の話を聞くようにしたいというご意見が多数ですので，そうしてもよろしいか」と提案し，賛成多数で承認された。

　後半は，榊野村長の次のような基本的な考え方の表明からはじまった。

　「(1) ダム問題を木頭の発展に生かすことはできないかということで取り組みたいと思う。(2) ダム建設が役立つということになれば，村民の合意に基づいて推進する。(3) ダムには水没という問題があるので，水没を最小限にとどめる努力が必要である。(4) 水没者および残存小集落の生活の再建，環境整備が十分に図られることを考えなければならない。(5) 建設省から申し入れのある予備的調査については事前協議をおこない，調査範囲を限定して，これを認めるべきだと思う」。

　村長の説明の直後，小南俊夫（同志会）は「ダムは村の発展の基盤になると考えるに至った資料を提出して下さい。そうでないと判断する材料がない」と質問したが，村長は「今後順次提出します」と答えるにとどまった。さらに宮本が「木頭村の発展についてはダムが不可欠と考えておられるようであるが，ダム抜きでは考えられないのか」と質問すると，村長は「現実にダム問題に直面しているのでこれを無視することはできない。従って，村の発展に役立てるということで検討すべきだと思います」といい，国には逆らえないというあきらめの感情を吐露した。助出身の高石利一は村長の資料について，「ダムを村発展と考えているらしいし，対策室のまとめた資料もダムが悪いということにはなっていないが，助はダムによって被害を受けた部落でもあるし，現実にはダムによって河床が上がっている。他町村にもダムによって被害が起きているので，これもよくみて資料を提出していただきたい」と意見をのべている。つづいて宮本が長安口ダム，小見野々ダムなどにおける堆砂の問題を指摘すると，村長は「国道の改良，医療機関の充実，奨学金制度など，ダムがなければ今日のように整備はされていないと思う」と答え，小南が「長安口ダム，小見野々ダム，ダムサイトの開発と国道の改良とは別問題である」と発言するなど，村

長と委員との間の議論は平行線をたどった。

　第3回（昭和50〔1975〕年9月23日）は，建設省の細川内ダム調査事務所長吉村以下5名が会議に出席し，ダム計画についての基本的な考えを説明した。その話は，ダムの建設地点は拝の久下流地点を計画しており，ダム建設にともなう貯水池周辺の地域整備すなわち水没代替施設と木頭村の開発につながる施設については県，村と協議し，最大限の努力をするというだけのもので，具体性に乏しいものであった。したがって，宮本，小南，久米など同志会系委員から総工費の内訳，小見野々ダムの堆砂についての管理責任と補償問題，堆砂処理についての管理責任と補償問題，堆砂処理の技術的問題など厳しい質問が相次いだ。しかし，「建設省はダム建設に関すること以外は抽象的だ」という小南の発言に代表されるように，建設省の答弁はあいまいなまま，議論が進んだ。村民のもっとも懸念している堆砂問題に関する建設省の認識は，「小見野々ダムによって出原ではどれだけ堆砂になっているのか，調査をしてないので，はっきりしてない」という程度にすぎなかった。

　午後は村長による諮問事項の提案からはじまった。その項目は「(1) ダム問題をどう受け止めるか，(2) 村のおかれている立場をどう考えるのか，(3) ダム建設を村の振興にどう役立てるのか，(4) 水没集落及び残存集落の生活再建と整備のあり方について，(5) ダム建設計画を明確にさせることについて」というものであった。同志会系委員らは，村長が依然として小見野々ダム時の短期的な経済効果を強調し，細川内ダム建設以降の木頭村の将来像を描けないでいることに反論した。同じ様な批判はその後も繰り返される。たとえば，第5回の協議会の新田信男の意見が典型である。

　「現時点での村民多数の意見は簡単に云えば，ダム反対であろうかと思われる。村長はいくら嫌でも結局はダムは建設されるんだといった考え方の基にたって，いろいろの構想をたてているようにみられるが，このダムの解決策は村民の世論の統一であろうかと思う。村長は木頭村を理想郷にする構想をもっていても，その具体策を発表しないから村民は解らないのだ。先程からの多数の意見がそうであるように思われるので，村長はすみやかにビジョンを示して，

それによって村民の意見を統一していくなり，また世論に訴えていくのが良策と思われる」。

議論はやがて県が窓口だから，県の説明を聞くが，反対の立場の学者の意見も聞く，という方向で収束した。

第4回（昭和51〔1976〕年1月8日）は，副知事，企画開発部長，土木部長，河川課長など県側の関係者が出席し，細川内ダム計画への理解を求めた。県と同志会系委員とのやりとりは以下のようにかみ合わず，委員の県への不信を増幅させる結果に終わった。そのことを裏づける対話の一部を以下に紹介する。

宮本と土木部長とのやりとりは次のとおり。

宮本「小見野々ダムで昨年の台風のためで堆砂が進んでいるが，われわれの常識ではダムのために起こった災害であるから人災と思うが，県の常識ではやはり天災と思っているのか。」

土木部長「計画洪水量以上のものを天災といっている。」

その後，久米と河川課長との間で以下のようなやりとりがあった。

久米「こんどの台風で河床が上った事は認めるか。」

河川課長「河床が上っているところもあります。」

久米「河床が上っていることを認めたが，それで災害が起った場合，県は責任を取るのか。」

河川課長「災害が起らないように対処したい。小見野々ダムは四電が管理しているので堆砂の取除き等について指導したい。」

久米「治水ダムと言われるが，現在は水の容量だけがわからない。何ミリ降ればどうなるのか，どんな治水ができるのか，計算データに基づいて納得のいく説明をしてもらいたい。堆砂量の計算はできていないのか。」

河川課長「降水量については過去のデータがあるのでそれを参考に計画し，堆砂量については小見野々，長安口ダムを参考にし，又，奥地の開発等も考へ合せて安全度を見込み，計画を立てることにしています。」

最後に，高石と土木部長との間で道路建設をめぐって次のようなやりとりがあり，住民側と県との対立は決定的となった。

高石「村長さんが度々言われるには，細川内ダムの計画が進まなければ平野から水没区間の道路改良はおこなわないと言っているが，本当か。」

土木部長「直してやらないなどとは言ってないが，国道改良の経費はほとんど国費であるので国は無駄な改良はしないと思うので改良は認められないと思います。」

高石「ダムは未知の問題である。ダムを切離して考へられないか。」

土木部長「徳島県の道路は全国で44番目の道路改良が進んでいない県であり，ダム計画のある地点の改良まではとても手が回りかねる状態です。」

### 反対住民の主導によるダム問題研究者の招聘

　第5回（昭和51〔1976〕年2月6日）の前半は村の考え方を明確にせよとの意見からはじまり，村長と村民との間で今後の村づくりで意見の対立が見られた。その議論は宮本の次の発言からはじまる。

　「このダム問題に関して，建設する方が村の将来にメリットがあるのかどうか，現在までの木頭村は林業によって生きてきた。今後も林業を主体として生きていくべきであってダムによって生きていくことはできないだろう。国は林業の自給率を36％〜60％にするといっている。山林労務者の雇用の安定，生活水準の向上を地味におこなうべきである。ダムをおこなえば，一時的に村の林業労務者を吸収して林業労務者の生活を圧迫することになる。又，狭い村であるから水没することによって生産基盤も失われてくる。土木工事の面からみても村内業者は能力もなければ資金もなく大きな工事は大手業者のものとなってあまり恩恵を受けない。商工業者にしても恩恵を受けるものとそうでないものとがあるのではないか。（後略）」。

　それまで計画に賛成，または容認する旨の発言はなかったが，谷と仁井から初めて出された。谷角太郎は「ダムは無い方が良いのであるが，今そういうことをいっても仕方のない時がきている」とあきらめの境地である。仁井忠之は「50年先，100年先のことを云っていたのでははじまらない。村長さんの意向を示し，村の将来計画や今後村がどの様に発展するかを十分研究し，これら村の

第2章　細川内ダム反対運動の展開過程

要求が満たされるのならば早く調査の段階に進むべきだと思われる」として，村長に自らの運命を預けている。いずれも説得力のあるものではない。したがって，田村が次のような意見をのべると，その場が静まり返った。

「（前略）村長は，ダムは反対しても延びるだけで止まらないといっているが，村にプラスにならないダムとなれば村長が先頭に立って反対すれば中止できるのではないか。調査をさせてみてはどうかといった意見もあるが，すでに予備調査は終わっている。実施調査を許せばダムはできるものと思われる。今までの各地の既設ダムをみて判断すれば，細川内ダムも50年位でその効用を果たさなくなるのではないかと思う。50年乃至100年先にはダム公害をふくめ，ダムが危険物になる可能性があることを考えれば，村にとってこのダムはマイナスになるのではないのか。また，村長はこのダム問題について資料の公開や計画時点で村民の意見をもっと取り入れることとか，ダム建設に対しての村民の生活の向上等の問題をもう少し早く（ダム問題発生時点に）出来なかったのか。そうすべきであったと思われる」。

休憩の後，田村が再び，ダム反対の意見をもった研究者の話を聞きたいとの提案をし，つづいて宮本が山村振興調査会の『山村とダム』という本を取り出し，「このような団体から講師を招くこともできる」と具体案を示した。最終的には2人の学者を招くということで決着した。

第6回会議（昭和51〔1976〕年3月13日）は，石川県農業短期大学教授・佐原申吉の以下のような講演が中心であった。

「経済の高度成長とは農林業を切り捨てるといっても過言ではない。経済成長のためには，資源すなわち労働と資本をいかに安く手に入れるかということである。水も資本であるから，水が安く手に入り，農村から安い労働力が手に入れば，経済が成長するわけである。島根県の過疎地帯では3分の2が出稼ぎに行っている。国はそういう地帯には決して力を貸していない。一国の独立を保持するためには食糧や木材の自給すなわち農林業が基本となる。しかし，日本は農林業を滅ぼす政策をとって経済成長をとげたということである。林業の衰退は山すなわち緑のダムの荒廃を招き，水害を発生させるため，コンクリー

トのダムをつくらざるをえなくなる。税制から見ても所得税，法人税とも国に吸い上げられ，地方財政は厳しくなっており，その点からも農山村が経済成長のしわ寄せを受けている。

　ダムの功罪についていえば，日本の今までのダムは利水すなわち都市用水優先であり，その結果，ダム水害を引き起こしている。長安口ダム裁判では洪水を放水ミスとした住民原告側が先月18日勝訴したが，私たちの研究会の研究がその突破口を開いた。経済優先政策の下に住民の立場を無視したダムではいけないということが認められたのである。ダム建設の際，地元の振興策が考慮されないだけではなく，多くの欺瞞的手段もつかわれている。行政は"10年殺し"，"ダム流し"，"首づけ"など，住民を敵とみなし，ありとあらゆる手段を用いて住民を欺き，ダムをつくってきたのである。(住民側も) 何もしないでただダム反対をいっても世間は聞いてくれない。山を守り，村を守ることが治山治水の防人となることが下流を守ることにつながっていくのだ。欠陥ダムの積み重ねではなく，既存のダムを改良すれば洪水は防げる。林業を盛んにし，安心して柚子をつくることができるような，村づくりをする。そうして村の力を盛んにすれば，ダムは入ってこない。"ダムの村は滅びる"のではなく，"村が滅びたからダムが入ってくる"のである」。

　講演後，佐原は質問に「ダムによって発展した村はない。細川内ダムは長安口ダムの欠陥を補うためのものであるから，長安口ダムを改良すればよい」と答えている。

　第7回会議（昭和51〔1976〕年4月13日）は，東京工業大学助教授華山謙の以下のような講演の後，質疑応答がつづいた。

　「ダム補償問題の最大の課題は水没地内の補償である。現在，土地は"時価で補償すれば，失ったものと同等のものが買える"という仮説すなわち市場経済妥当の仮説に基づいて補償されることが原則だが，問題が多く，見直す時期である。精神補償は制度上認められていないが，迷惑料として金銭で解決するといった考え方には賛成できない。水没者の精神的不安をなくすような方策たとえば集団移住や農地の造成，生活権の補償などで対応するのがよい。ダム貯

第 2 章　細川内ダム反対運動の展開過程

写真 2-4

小見野々ダムと長安口ダムの間に位置する上那賀町柳瀬付近の那賀川の様子。川の流れがない。　（2005年撮影：大野洋一郎，所有：同）

水池周辺地域の補償については，水源地域対策特別措置法や発電施設周辺整備特別措置法の二つの法律があるが，機能しているとはいえない。地元が自ら地域振興策計画を立て，その必要性を国や県に納得させていくことが重要である。水没者も将来の生活設計を立て，その実現のために補償金はこうあるべきだといったことを基本に，地域の開発計画も考え，ダム問題に取り組むのがよい」。

　講演後の主な質疑応答は以下のとおり。

宮本「村条例等でダム反対を打ち出した場合，起業者（建設省）は，これを制止してまでもダム建設しようとしますか。」

樺山「村をあげて反対しても現在の法律の制度からいえば，土地収用法によって実施できる権限を国はもっている。しかし，条例を設置してまでもダム反対をしている村へ建設省が強制的に踏み込み自治体を無視したような行動にはでないだろう。」

宮本「水特法に過度の期待をもつなと言われているが，その点について伺いたい。」

樺山「そのとおりである。（中略）それだけに頼ることなく，むしろ地元が村の将来計画を作って国や県にそれを要求していくことの方が重要である。」

要明幸「個人としてのダムへの取り組み方を伺いたい。」

樺山「団結力こそが大きな力となる。集団移住等地元の要望を実現するには分裂していては不可能となってくる。」

**住民自治に基づく全員一致の反対決議**

　第8回（昭和51〔1976〕年5月26日），第9回（昭和51〔1976〕年7月26日）の会議では，いずれも県から企画開発部長，土木部長らが出席し，県の「細川内ダム建設に伴う木頭村振興計画」が議論の中心になった。しかし，依然として県のダム計画の説明が具体性を欠いているばかりか，村への配慮にも欠けており，その結果，次のような新田信男の発言を導くこととなった。

　「県の人は村の本当の心を知らない点があるように見受けられる点があると思うので申し上げたい。ダムの問題が起こって5年程になり，49年末にはリコール問題が出て議会は解散した。村長はダムの補償によって理想郷を作りたい，またと無いチャンスではないかと考へていられるようであり，これに同調する議員と，真向から反対する議員とがある。村民の大多数は美しい川，美しい水は残したいと願望があることも事実である。反面，農道林道その他の開発によって利益を期待し人口増による商業の発展を望む人もある。反対同志会は美しい川を死守すべきであると積極的に反対をとなへている。こんな状態では

村の世論を統一することは出来ない。無理をして調査等を強行することは第二のリコール，又村長リコールも起るであろう。そう言う可能性は充分ある。現状のままでは混乱を招くだけである。この協議会でもこうして県の説明なども聞いているが，とうてい解決されるとは考へられない。それでダムの問題は少なくとも２，３年は棚上げにして冷却期間を置くべきであると考へるがどうか。このままではどうにもならないことを県も認識されたい」。

　県側はしかし，紙上のダム計画と木頭村振興計画への理解を求めることに終始した。こうして県と住民との溝は一層深まったのである。

　第10回（昭和51〔1976〕年10月13日）は村長が木頭村の未来像を示すことからはじまった。それは，村全体の経済が豊かであること，住民の生活条件が整備されていること，村全体の教育文化が充実していること，村の行財政が充実していることの四つを柱とし，「現在，全国的に山村振興事業や過疎対策事業がすすめられていますが，国や県の財政状況からみても，山村が現在以上に大きく優遇されることは期待できません。したがって，現在程度の村づくりをつづけていたのでは，魅力ある山村をつくりあげることはほど遠いことであります」といって，依然としてダムをテコにした村づくりを示唆するものであった。したがって，村民らは村長の村づくりについて，「どこの市町村でも考えられ」（久米）るものであり，「県の財政は貧困であるといっているのに県の力を活用するといったこと等，つじつまのあわない"村づくり構想"である」（久米）ばかりか，「こうした漠然とした構想では，村のリーダーとしての責務が果たせていない」（福井貫一村議会ダム対策委員長，第10代木頭村長）という批判まで出された。宮本は，もう一度原点に返り，問題点を明らかにして村長の姿勢を批判した。「上流の堆砂問題等をみても，今，木頭村は深刻な事態になっている。下流にダムがあるから，この様な堆砂問題がおこるのである。いまでは村内のほとんどの住民はダム不必要の意見になってきていると思う。村長さんは，あまりにも国や県に頼りすぎて木頭というものを見失ってきたのではないか」。その後，田村から「ダム問題について，この協議会は"現段階ではダムは必要ない"という結論を出してはどうか」という意見が出ると，賛成の声や拍手が

あった。そのとき，村議会議長の後藤守男が唐突に次のように言った。「この協議会においても今までいろんな意見が出された様におもいますが，村議会の我々が当然審議しなければならない政治的な問題も生じてきたものと思いますので，協議会は存続のまま，村議会においてもう少し検討させていただいて，その後必要に応じてこの協議会を開催していくということにして頂きたい」。即座に宮本が「ダムに賛成側の方々は，ここまできてまだその賛成理由を一度も述べていない」と反発したが，後藤が再三「議会にお任せ願いたい」と説得し，ダム問題はいったん議会に場を移して審議されることになった。

　第11回協議会（昭和51〔1976〕年11月27日）は後藤の次のような発言で幕を開けた。「村議会は前回の協議会以後，3回にわたって慎重に検討した結果，協議会の意向を十分尊重し，また村内事情その他，全国的に問題になっているダム見直し論等考慮のうえ，現時点における細川内ダム調査申し入れについては，これを拒否すべきであるとの結論に達しました」。その後の議論の焦点は，協議会がどういう終わり方をするのかということに移り，最終的に次のような答申を満場一致で可決し，散会した。「本会はのべ11回にわたる協議の結果，建設省並びに県より申し入れのあった細川内ダム調査申し入れについては，これを拒否すべきであるとの結論に達しました。昭和51（1976）年11月27日木頭村ダム対策協議会」。翌日の徳島新聞には榊野村長の次のような談話が載った。「村議会，ダム対策協議会ともに結論が出たのでこの決定を尊重して平和な村づくりを進めたい。全村民の協力を得て災害復旧に全力を挙げたい」。県は後に，榊野談話を「災害復旧を先行させただけで，ダム建設は棚上げ状態である」と曲解したが，それが意図的かどうかは不明である。

　こうして，協議会では，委員の構成比でいえば，反対派は少数であったが，たえず問題を提起し，議論をリードした。国，県や村長の説明は一方的で，具体性に欠け，説得力がなかった。2人の研究者の講演はダム反対の根拠を与え，住民に自治の重要性を説くものであった。その結果，「ダムを拒否する」ことになったと思われる。村議会は協議会の議論を尊重し，昭和51（1976）年12月20日，ダム反対決議案を6対5の僅差とはいえ可決した。細川内ダム反対運動

は，同志会を核として全村的組織＝連合会へと発展した住民組織が村議会の自主解散後の選挙で反対派を5名も当選させ，ダム対策協議会においても主導権を発揮し，村議会のダム反対決議を導き出すことによって，「村政を村民の手に取り戻す」ための第一歩を踏み出したのである。これは第一期と質的に異なる段階に達しており，細川内ダム反対運動の第二期といえよう。

## 3　細川内ダム計画の再浮上

### 国と県による細川内ダム計画の推進

　木頭村議会は，昭和54（1979）年3月の村議会定例会において細川内ダム調査事務所撤去要求決議および小見野々ダム撤去要求決議を可決し，昭和62（1987）年の村議会12月定例会でも細川内ダム調査事務所撤去要求決議を再度可決した。その間，徳島県議会では，三木申三知事が細川内ダムの早期着工を求める質問に対し，「治水，利水の両面からメリットが大きい」とダムの必要性を強調したことから，細川内ダム計画が再浮上する。昭和58（1983）年6月のことである。当時の徳島新聞は，「五十一年九月の17号台風で受けた那賀川流域の山腹崩壊などの大被害が引き金となり，同年十二月の村議会で反対決議が可決され」たとはいえ，県河川課は「村議会のダム反対決議は"災害復旧が先決で，その間ダム建設は〝一時棚上げ〟のニュアンスが強い"」とのべたと報じている。平成2（1990）年3月2日，三木知事はダム建設推進本部長の小坂副知事らとともに，初めて木頭村役場を訪れ，「産業振興に取り組むためには水は欠かせない。ぜひ協力願いたい」と細川内ダム計画を推進する意思を伝え，木頭村の協力を要請した。しかし，走川村長は「現時点では返事できない」とし，久米議長は「建設反対決議などで議長としての態度は示しており，これを守っていきたい」と反対の意向を伝えた。

　木頭村の度重なる細川内ダム計画反対表明にもかかわらず，なぜ，県はそれを強引に進めようとしたのだろうか。その背景には一体何があったのだろうか。小坂副知事は細川内ダムの意義について同年6月10日の徳島新聞に次のように

写真 2-5

平成 5（1993）年 4 月，阿南市見能林に設置された建設省細川内ダム工事事務所 （徳島新聞社提供）

話している。

「細川内ダムは地元・木頭村から阿南市にかけての那賀川流域全体，ひいては徳島県全体の活性化に重要な意味をもつ。県勢発展のためには，鳴門市から阿南市にかけての県東部都市圏に人口を集積させることが不可欠。そして，この後背地である吉野川流域，那賀川流域でも，住民が地域に定着できる産業を振興させることが必要だ。那賀川流域は，十分ではないが総合開発が進む吉野川流域に比べて整備・開発が遅れている。細川内ダムは遅れを取り戻すきっかけのひとつと考えている[29]」。

具体的にいえば，阿南市辰巳工業団地に神崎製紙，日亜化学工業の工場進出が当時決まっており，両社は平成 5（1993）年末頃の操業開始を予定していた。県はまた，辰巳に第三，第四の大型企業誘致をめざすとともに，平成 12（2000）年の操業開始を目標に阿南市小勝・後戸地区での石炭火力発電所立地を強く働きかけていた。県南部にも新規の工業団地計画を抱えており，これらすべてが実現すれば，工業用水の需要の増加は必至であった。しかも，工場にとっては年間を通しての水の安定確保が不可欠だが，那賀川は出水時と渇水時の差が大きく夏場に渇水を起こしやすいため，細川内ダムをつくり水の安定供給を確保したいというのが県の本音であった。しかし，当の建設省は細川内ダム建設の主たる目的を地元・木頭をふくむ流域全体の治水安全度を

高めるため[30]、としてダム計画を推進したのである。

　木頭村では、平成2（1990）年村議会3月定例会において、走川村長が「村としては議会の議決が厳然と生きており、私の考えも以前と変わっていない」とのべ、ダム反対の姿勢を示した[31]。走川村長はまた、同年6月の村議会定例会においても、「ダムに対しては反対の立場をとっており、今後も変わらない」といい、ダム反対の意思を再び表明した[32]。他方、県の動きは、7月5日の県議会土木委員会において、市原県土木部長が「一日も早く地元と話し合い、年内にも村、村議会にダム建設に伴う振興計画（水源地域整備計画）の素案を示したい」と答え、三木知事が「ダム建設に伴う周辺整備事業などを村民に説明できる機会をつくるため、地元でダムについての勉強会を開けるよう粘り強く働き掛ける」と答弁するなど、細川内ダム建設の実現に向けて本格的に動き出した[33]。このような県の動きに対して、村議会は平成3（1991）年3月25日の3月定例会でも細川内ダム計画の白紙撤回要求決議案を可決した。その内容は、「五十一年の反対決議以降、これが村の公式の意思表明として、ダム抜きの基本構想を策定、統一した村づくりを推進してきた」と前置きし、「現時点においても、なお村の発展につながる見通しのない、村に混乱を引き起こすだけのダム計画は、木頭村にとって不必要なものである」と指摘、県と建設省に対して、ダム建設の白紙撤回を強く求めたものである。当時の徳島新聞は、「決議に加わったほとんどの議員はことし一月下旬の選挙でダム反対を公約に掲げ再選された。その後の初議会における今回の決議は、現時点での村民の意志の表れとみることができよう」と報じている。

　平成4（1992）年に入ると、県議員や経済団体などを中心に事態打開の動きが出てきた。1月下旬、小松島市以南の県議、市町村長と同議会議長、県幹部らで組織する県南総合開発議員懇話会が会合をもち、今後何らかの行動をとることを申し合わせた。2月14日、徳島経済同友会は県議会土木委員や建設省、県の関係者らと懇談会を開催し、細川内ダム建設促進の方策を探るとともに、建設省、県、県議会に要望書を提出した。

　こうしてダム推進の動きが村外から起こるなかで、県と建設省は地元住民を

無視した暴挙に出る。8月末から3回,県が村を無視して約20人の村民に「木頭村振興計画(素案)説明会」を開いていたことが9月の木頭村議会で明らかにされた。走川村長は「村として独自の振興計画を作って,村の活性化を進めている。住民を惑わすようなことはやめてほしい」と,昭和60 (1985) 年に策定されたダム抜きの村づくり基本構想を貫く方針を改めてのべた。ダム反対派議員の1人,久米も「地方自治の原則から外れてしまった話だ」と不快感をあらわにしている。しかし,出口明夫・県河川開発対策監は,「村が振興計画を聞いてくれないので直接住民に伝えた。これをたたき台にして,ダムに対する理解を深めていきたい。今後も機会があれば説明会を開く」とのべ,反省する気配をまったく示していない。その上で,縣・県土木部長は10月1日の県議会本会議において,今後とも住民への説明を続ける方針であることを明らかにした。その直後,今度は建設省が村や地元住民と事前協議もせず調査用資材運搬のためのモノレールを西宇地区の里道に設置し,地元住民らの抗議で撤去するという事件を引き起こした。村議会は,建設省のやり方は地方自治を無視する"道義にもとる事件"ととらえ,真相究明に全力をあげる方針であることを表明した。しかし,建設省細川内ダム調査事務所は「モノレール設置は一週間と短期間の上,利用者にも迷惑が掛からないと判断した」とのべ,木頭村振興計画説明会を極秘におこなった県と同様,地域開発における住民自治の重要性の認識が微塵もないことを露呈した。

　当時はNTT職員であった後の木頭村長・藤田恵は,同年10月2日と10月29日の2度にわたり,徳島新聞に次のような投書を寄せている。

　「9月26日付本誌で報道されたように,細川内ダム問題への強引な建設省などの対処に,木頭村出身者として一層強い憤りを覚える。建設省,県,一部村民などのダム推進派や賛成者に次の点をお伺いしたい。① 一企業(電気を四国電力へ売る)のために公的機関が村議会や大多数の村民の意に反して強力に介入することは,住民自治を本旨とする憲法92条や地方自治法に違反しないか。② 過疎の村にはダムができる。ダムができると過疎になるという悪循環が全国各地の主な実態である。木頭村でもダムによる過疎対策・活性化は一過性の

ものではないのか。③ ダムの建設で数千ヘクタールの田畑や山林の水没や崩壊が予想される。この自然破壊は，村内はいうまでもなく，那賀川流域から海岸汚染と計り知れないダメージを人類に与え続ける。環境庁はゴルフ場などの自然破壊を厳しく規制している。自然保護は国の内外を問わず最重要課題であるのに，国の方針にも反し，自分で自分の首を絞めるダムがなぜ許されるのか。④ 統計によると電力需要の長期見通しは下方修正の連続である。つまり電力は総体的に余っているのに，なぜ本県でこれ以上電力が必要なのか」。

「23日付，建設省，県河川課の『ダム建設についてのお答え』に反論する。① ダムの銀座・相生，上那賀，木沢，木頭各町村の1970年から85年までの平均人口減少率は実に21.1％である。一方，ダムが一つもない海部郡の同じ15年間のそれは，約半分の12.1％である。ダムが地域の活性化に逆行することを，この実績は証明していないか。住民の生命財産を守るとあるが，反対に過去の水害はダムが原因ではなかったのか。また，住民無視の一方的なモノレールの設置などはこれに反しないのか。② 約250ヘクタールの用地がダムに水没するという損害は永久的だが，既に埋没した木沢の追立ダムの実例のように，ダムの寿命はごく限られている。1978年に米国で『ダムの利益が損害の程度を大きく超えることはない』との証言にダム建設のTVA公社は反論できず，最高裁はダム工事の差し止めを命じている。具体的に損害と利益を示せないなら，細川内ダムもやめるべきではないか。③ 電力需要は，百歩譲って長期見通しどおりとしても，電力が必要なのはほとんど四国外である。四国は電力が余り関西などへ送っているのに，阿南市に計画の280万キロワットの最大級の火力発電所に続いて，過疎に苦しむ木頭村がなぜ限りない犠牲を強いられるのか。④ 利水面とは，どこにどれだけの水が必要で，その根拠は何か」。

### 木頭村議会の混乱と藤田恵村長の誕生

こうしたなか，村議会を揺るがす事件がもちあがる。

平成4（1992）年11月11日，大城幾治議員が高石利一議長の不信任案審議のため，臨時村議会の招集を走川村長に求めた。大城議員によれば，高石議長が

平成3（1991）年3月に議決された細川内ダム計画白紙撤回要求決議を1年半にわたり県，建設省に提出せず，平成4（1992）年8月に県議会9月定例会で細川内ダム推進問題が審議される可能性があるとの情報を得て，県議会直前に細川内ダム計画白紙撤回決議を県と建設省に郵送したのだという。高石議長は「提出期限があるというものでもなく，県，建設省に対し最も効果的な時期を考えていた」と開き直ったため，大城議員は臨時議会を招集するよう走川村長に要求したのである。

　平成5（1993）年1月7日，同志会の南山利夫会長は，高石議長と高石議長不信任案に反対した4人の村議員の解職を請求すべく，申請書を村選挙管理委員会に提出した。翌日の徳島新聞によれば，南山会長は，高石議長が1年半のあいだダム計画白紙撤回請求を県，建設省に提出しなかったことは議員として不適格であり，他4名の村議も高石議長の議長不信任案に賛成しないことはダム白紙撤回要求に賛成した議員としての責任を果たしていないとしてリコールに踏み切ったという。南山会長は「ダム問題を議会だけに任せきりでは信用できなくなっている。会のメンバーを中心に署名活動をする。村を守るために，住民も積極的に行動しなければならない時期にきている」とものべ，昭和51（1976）年11月，ダム対策協議会解散後，休眠状態にあったダム反対運動の中心組織＝同志会が議会の刷新に再び乗り出したのである。

　当時の村議会を取り巻く状況を見ると二つの相反する動きがあった。県議会は，平成4（1992）年12月17日，徳島経済同友会から提出されていた「那賀川細川内ダム建設事業の推進」を賛成多数で可決し，公式に細川内ダム建設推進の立場を表明した。他方，木頭村内では細川内ダムの建設阻止に向け，下流域まで反対運動を広げるべく，新たな運動体「那賀川を守る会」（高石康夫会長）が発足した。1月10日の発起人会では，「自然環境の保護が訴えられている時代なのに，ダムを造り自然を破壊するのは時代錯誤」として，「木頭が村外に自慢できるのは清流だけ」「休日に村に帰り川を見るとホッとする」など那賀川への愛着を表す意見が相次いで出された，という。

　その後，木頭村政は急激な展開を見せる。リコールされた5村議は村議会3

月定例会終了後，全員が辞職し，補欠選挙がおこなわれた。選挙はすべて新人で争われ，新しい議会構成はダム絶対反対派9名，穏健派1名という結果になった。出直し選挙前の3月上旬には，走川村長が「議長不信任をめぐって真二つに割れた村政に嫌気が差した」との理由で突然辞職願を出したまま行方不明となり，3週間後の3月23日，村役場に登庁し，役場を去るという事件が起きた。直ちに，村長選挙がおこなわれ，「細川内ダムの白紙撤回」を掲げた新村長が選ばれた。藤田恵である。当時村議会議長を務めていた大城幾春が実弟の藤田恵（NTT，日和佐営業所お客様サービス係長）に白羽の矢を立て，村長選に出馬するよう説得したのであった。

　藤田は，昭和14（1939）年8月22日，木頭村西宇地区の森口家の8男として生まれ，3歳から北川地区大明地の叔父，大城茂三郎のもとで育てられた。アメゴやアユが泳ぐ那賀川河畔の生家から広大な山林や田畑をもつ資産家のもとへ行き，川遊びの毎日が山仕事や田んぼの手伝いに明け暮れる日々に変わった。藤田においては，川での遊びを通して自然に対する畏敬の念が培われ，山での厳しい労働を通して強靭な意志が形成され，田畑での協働労働からは相互扶助の精神が育まれた。

　藤田の川の記憶は輝きに満ち溢れている。[37]

　「私が子どもの頃，村内の川は今では想像もできないほど水量が多く，どこにも大きな淵や瀬があった。ハコビンとよばれた箱メガネで川のなかをのぞくと，淵尻や瀬の大きな石の付近には30センチ前後の大型のアメゴ（ヤマメ）やアユが何十匹も群れをなしていた。魚体をくねらせながら，川底の石に銀色の腹を擦りつけたり，互いに体当たりや腹にかみつくなど，なわばり争いをしていたものである。アユやアメゴを突くには，水中メガネをかけてカナツキという5本組みの返しのある細い槍のような金具を長さ数メートルの竹の竿に取りつけた道具をつかった。器用な子どもは，大人と同じように長さ2メートル前後の腰の堅い竿に太さ3号ほどで長さ3メートルの道糸をつけ，道糸の下には7，8号の返しのない3本針のアユかけ針を10センチ間隔で3ヶ所に結び，一番下に4号ほどの鉛の重りをつけた『フンドウジャクリ』で仕留めたりした。

モツゴとよんでいたカワムツ，ジンゾクとよんだ小型のハゼなどの小魚もたくさんいて，川は小さな子どもにも絶好の遊び場であった。本流とは別の河原のなかの小さな流れをせき止めて本流へ流し，干上がったわずかな水たまりで跳ね回っている小魚やヤマメやウナギを捕まえた『せきぼし』の面白さは，いつ思い出しても胸がわくわくする。子どもの楽しみは川遊びであり，大人にとっても過酷な農作業の唯一の息抜きが川漁だったのである」。

「叔父は"非生産的なことはせん"が持論の，仕事熱心な人やったからね。小学校の三年生ぐらいから牛を使い，大人と同じ一人前の仕事をしとった。早起きして学校に行く前に一仕事して，帰ってからまた手伝い。休めたのは大雨の日ぐらいやったな」[38]。藤田にとって山は川とは対照的に厳しい労働の場であった。[39]

「林業といえば今はスギの植林から伐採搬出に尽きるといっても過言ではないが，1960年代までは，薪伐り，炭焼き，ミツマタ造りなどのほか，シデやナラの木を切り倒してシイタケを生やすという山仕事も木頭村での生活に必要なものであった。それらはすべて手作業であり，過酷な肉体労働を強いられた。ミツマタの場合，戦前から1950年代にかけて樹皮が紙幣の原料によい値段で出荷され，農家では確実な現金収入として重宝されていた。厳冬期にミツマタの原木を山から伐り集め，直径1メートル，高さ2メートルほどもある大きな釣り鐘のような漉し器で蒸して皮をはぎ，一度乾燥して保管する。農閑期に再び水で柔らかく戻して表皮を取り除き，白い部分の皮を乾燥させ，出荷の前には遠くの川まで運び，水で半日ほどさらして河原で乾燥し，坂道を家まで運びあげる。こうしてつくったミツマタを数十キログラムずつ米俵のように堅く荷造りをして，年明けから6月ごろまで，農協までの3キロメートルの山道を背負って運んだものである。林業の労働は今考えると気の遠くなるような長くて厳しい作業の連続であった」。

藤田は木頭中学校北川分校を経て徳島県立城西高校に進学した。高校3年間の寮生活は木頭村での厳しい労働から解き放たれて自由を満喫し，多くの友人を得た。昭和33（1958）年，高校卒業と同時に郵政職員となり故郷の北川郵便

第 2 章　細川内ダム反対運動の展開過程

写真 2-6

ダム反対の旗　(2000年12月撮影：丸山博, 所有：同)

局に勤めた。その後，昭和40（1965）年海部郡牟岐町郵便局に転勤したが，昭和45（1970）年，合理化によって電電公社（現 NTT）へ配転となった。NTT に勤めた後半の10余年，毎日新聞の特約記者として，マチダネと呼ばれる地域のニュースを毎週1本は伝えていた。その間，日和佐町に住居を移し，労働組合活動に力を注ぎ，後に日和佐町議となる戎野浩史らとともに運動の牽引車となった。仕事の後あるいは週末など空いている時間の大部分を組合運動に費やし，昭和50（1975）年にはスト権ストを全電通県支部合理化対策部長として指揮した。当時の楽しみの一つは牟岐町の小さな書店で本を買うことであり，朝日新聞の反体制的記者の本田勝一や極貧の人権派作家，松下竜一を愛読した。組合運動の関係上，社会党系の議員の選挙応援にも身を粉にして働き，村長就任後に選挙を通じて得られた国会人脈が生かされることになった。また，冤罪の死刑囚・免田栄との出会いを通して人権問題にも取り組むようになり，それをきっかけに弁護士となることを志し，昭和58（1983）年，44歳にして中央大

学法学部の通信課程に入学する。卒業後司法試験に挑戦した。兄から木頭村長選への立候補を要請されたのは，平成5（1993）年3月，3度目の司法試験の受験を目前にしたときだった。

## 4　反ダム組織の動向と環境変革運動

### 1　反ダム組織の村内再編成

**那賀川を守る会**

　細川内ダム計画問題が再浮上してから，住民のダム反対組織は二つ立ち上がる。一つは，木頭村漁業組合長らを中心にし，主として村外の釣り愛好家らに広くよびかけた「那賀川を守る会」（以下，守る会），もう一つは昭和46（1971）年に結成された同志会を基盤にした同志会連合会を前身とする「木頭村ダム反対同志会」（平成6〔1994〕年3月27日に再結成。以下，反対同志会）である。守る会は緩やかで広域的な組織であり，反対同志会は同志会の流れから村内を中心とした結束の強い組織であった。こうして細川内ダム反対運動が再開され，以下のように村外の人々の共感と連帯を得るべく運動し，藤田恵を村長に迎えたのである。木頭のダム反対運動は新たな時期，第三期に入った。

　守る会の発起人会は平成5（1993）年1月10日におこなわれた。初代会長の高石康夫（73歳）は，木頭村漁業組合長（平成3〔1991〕年3月～平成9〔1997〕年3月）のとき，漁業組合の事業計画の冒頭に「細川内ダム建設阻止」を掲げ，ダム反対の幟，ステッカーなどを作成し，徳島県釣連盟，下流域の釣具店，釣愛好家団体などの協力を得て，細川内ダム反対を訴えた。木頭村は，那賀川本流の最上部に位置し，アメゴやアユの清流として釣ファンにはよく知られた場所である。アユ釣りのシーズンには遠く関西方面からも人が押しかける。木頭村漁協は，村内のほとんどの世帯主が加入しており，アメゴの養殖，漁場の管理と，アユ，アメゴ，ウナギの放流を主たる業務とし，小見野々ダム上流部漁場の保全管理と河川環境の浄化に努めている。守る会の会員になる条件は「那

賀川上流に，わずかに残された清流を守り，これを後世に伝えたい」という守る会の趣旨に賛同し，署名するだけであった。高石の本職は家屋調査士であり，徳島県家屋調査士会副会長，日本土地家屋調査士会連合会理事も務めており，その広範なつながりを利用して積極的に村外に会員を求め，平成5（1993）年3月にはすでに5500名の会員を獲得するにいたった。高石は釣りの専門誌「週刊釣りサンデー」の別冊『渓流スペシャル'96』に「ダムによって繁栄した村があるか!!」というタイトルのエッセイを寄せている。

「平凡な言葉ですが，川は誰のものでもない。目の前に，アユ，アマゴのよく育つ清流が滔々と流れているから，これを，生きた姿で次の世代に伝えたい。川とのかかわり合いは，漁業権という利用権が認められている漁協が一番深く，私はたまたまその代表理事をしているから責任も重い。ここ一番，慎重な判断と行動をしておかなければ，自分が死に際に後悔するばかりか，後世の人々からも恨まれる。さいわい，地域住民の多くが同じ思いを抱いている…。そんな思いにかられての行動です」。

つづけてダムによる川の急激な変化について子ども時代にまでさかのぼり，次のようにのべている。

「少年のころ，幼稚な技術，手作りのお粗末な道具で30.5センチのアユを掛けたこと，34センチのアマゴに身ぶるいしながら釣り上げた時の感動はいまも忘れません。海の魚が商品として流通して来る道路のなかった時代，つまり私が20歳になるまでのころは，地域住民の蛋白源はこれら淡水魚と，冬季にたまにとれた猪肉ぐらいのもの。いま，その清流が木頭村に残されたわずかの区間の源流域を残して，中・下流は川という名に値しなくなりました。昭和30年代から長安口，川口，小見野々と本流が次々に堰き止められ，下流で水質が悪くなったり，中間で流れのないカラ川ができただけでなく，海と川を往き来する魚種はもはや人工増殖によって増殖をはかる以外に一尾も生存できないのです。もちろん，三基のダムに魚道はありません。ダムの湛水域から上流に堆積する砂利もおそろしい厄介ものです。川底の上昇による洪水時の水害（河岸段丘の冠水）もこわいし，バックウォーターからかなり上流域まで，この河床上昇現

象が起きるのです。この現象によって，玉石や岩盤が埋没し，淵も瀬も変化に乏しいのっぺらぼうのチャラ瀬に変わってしまって，魚に及ぼす影響も甚大です。本来，どの魚種にとっても底知れぬ淵とか滑らかな岩盤，水中の大きな玉石，その上，下流の水流の淀みや変化が，エサ場，すみか，天敵からのかくれ場所，ときには産卵場として必要なのに，のっぺらぼうのチャラ瀬では生きていけないわけです」。

川自体が変化すれば魚がすめなくなるのは当然である。

「遮断された上流域でも，ウグイ，オイカワ，モツゴ，ゴリ，アカザ，ギギなどは自然繁殖していますが，アユ，ウナギ，アユカケ，モクズガニなどはゼロ，人手によりトラックで運んで放流するしかありません。いま，木頭村漁協では放流用稚アユ代金に四苦八苦しています。サツキマスもダム完成後姿を消しました。ヨシノボリ（当地方名チチコ）も見かけません。代わって目にするのはダム湖のブラックバス，コイ。アマゴだけは自家生産していますので，稚魚に不自由することなく，毎年，春に大量に放流しています」。

高石はしかし，単なるつり愛好家ではない。それは，高石の平成6（1994）年3月2日付の徳島新聞への寄稿が物語っている。高石はそのなかで，「木頭村長の提示している県との話し合いの基本条件を，県幹部が"民主的でない"と強調したというが，民主主義とは国とか県の役人，権力者の発想やご都合にあるのではなく，住民との直接接点たる村の意思（村長と村議会）に委ねられるべきものである。村との合意がないまま勝手に計画し，調査を進め，一部の住民と交渉し，すでに投入された公金は三十余億円という」と，地方自治の重要性を踏まえて国や県の非民主的な態度を厳しく批判しているのである。高石は，平成7（1995）年1月の村議会議員選挙に当選し，その後，村議会議長として藤田村長を支えた。守る会会長の後任には，木頭ユズの開拓者を父にもつ西宇の平川誠がついた。

### 木頭村ダム反対同志会

平成5（1993）年1月から3月にかけて，同志会が中心になってダム容認派

5議員のリコールをおこなったことはすでにのべた。このことをきっかけに，旧同志会の主要メンバーが中心になって反対同志会発起人会ができ，反対同志会の結成へ向けての活動がはじまった。田村好によれば，平成2（1990）年頃から本格化していた県のダム建設推進の動きを見て，県が本気でダム建設推進に乗り出してくると感じていたため，時間がかかっても強固な組織をつくろうと，元同志会員の一人一人をたずねて歩いたという。しかし，昭和51（1976）年から約15年もの間活動が休止されていたことに加え，すでに絶対反対を口にする人が減ったばかりか，亡くなっていた人もいて，活動の再開に時間を要した。田村の保管する反対同志会の内部資料によると，平成5（1993）年度は5月30日の第1回懇談会を皮切りに8回にわたる懇談会，9回の役員会に加えて，栩谷地域，折宇地域，川切地域，助地域，北川地域，西宇地域，南宇地域，出原・和無田地域などでの地域懇談会を開いて組織を固めた。平成6（1994）年3月27日，約300人の村民の出席のもと，統一集会を開き，次のような大会宣言を採択して反対同志会が正式に発足した。

① 那賀川の清流と自然の宝庫木頭村を破壊し，分断する細川内ダム計画には絶対反対する。② 県や建設省の地方自治権を踏みにじった細川内ダム計画の一方的な押し付けに断固反対する。③ 地域住民の生活権よりも企業の論理を優先する細川内ダム計画に絶対反対する。④ 今後，県や建設省の圧力に屈せず，細川内ダム計画を白紙撤回するまで我々は断固闘う。

　平成6（1994）年度事業計画（案）は，4月の大渡ダム・早明浦ダム調査研究からはじまり，5〜6月には丹生谷地域への広報宣伝活動，7月には全国ダムサミットへの参加，10〜11月は高の瀬峡の観光客へのダム反対協力要請など，村外を射程に入れて運動を広げる意図が明らかである。事実，私有地立ち入り禁止の立て札を立てて内部を固めると同時に，3月から6月にかけて丹生谷地域，阿南方面にまで遊説隊を送り，7月12日，阿南市でおこなわれた市町村会会場では抗議行動，9月24日の全国ダムサミットでは署名やチラシの配布などをおこない，村外での広報活動を活発化した。村内においても7月2日，守る会などとの共催でカヌーイストの野田知佑，アウトドアライターの天野礼子な

どを招いてパネルディスカッション「那賀川最後の清流と細川内ダムを考える in 木頭村」をおこない，マスコミの注目を集めた。10～11月にかけて高の瀬峡で署名活動を展開すると，11月12日，細川内ダム反対草の根同志会相生支部，11月18日，同鷲敷支部が結成されるなど，下流域とのネットワークができはじめた。村内においても，村議会議員との懇談会や守る会との懇談会などによってネットワーク化を図った。

　平成7（1995）年1月，細川内ダム反対草の根同志会上那賀支部，2月4日，細川内ダム建設に反対する徳島市民の会，2月22日，細川内ダムに反対する那賀川下流域住民の会，5月27日，細川内ダムを考える日和佐の会などが相次いで結成され，ダム反対の住民運動は野火のごとく広がった。10月1日には，これら村外の反対組織と反対同志会，守る会など村内の二つの反ダム組織とを緩やかにつなぐ組織として，細川内ダム建設反対徳島県連絡会（以下，県連絡会）が結成される。県連絡会の会員数は1万445人に達し，水没地区内でおこなった立ち木トラストには県内を中心に，日本全国，海外在住の日本人からも応募があり，平成9（1997）年4月20日には2800本にのぼった[40]。こうした運動の広がりは，木頭村内外の住民運動が連帯したことに加えて，藤田村長の反ダム活動が地元新聞，全国紙，テレビ局などのマスコミによって県内外に広く報道されたこと，平成6（1994）年頃から長良川河口堰や諫早湾の潮受け堤防など巨大公共事業による自然破壊に対して世論の関心が高まったことなどが相乗した結果といえよう。なお，反対同志会の田村会長は守る会の高石会長とともに，平成7（1995）年1月の村議会議員選挙に立候補，当選し，副会長の久保長二に反対同志会の会長職を託した。

　田村好は昭和5（1930）年10月11日，木頭村折宇に田村家の8人兄弟の次男として生まれた。しかし，兄が幼少時に病死したため，その後，長男としての役割を負うことになった。父重義は農林業を営み，好は子どもの頃から父親の山仕事や山作（焼畑）を手伝っていた。母レンも重義の仕事を手伝いながら，育児や家事など家の切り盛りをしていた。北川尋常高等小学校を昭和20（1945）年3月に卒業後，満蒙開拓義勇軍に志願したが，身長が足らず，やむ

なく岡田造船所に就職した。それもつかの間、同年8月には敗戦となり、木頭村に戻り父親の手伝いをした。好は当時の様子を次のように語っている。[41]

「親父が、体が弱かったんで、5年生くらいから親父に代わって常会（筆者注：隣組）とか、お大師（オタイシ）さんとか、庚申（コウシン）さんに行きよった。オタイシさんの時は五目飯が食べられたけん、楽しみだったな。田んぼも牛を引いて手伝ったな。学校には一番下の妹を背中に背負って行ったけんな。でもつらいと思わなかったな。弁当は麦やヒエ飯などもあったけんど、キビを焼いてもっていった。学校の帰り、腹へって、柿やなすびを盗んでよう食ったな。配給米が来ると皆が寄って分けるし、供出米もそうだったけんな。共同生活が多かった。屋根換えするんだったら親戚が寄ってくるし、田植えする時は皆さんが寄ってくる。コミュニケーションがよくとれていたんよ。20歳くらいから個人で山の仕事を請け負った。小さい時から親父について山を見ておったんで、どの位あれば採算取れるか取れないかわかるけんな。親父が胃潰瘍で苦しんでいたんで、よう大八車で下流の平谷の病院（好の家から25、6キロメートルはあるだろうか）まで連れて行ったな。朝暗いうちに提灯もって家を出て、4、5時間はかかったんかな。帰りは上りだったんで手がしびれたな。昭和42（1967）年頃、岡林業さんからウチに来ないかと誘われ、現場監督をするようになり、今までやってるんよ。昭和52（1977）年、山仕事がなくなると思って、ゆずを植えるようになったんよ。今から思えば、ダム問題にかかわってよかったな。何回ビラをつくって配ったか分らんし、久米さんのリコールやユズ皮事件などにかかわる裁判も経験したり、いろいろと勉強させてもらった。どんなに苦しい時も希望を捨てることはなかったな。木は植林してから伐採するまで5、60年かかる。山仕事は3代にわたる大仕事っていわれる。だから、ダム問題で20年、30年かかってもへこたれなかったんかなぁ」。

こうして田村は幼少の頃から妹たちの面倒を見、長ずるにおよんでは病気がちの父親の看病をしながら、山の厳しい労働によって一家の家計を支えた。70を過ぎても上半身の筋肉は衰えず、山歩きのスピードは若者に引けを取らない。その強靱な肉体と不屈の精神は、こうした厳しい労働の賜物だろう。川をこよ

なく愛した高石と山で育った田村，その2人が藤田村長2期8年の村政を支えたのであった。

## 2　環境変革運動

藤田村長の時代（平成5〔1993〕年～平成13〔2001〕年）に話を進める前に，その背景として1990年代の環境を取り巻く世界の状況をとらえておこう。

昭和47（1972）年，人類史上初めての国際的な環境会議＝国連環境会議がスウェーデンのストックホルムで開かれ，公害や生態系の破壊の深刻さが共有され，"Only One Earth" というスローガンのもと，環境問題への本格的な取り組みが世界各国ではじめられた。平成4（1992）年，ストックホルム会議以来20年目の節目として，国連環境開発会議がブラジルのリオデジャネイロで開催され，オゾン層の破壊や地球温暖化など新たな地球規模の環境問題の根本的な解決のため，戦争や経済を優先する社会経済システムを "Sustainable Development"（SD＝持続的発展）に基づくものへと転換することが合意された。その際，SD は「将来の世代が自らの欲求を充足する能力を損なうことなく，今日の世代の欲求を満たすことである」と定義された。各国政府は，環境保全が経済開発を後退させることを懸念し，自国の利益に固執したのに対し，NGO など住民・市民の自治的組織は将来世代もふくめた全人類の生存と地球環境の保全を最優先課題とし，国際的環境会議をリードした。宮本（1989）がいうように「環境問題は公共的介入なしには解決しないが，（中略）住民の世論と運動によって，はじめて公共的介入はおこなわれ，またそれらの後押しによって政策は有効となりうる[42]」ため，環境問題解決のための公共的介入は一義的には住民・市民の運動によって担われるのである。

環境問題の解決を公共的介入すなわち社会変革に求める運動を環境変革運動とよぶと，木頭村のダム反対運動も住民自治の徹底によってダム建設から予想される環境問題を未然に防ごうとするものであり，その一翼に連なるものと考えられる。1980～90年代，世界の環境変革運動は従来の社会的費用論や汚染者負担原則などに加えて環境正義と予防原則という新たな環境政策原理を生み出

した。以下，歴史を振り返り，理解を深めておきたい。

**環境正義**

環境正義運動は，アメリカにおいて，廃棄物の焼却場や有害廃棄物処理場の分布が貧困層や黒人など有色人種の居住地に偏在していることへの抗議から出発した。その経緯と成果を長い間運動にかかわってきたロバート・バラードに[43]基づいて簡単にまとめると，以下のようになる。

「発端は，昭和43（1968）年，マーチン・ルーサー・キング・ジュニアがストライキ中の黒人のゴミ処理労働者のために環境および経済的正義を求めてメンフィスに行ったことにさかのぼる。昭和54（1979）年，ヒューストンの黒人住宅所有者らが組織をつくり，ゴミ処理場反対運動をはじめ，工事の差し止めを求めて集団訴訟を起こした。それは市民権法のもとでのゴミ処理施設をめぐる最初の訴訟であった。昭和57（1982）年，黒人が居住者の大半を占めるノース・カロライナ州ワレン郡において，PCB廃棄物処理場の建設をめぐる抗議行動がおこなわれ，500人以上が逮捕されるという事件があった。それをきっかけとして，政府機関による複数の調査がおこなわれた結果，南部8州の有害産業廃棄物の4分の3は黒人居住者の多い地域に集中していることがわかった。また，このような施設がつくられるときの最大の決定要因は，貧困や土地の価格，住宅の所有権ではなく，人種であることもわかった」。

平成3（1991）年，全米各地で環境正義を求めて闘っていた人々がワシントンDCで第1回有色人種環境指導者サミットを開催した。参加者は，アラスカ，ハワイなどアメリカの50州以外，チリ，メキシコ，マーシャル諸島などからもあり，総勢650名にのぼった。4日間の討論の結果，次のことを確認し，環境正義の原則を定めた。

「すべての有色人種が環境破壊や土地，地域の強制収用に反対する国内および国際的な運動をはじめるために，母なる地球との精神的相互依存性を再構築すること，すなわち，あらゆる文化，言語，自然界に関する信仰を尊重し，環境正義を確かなものにし，環境にやさしく安全な暮しの発展に寄与しうる経済

的なオルタナティーブを促進するとともに，500年以上もの植民地化と抑圧の歴史のなかで，有色人種の地域や土地が有害物質で汚染され，有色人種の組織的大量殺戮がおこなわれてきたが，それらに歯止めをかけるため，有色人種の政治的，経済的，文化的自由を保証すること」。[44]

　環境正義の原則を要約すると[45]，先住民族の文化に基づく自然との共生概念とあらゆる人間の平等の権利を謳った近代社会の人権概念を踏まえて，核実験，核物質の抽出・生産，有害廃棄物の製造・廃棄などの中止，アセスメントなどあらゆるレベルの意思決定への住民・市民の対等な参加，将来世代を考慮した資源消費の抑制や廃棄物の抑制などを要求する，となる。

　平成4（1992）年，アメリカ環境保護庁は，こうした動きを受けて，環境的公正に関するワーキング・グループを発足させ，民族的少数派や低所得者が鉛，大気汚染，有害廃棄物施設，汚染された魚，農業中の農薬などに著しくさらされている実態を明らかにした[46]。平成6（1994）年，クリントン大統領は，大統領命令第1万2898号「民族的少数派や貧困層の地域で環境正義に取り組むために連邦のとるべき行動」を制定し，連邦諸機関に現存の連邦法や規制の枠内で環境正義を貫くよう命じた[47]。環境正義は，環境問題が貧困層や有色人種にしわ寄せされていることを社会正義に反するとして，環境問題に社会正義を求める運動原理であったが，被害者とそれを支持する人々が連帯し，運動することによってアメリカの法制度のなかにひとまず組み込まれたのである[48]。

　上記の環境正義の原則は，具体的な問題としては，運動の対象となった有害廃棄物以外，核実験および核物質の抽出・生産の中止も求めるものであった。それはどういうことなのか。環境正義と核との関係を探ってみよう。

　核兵器の開発に不可欠とされた核実験においては，昭和20（1945）年以来，アメリカのネバダ州，旧ソ連のセミパラチンスク，南太平洋のビキニ諸島，ムルロア環礁，中国の新疆・ウィグル自治区のロプノル近郊など，主に先住民族の土地が利用され，多くの犠牲者が出たことが報告されている。たとえば，ビキニ諸島の近くのロンゲラップ島では，昭和29（1954）年3月の水爆実験の際，島民全員が被ばくし，島も汚染されて住めなくなり，他の島へ避難した[49]。

第2章　細川内ダム反対運動の展開過程

　その後，アメリカから安全宣言が出され，島民が島に戻ったが，女性の流産や先天性障害児の誕生が相次ぎ，島民は再び島を離れることになった。その間，アメリカの調査団が定期的に島を訪れてはいたものの，放射線の影響を調べるだけで，治療らしい治療はしなかった。その報告書には，「ロンゲラップは1次被爆者と2次被爆者を同時に見ることのできる格好のフィールドだ」と書かれている[50]。また，アメリカの核兵器開発を支えたカナダのウラン鉱山＝エルトラド鉱山では，1940〜50年代に働いた先住民族デネの人々がその後，癌で多数亡くなった[51]。カナダ鉱山庁の昭和7（1932）年の年次報告書には，「少量の放射性チリを長い年月にわたり吸引することにより，肺がんや急性貧血など，深刻な結果を招くことになるかもしれない」という記述が残されている。それにもかかわらず，カナダ政府は，デネの人々に何も伝えていなかった。

　核の「平和」利用でも，ウランの採掘・精練，核廃棄物の処分・投棄などが都市から遠くはなれた先住民族の土地と労働でおこなわれてきた。一例をあげると，インド・ビハール州のジャドゥゴダ・ウラン鉱山周辺地域では，放射性廃棄物が野積みにされ，砂嵐となって住民の家に降り注いでいる[52]。住民たちは廃棄物の危険性について何も知らされず，医師の報告によれば，骨の奇形で手足の指の数に異常が見られる子どもや若者がいるが，インドの鉱山会社は放射線のレベルと健康被害との因果関係を認めていないという。しかし，近年，オーストラリアやアメリカなどの先住民族は，核汚染から先祖代々受け継がれた土地を守るための闘いを強めている。オーストラリアのウラン鉱床＝ジャビルカ鉱床の開発をめぐっては，土地所有権をもつアボリジニーがウラン採掘に断固反対し，環境団体や人権団体のメンバーなどと連帯して直接行動を開始した。このウラン採掘計画には関西電力，九州電力，四国電力が出資しており，産出量の半分近くを輸入することになる可能性があるという[53]。アメリカでも，平成10（1998）年，フォード・モハビ部族をはじめとする先住民族が老朽原発の解体廃棄物のためのウォード・バレー核廃棄場計画に反対して113日間におよぶ非暴力行動をおこなった。その結果，アメリカ環境保護庁の環境正義諮問委員会が調整に乗り出し，計画は中断されている[54]。

こうして核兵器および核物質の抽出・開発は放射能のリスクを主として先住民族にしわ寄せしていることがわかった。しかし，それだけなのだろうか。武谷三男（1946）は，唯物弁証法に基づいて技術の本質規定をおこない，技術とは労働手段すなわち機械の体系ではなく，「人間実践（生産的実践）における客観的法則性の意識的適用である」とした。しかしながら，これだけでは技術と社会との関係が明確ではない。したがって，武谷の技術論を踏まえつつ，人間実践には場と労働が必要であるとすれば，原子力発電の稼動は場と労働があって初めて社会的に成り立つことになる。では，原子力発電の場と労働は一体どうなっているのか，検討してみよう。

　原子力発電所の場＝立地をめぐっては，全国各地で反対運動が起こり，国策として東京で決められる原発計画が縮小を余儀なくされている[55]。その発端となったのは，新潟県巻町での東北電力の原子力発電所の建設をめぐる住民投票運動である。平成8（1996）年8月，住民投票がおこなわれ，投票率は90％近くに上るとともに，その6割を超える1万2478人が反対の意思を示した。笹口町長は直ちに，その結果を真摯に受け止め，「原発予定地の町有地は売却しない。そうなれば原発建設は不可能になる」と語った。このニュースは，原発同様，国策として米軍基地の過大な負担を強いられている沖縄では次のように受け止められた。「原発に限ったことではないが，これまで大型プロジェクトを計画するさい国が取った手法は，首長や議会の同意を得れば十分というものだった。地域住民の同意とは関係なしに進められた過去の開発方式が住民投票によって再検討を迫られたわけで，国家的プロジェクトといえども住民の理解と協力なしには進めてはならないことを教えている」[56]。しかし，巻町が住民投票を実現するまでの道のりは平坦なものではなかった。当初，佐藤町長が住民投票条例に否定的であったため，住民投票をめざす住民グループは大規模な自主投票をおこない，反対多数の意思を示した。しかし，佐藤町長の態度には進展が見られず，住民らはリコールによって笹口新町長を選出し，議会選挙でも住民投票条例に積極的な候補者に票を集め，住民投票条例を成立させたのである。その後も，三重県海山町（みやまちょう）や新潟県刈羽村（かりわむら）などで同様の住民投票がおこなわ

第2章　細川内ダム反対運動の展開過程

れ，国や電力会社の物量作戦にもかかわらず，住民の過半数は都市など他の地域へのエネルギーを供給する原子力発電所に自らの生命や環境が脅かされることに反対の意向を表している。

　原子力発電所内の労働については，樋口健二が1970年代の半ばから多くの原発労働者を訪ね，その証言をビデオや本にまとめている[57]。樋口によれば，原発内労働は「年一回おこなわれる定期検査の他，日常的な原発内作業がある。ボロ雑巾で放射能をふきとる放射能除染作業にはじまり，パイプの腐食を防止する補修作業，労働者の作業衣の洗濯，放射線廃棄物のドラム缶詰め，放射能ヘドロのかい出し，電気関係の補修点検など作業が山積みしており，いずれも下請け労働者の手作業でおこなわれている。その差別の構造は，原発（電力会社）→元請け（プラント）→下請け（これより未組織労働者）→孫請け→ひ孫受け→人出業（親方）→日雇い労働者（農漁民，被差別部落出身者，元炭坑労働者，大都市の寄場労働者，都市労働者など）となっており，これら年間6万人に及ぶ労働者の非人間的な労働によって，やっと原発は動いている」というのである。

　経済産業省原子力安全・保安院の最新データからも[58]，発電用原子炉内の総被ばく線量の96％が下請け労働者に担われており，社員の最大被ばく線量が14.1ミリシーベルトであるのに対し，下請け労働者は15〜20ミリシーベルトの被ばく者が1038名，20〜25ミリシーベルトが6名に達するなど，差別的な二重労働の実態が浮かび上がってくる。その結果，原発労働者の健康被害は次のように報告されている[59]。

　「放射線影響協会がおこなった疫学調査によると，1990〜99年の間，50ミリシーベルト以上の被曝をした労働者は11551人である。ガンによる死亡は2138人，白血病は23人，多発性骨髄腫は8人となっている。しかし，これは死亡調査に基づくもので，生存して闘病中の数は不明である。それにもかかわらず，原発労働者が被曝労働に起因する病気にかかったとして労災申請した事例はJCO臨界事故の3件を入れても14件に過ぎない。いかに申請への道が困難で，多くの原発労働者が切り捨てられているかがわかる」。

　こうして原子力発電所は，農山漁村に集中し，下請け労働者の人権や命を犠

121

牲にして稼動している。その結果生じた放射性廃棄物は，やがて青森県六ヶ所村や北海道幌延町など辺境の地に運ばれ，何世代にもおよぶ子孫に安全管理をゆだねられる。環境正義は，したがって貧困層や先住民族，黒人などに対する有害廃棄物や核汚染などの集中を解決する原理として出発したが，核問題を場と労働という視点から検討すると，先進国と途上国，都市と農山漁村などの地域間および現在世代と将来世代との世代間にも適応されなければならないといえよう。なお，日本では都市の生産と生活を向上させるため，原子力発電所のみならず，産業廃棄物やダムなども農山漁村にしわ寄せされている。

　細川内ダム問題を上流の木頭村と下流の都市部の問題としてとらえると，次のように考えられよう。利水面で考えれば，那賀川下流の都市部が，節電，節水システムを徹底せず，雨水を貯蔵してトイレや車の洗浄などに用いる中水システムもつくることなく，ダムを唯一の方法として上流部の木頭村にダムを推しつけ，立ち退きを迫るというのは環境正義に反する。治水面においても，遊水地，堤防のかさ上げや水害防備林など，代替案を検討することなく，ダムを唯一の解決策として上流の木頭村に押しつけるのは利水と同様，環境正義に反するのである。

### 予防原則

　昭和47（1972）年の国連環境会議の前後，先進工業国の多くは深刻化する公害や自然破壊に対する環境法体系をつくり，その実行機関として環境省（庁）を設置した。予防原則は，1970年代のドイツで生まれた Vorsorgeprinzip に端を発し，その後の国際環境法の規範となった考え方であるといわれる[60]。国際的に見ると，予防原則は，昭和58（1983）年の第1回北海保護国際協定にはじまり，昭和62（1987）年のオゾン層保護のモントリオール議定書，平成元（1989）年の持続的発展に関するベルゲン宣言などを経て，平成4（1992）年の地球サミットのリオ宣言の原則15において，次のように謳われた。

　「環境保護のため，予防原則が世界各国にそれぞれの能力に応じて広く適用されなければならない。深刻な，あるいは不可逆的な損失の脅威がある場合に

は，十分な科学的確実性がないとしても，環境悪化を防ぐために費用効果の高い手段を遅らせてはならない」。

この予防原則は，換言すれば，確固とした科学的な証拠が得られたとしても，対策が手遅れになったら何の意味もない，したがって，科学的な証拠が十分ではなくとも，深刻な事態が予想される場合には，問題が大きくなる前に何らかの対策をとるべきだというものである。

リオの予防原則は，その後も，平成 6 (1994) 年のマーストリヒト条約で EU の環境と健康政策の指針とされ，平成 7 (1995) 年のフランスの核実験に関する国際法廷では議論の基礎に位置づけられ，1990年代後半の WTO でもホルモン牛の輸入禁止の根拠にされるなど，多くの国際法に適用された[61]。それでもなお，地球温暖化などの環境問題の進行には一向に歯止めがかかっていない。平成10 (1998) 年，欧米の32名の研究者，NGO メンバーらは，リスク・アセスメントや費用便益分析など現存の環境政策は新しい製品や技術を開発する側に有利であるとして批判し，新たな予防原則を世界に向けて宣言した[62]。それは，ウィングスプレッド宣言といい，リスク・アセスメントの考えすなわち「リスクは避けられないものであり，社会はそれを受容しなければならない。どの程度のリスクならば受け入れられるかということが問題である」とは異なり[63]，リスクを避けることを第一義にした次のような考えである。

「ある活動が人間の健康や環境に害を与える恐れがあるとき，たとえ因果関係が科学的に完全に証明されなくとも，予防的手段がとられなければならない。この文脈において，一般市民ではなく，活動を推進する者がその活動が無害であることを証明する責任を負うべきである。予防原則を適用する過程は透明性が高く，情報が公開され，民主的であること，被害を受ける可能性のある人々を参加させることなどが求められる。それはまた活動をおこなわないことをふくむ，考えられうるすべての代替案を検討するものでなければならない」。

ウィングスプレッド宣言は，リオの予防原則の科学的不確実性の承認にとどまらず，行為者の安全証明責任，市民の意思決定過程への参加，あらゆる代替案の検討もふくんでいる。起草者の一人，ピーター・モンターギュ（Peter

Montague, 2004) は,「リスク・アセスメントに基づく意志決定方法は, 誰でも, どんな会社でも, 彼らがつくった製品が第三者によって有害であることが証明されるまで, 法律の範囲内であれば, 何をつくってもよい権利があるととらえてきた。したがって, 問題が発覚してから, 有害であるかどうかの論争が何十年にもおよび, その間, 多大な努力と費用がかかる。つまり, 何らかの事件が起きてはじめて別の方法を考えるのである」のに対し, ウィングスプレッド宣言は問題の未然防止を重視した新たな意思決定方法であるとのべている。

　では, かつて世界でもっとも深刻な公害を経験した日本はどうなのだろうか。富樫貞夫 (2004) によれば, その象徴ともいえる水俣病の第一次訴訟において, 原告＝患者側は, 武谷三男の安全性の哲学から「無害の証明がない限り使用してはならない」という部分を引用し, チッソの安全確保義務違反を導き, 昭和48 (1973) 年の勝訴を手にしたという。その後, 二次訴訟, 三次訴訟と次々に水俣病裁判が提起されたが, その出発点だったのが第一次訴訟である。その経緯をしばらく富樫に沿ってとらえてみよう。

　第一次訴訟は, 後の国家賠償訴訟とは違い, チッソだけを相手方として, 不法行為による損害賠償を請求するものであった。原告＝患者側が加害者であるチッソに対して法律上の責任を問うためには, 民法上, 次の三つの要件を満たさなければならない。① 工場排水の排出行為と水俣病の発生との間に因果関係があること。② 水俣病の発生に対してチッソ側に故意または過失があること。③ 損害または被害の発生があること。当時, ①の因果関係については熊本大学医学部水俣病研究班がすでに解明しており, ③についても明らかであったから, 問題は②であった。それまで日本の法律学者は過失を予見可能性, すなわちあらかじめ被害の予測ができたかどうかということに求めていた。チッソは, 案の定,「工場排水から水俣病が発生することは予見できなかった。したがって, 法律上の責任はない」と主張した。富樫ら原告弁護団は, 予見可能性で争うと勝ち目はないと見て, 武谷の安全性の哲学を踏まえて, 安全性を基礎に過失を再構成し, それを安全確保義務違反として主張した。すなわち,「チッソは水俣工場の製造工程, 原料, 触媒などを独占し, 公開しなかった。

周辺住民は排水の危険性など知る由もない。つまり，チッソが排水を止めない限りは損害を被らざるを得ない。したがって，チッソには住民の健康を配慮した高度な安全確保義務が負わされており，それを怠った結果として被害を発生させたのであれば，チッソの過失といわざるを得ない」という考えを導いたのである。熊本地方裁判所は，4年近くにおよぶ審理の結果，原告側の理論を採用し，原告＝患者側全面勝訴の判決を下した。

武谷の安全性の哲学にもう少し立ち入れば，武谷（1967）は，政府側が衆議院科学技術特別委員会において「農薬中の水銀がどのようにして人体に入るかわからないので，水銀農薬の販売を禁止する考えはない」と答弁したことを取り上げ，「水銀農薬で，一人でも二人でも被害者が現れて，危険が証明される事態になったら，大変な事態になる」とのべている。その上で，「水俣病にしても，いまではどうやら工場排水の水銀が犯人らしいということを当局も認めたが，あのときの政府のとった態度も同じだった。工場から出た有機水銀がやがて魚に入り，人間に入る，というような，あらゆる因果関係を完全に証明しなくてはならない，というようなことになったら，それこそ，永久に実験や研究を続けても，解決なんかつかないし，証明なんかできるものではない。それを"危険が証明されない間は問題にしない"というのはもっとも非科学的な考え方である」と断言している。これは科学的不確実性を隠れ蓑に何の対策もとらない政府への厳しい批判であり，予防原則の出発点といえる。

武谷はまた，「裁判は疑わしきは罰せずだが，安全の問題は疑わしきは罰しなくてはならないということだ。公共・公衆の立場を守るためには安全が証明されない限りやってはならないのであって，危険が証明されたときには，アウトになっている」といい，環境問題を未然に防ぐためには（筆者注：推進側が）安全性の証明をしなければならないと指摘している。さらに，「安全を考える場合，いつも日本では，まず実施側のいわゆる専門家とか専門技術者たちの意見が，一番よく知っているという理由で大事にされ，彼らの"立場"ということは問題にはならない。これが日本の安全問題の最大の欠点である。安全という問題には"公共"の立場に立った人が当たらねばならないのである。現代の

安全の問題の中では、いつも"公共・公衆の立場"と"利潤の立場"の二つが対立している。したがって、安全を考えるには、公共・公衆の立場に立つ人の意見が尊重されなくてはならない」とのべ、意思決定過程への市民参加の重要性を示唆している。

こうして1960年代に提起された武谷の安全性の哲学は、リオの予防原則を超え、ウィングスプレッド宣言にも匹敵する、基本的人権と公共性を踏まえた予防原則の原形といえよう。もし、それが1970年に全面改正された公害対策基本法の基礎になっていれば、予防原則が1970年代のドイツから生まれたという定説を覆したはずである。それどころか、富樫が指摘するように、武谷の考えは「本来、もっと普遍的な性格をもったもの」であるにもかかわらず、残念ながら「まだまだ日本では定着していない」。水俣病の犠牲者に報いるためには、水俣病から教訓を学び、それを後世に生かさなければならないが、武谷の基本的な考えは依然として日本の環境政策に採用されていないのである。それに対して、Vorsorgeprinzip は、ドイツの環境法の基本原理となり、酸性雨、地球温暖化、北海汚染の問題へと適用されてきた。近年、アメリカでも、サンフランシスコ市やシアトル市などにおいてウィングスプレッド宣言を環境政策に取り入れようとする努力がおこなわれている。ジョエル・ティッカーとキャロリン・ラッフェンスパーガー（Joel Ticker & Carolyn Raffensperger, 2003）によれば、ウィングスプレッド宣言を具体化すれば、有害化学物質の禁止と段階的廃止、生分解性プラスチックなどクリーンな製品の開発と生産工程、何もしないことをふくむ代替措置の検討、有機農業の推進、製品化する以前のテストの実施などが考えられるという。

では、予防原則はどの程度有効なのだろうか。予防原則をウィングスプレッド宣言として、PCB の歴史を簡単に振り返って、確かめてみよう。

PCB の大量生産は昭和4（1929）年にアメリカではじまった。昭和11（1936）年、モンサントの前身ハロワックス株式会社のニューヨーク工場において数人の労働者が PCB に被ばくし、塩素ニキビを発症した。3人の労働者が亡くなり、遺体の検視の結果、そのうちの2人に重度の肝臓障害が見られた。ハロ

ワックスは早速ハーバード大学の研究者ドリンカーに調査を依頼した。昭和12 (1937) 年，モンサント，ハロワックス，GE（ジェネラル・エレクトリック），アメリカ公衆衛生部などの幹部が出席してPCB事故に関する会議が開かれた。席上，ドリンカーはPCBが肝臓障害を引き起こすことを動物実験から明らかにしたが，ハロワックスの社長サンフォード・ブラウンは「工場労働者に集団ヒステリーをつくり出さないことが必要だ」と強調した。ドリンカーの実験結果は公表され，職業医学会，労働規制，製造業者にPCBへの関心を喚起したが，政策立案者の注意を惹かなかった。もし，その時点でウィングスプレッド宣言が適用され，行為者の安全証明責任が問われていれば，今日，北極周辺で顕著に見られるように，クジラ，シャチ，シロクマなど海洋生態系の頂点にいる野生生物がPCBなどの残留性有機塩素系化合物（POPs）に高濃度に汚染され，それを食料とするイヌイットなどの先住民族もまた同じ運命にさらされるという事態は避けられたはずである。

1960年代後半，スウェーデンの科学者ゾーレン・ジェンセンは，PCBがあらゆる環境中に存在し，難分解性で生物の体内に食物連鎖を通して蓄積することを初めて警告した。その後，高濃度のPCBがアザラシの生殖系の障害のみならず，皮膚，つめ，腸，腎臓，副腎腺や骨格などにも損傷を与えることがわかった。昭和43（1968）年，日本でカネミ油症事件が起こり，西日本を中心に1万人以上の人々が塩素ニキビなどの症状に見舞われ，PCBの人間への有害性も公然の事実となった。それにもかかわらず，PCBの世界的メーカー，モンサントは，PCBの毒性に関する内部データを直隠しに隠しながら，PCBが海洋生物に与える影響はまだ不明であるとしてPCBに関する世界的な規模での調査の必要性を主張した。そのときにも，ウィングスプレッド宣言が適用され，科学的不確実性の承認に加えて行為者の安全責任証明が実行されていれば，PCB生産の拡大は防げていたに違いない。

1970年代になると，日本，スウェーデン，アメリカなど一部の先進工業国ではPCBの製造禁止などの規制がおこなわれたが，依然として変圧器のような閉鎖系での使用は認められ，東欧のいくつかの国々では大規模な生産が1980年

代半ばまでつづけられた。1980年代には，PCBが環境中で生物濃縮や生分解する時に変化し，元来のPCBより有害になるということもわかってきたというのに，である。人間の母乳がPCBに汚染されていることが明らかになったのもまた1980年代である。1980〜90年代にかけて，PCBによる子どもの発育障害が報告され，そのメカニズムも次第に解明された。子どもは発育期間であり，とりわけ子宮内あるいは出生直後は恒常性システムを確立する時期であるため，大人に比べてPCBに敏感なのである。このことは，PCBなど有害化学物質の危険性を判定する場合には，「被ばくの量だけではなく時期が大切だ」という新たなパラダイムを毒物学にもたらした。つまり，量に無関係に，時期が悪ければ一瞬の暴露といえども，一生にわたる被害を人体に与えうるということであり，閾値などありえない。したがって，PCBはどの程度受容できるかということを問題にするのではなく，危険を避けるにはあらゆるPCBの廃絶に向かわなければならないのである。また，PCBの世界的メーカーのモンサント社の度重なるPCBに関する真相の隠蔽やEPAとモンサントの癒着[74]なども明らかになり，意思決定への市民参加の重要性も合わせて考慮すれば，ウィングスプレッド宣言の正しさが導かれるのである。

その後，予防原則は，平成15（2003）年6月発効の生物多様性に関するカルタヘナ議定書や平成16（2004）年5月の残留性有機汚染物質（POPs）に関するストックホルム条約において，従来のような先導的な原理ではなく，実行可能な方法として組み込まれた[75]。しかし，いずれもリオの予防原則である。日本でも，環境基本計画の四つの指針の一つとして，予防的な方策が「完全な科学的証拠が欠如していることを対策を延期する理由とはせず，科学的知見の充実に努めながら，必要に応じ，予防的な方策を講じます」と謳われている。これもリオ宣言の予防原則を踏襲し，それさえも「必要に応じ」て講じる程度であり，不十分である。予防原則をリオからウィングスプレッドへと前進させ，政策に反映させるには，住民・市民のさらなる運動が求められよう。

環境正義の原則7は「意思決定のあらゆる段階，すなわち必要性のアセスメント，計画づくり，計画の実行，法律の施行，評価などにおいて，住民が対等

のパートナーとして参加することを求める」ものであり，ウィングスプレッド宣言にも意思決定過程に「被害を受ける可能性のある人々の参加」が盛られている。したがって，木頭村の細川内ダム計画に環境正義と予防原則＝ウィングスプレッド宣言が適用されていれば，ダム問題など存在せず，木頭村の人々は反対運動に費やした莫大なエネルギーを自らの生活のために向けることができたはずである。藤田村長は，このことに関して，「可能であれば，国に損害賠償でもしたいくらいですよ」と語気を強めたことが何度かあった。いよいよ，その藤田村長の登場である。細川内ダム反対運動は藤田村長に導かれ，最終章の第四期を迎える。

## 5　藤田恵村長2期8年間の闘い

### 1　原理——ダム反対の論理——

　藤田恵が第12代木頭村長に当選したのは平成5（1993）年4月14日であった。藤田新村長は，就任直後の『広報木頭』[76]において，村政に対する基本姿勢を次の三つにまとめている。① 細川内ダム計画の白紙撤回へ向けてあらゆる方策を講じるよう努力する。② 福井村長時代の"ダム抜き基本構想"をベースに，農林業，建設業，食品関係，繊維・観光関係，その他の地場産業の発展と教育，福祉，文化のバランスのとれた施策をめざす。③ 当面は，原則的に走川村長の諸施策を継承する。また，ダム問題に対しては，「ダムは，村の将来に大きな禍根を残すとして反対されている」との認識を踏まえて，「どうか，村長と議会（村民）が反対している限り，絶対にダムは造れない，造らせないのだということに自信を持ってください。その大きな根拠は，憲法で木頭村にも，自治立法権・自治行政権・自治財産権などが保障されており，国や県も勝手なことはできないからです」と，建設省や県のダム計画を白紙撤回する根拠として地方自治の重要性を説いている。

　平成6（1994）年1月，藤田村長は，『細川内ダムになぜ反対するのか』と

写真 2-7

1997年4月,無投票で2期目当選を果たした藤田恵村長　(撮影:不明,所有:藤田恵)

いうパンフレットを発行し,ダム反対の論陣を張った。それによると,ダム反対の論旨は,(1) 住民生活と川との間の不可分なつながりが歴史的に形成されたことを踏まえて,(2) ダム建設による川,生活環境,産業等の破壊をすでに設置された那賀川本流の3基のダムの状況から予想するとともに,(3) 細川内ダム建設の根拠の薄弱さを治水,利水の両面から科学的に検討し,その不当性を導くものである。しかも,(4) 木頭村議会は昭和51 (1976) 年以降,合計13回もの細川内ダム計画反対関連の決議をおこなっており,それを無視することは憲法で保障された地方自治を踏みにじるものであり憲法違反である,と明快にいい切っている。

　藤田は,以前から島津暉之が『技術と人間』で連載していた「水問題原論」を熟読し,同年7月,村長として島津を直接訪ねて,協力を要請した。上記の(3)は,島津の考え方を参考にしたものである。以下,パンフレットをもう少し詳しく見てみよう。

(1) 住民生活と川との不可分なつながり

　地形的に見ると、木頭村の集落は那賀川に沿って点在している。住民の多くは幼児の頃から那賀川で遊び、魚釣りを楽しみ、川にまつわる多くの思い出を大事にしている。那賀川は生活基盤である農林業と深いかかわりがあり、村民の誇れる資産である。那賀川の清流を利用して漁業協同組合がおこなっているアユやアメゴの放流は地域住民や釣り客に憩いの場を提供しており、美那川キャンプ場、高の瀬峡の紅葉などと並び、木頭村にとって欠くことのできない観光資源でもある。

(2) ダム建設による川、生活環境、産業等の破壊

　ダムができれば、ダム上流には堆砂と粉塵公害の発生、下流では侵食が進行する。堆砂は河床を上げるため、上流部での洪水の危険性が増し、浸食は河岸の崩壊を招き、洪水時、川の決壊を起こりやすくする。また水質汚濁と魚類・水生生物の枯渇も引き起こされ、沿岸漁業の衰退はもとより、慣れ親しんだ美しい景観の著しい破壊となる。このことは長安口ダム、川口ダム、小見野々ダムでの上下流域の環境破壊や水質汚濁の様子などから明白である。ダム工事が一時的な繁栄に終わり、その後の急速な衰退、他の産業に与える影響などについては小見野々ダムのときに経験してきた。自然はかけがえのない教材である。ダム工事によって自然が失われれば、未来の木頭を担う、人間性豊かな児童生徒、郷土を愛する児童生徒の教育は困難になろう。

(3) 細川内ダム建設の根拠の薄弱さ

　治水面でいえば、建設省の主張するように100年に1回の計画高水流量が仮にあったとして、マニングの公式に基づき洪水時の水位の高さを試算すると、細川内ダムがある場合はない場合に比べてわずか1メートル程度、上昇を抑えるだけである。つまり、現在の堤防高を1メートル嵩上げすれば、細川内ダムを建設しなくても計画高水流量を低下させることができるのである。利水面では、工業用水は過去10年間ほとんど増加しておらず、今後も大量に水を使用する時代ではなく、林業を振興し、広葉樹の森林を復元することが長期的に安定した水量の確保と地すべり防止につながる。

(4) 村議会でのダム計画反対決議と地方自治

　日本国憲法は第8章で地方自治を厚く保障している。憲法92条が「地方公共団体の組織及び運営に関する事項は，地方自治の本旨に基づいて，法律でこれを定める」と規定しているのである。細川内ダム計画については，昭和51 (1976) 年12月，村議会で反対決議をして以来，およそ21年の間に合計13回ものダム計画反対関連の決議をしている。これはまさに「地方自治の本旨」に基づくものにほかならない。しかし，国や県がこうした木頭村の意思をまったく無視するかのように，細川内ダム計画を推進しようとすることは憲法に違反するばかりか，地方自治を根底から覆そうとする暴挙である。

## 2　政策——ダム抜きの村づくり——

　藤田村長のダム阻止に向けての最重要政策は主として三つ考えられる。

　第一に，平成6 (1994) 年12月19日，ダム計画が環境権と自治権を侵害するものであるとし，『木頭村ふるさとの緑と清流を守る環境基本条例』（以下，環境基本条例）と『木頭村ダム建設阻止条例』（以下，ダム阻止条例）を制定したことである。第二に，藤田村長自身が，平成7 (1995) 年6月に建設省が設置を決めた細川内ダム事業審議委員会の委員就任を「委員の人選が知事によっておこなわれるのは公平性を欠く」として拒否しつづけたことである。第三に，『第三次木頭村総合振興計画（平成8年度より実施，期間平成17年度まで）』を策定し，平成8 (1996) 年4月，第三セクター食品会社「木頭ヘルシック（現・株式会社きとうむら）」を設立して，ダムに頼らない村づくりの第一歩を踏み出したことである。以下，それぞれについて論じたい。

### 環境基本条例，ダム阻止条例の制定

　「環境基本条例」は村民一人一人の環境権を謳い，「ダム阻止条例」は村の自治権を明確にしている。二つが相まって新たなダムの建設を許さないという内容になっている。

　「環境基本条例」は，前文において，「木頭の広大な森林と，その森林から

## 第2章　細川内ダム反対運動の展開過程

源を発する那賀川が村のすべて生命の源であり，それらを現在および将来の世代のあらゆる人々のために継承されるよう努めなければならない」と謳った。第4条では，「すべての村民は，その生命，財産の安全と健康な心身を保持し，快適な生活を営むための良好な環境を享受する権利を有する」として，日本で初めて環境権を明確に表現した。第5条と第6条は，それぞれ村の責務と事業者の責務に関する規定で，環境を信託された地方公共団体＝村と環境に影響をおよぼすおそれのある事業者に対して，それぞれ環境保全と公害防止の責務を有するものとしている。第13条は，環境影響評価について，「村の環境に影響をおよぼすおそれのある事業をおこなおうとする者は，別に条例で定めるところにより，あらかじめ複数の事業計画を用意した上で，その環境に及ぼす影響の内容及び程度を個別に評価し，並びにこれらを相互に比較検討しなければならない」と規定した。第14条は，特定施設等についての措置として，「村は，村民の環境権の享受に著しい影響を及ぼすおそれのある特定の施設，事業等に関し，必要な規制の措置を講ずるものとする」とし，第4条の環境権に基づいてダムを白紙撤回させる法的根拠を与えるものといえる。

　「ダム阻止条例」は前文で村がダムに反対する理由を次のようにのべている。「ダムの建設が，美しい那賀川の清流とその源である豊かで広大な森林を失わせるだけでなく，ダムの堆砂等により水害の危険を増大させ，村民の安全で快適な生活をおびやかすからである。またダムはごく近い将来，堆砂等によりその役目を果たすことができなくなり，それはもはやコンクリートの塊としての廃棄物そのものになる。そしてなによりも，ダムの建設が，これまで自然と共に暮らしてきたわれわれ村民の生き方を変え，それが過疎化を進行させて村を衰退させることは，わが国での多くの実例がはっきりと示しているとおりである」。その結果，「村に巨大ダムはいらない。村は，将来の村民のためにも，美しい森と清流と共にこれからも生きていくことを自治権の主体として選択する」と主張するのである。第2条は「村は，ダムの建設が村の良好な環境を破壊し，かつ，村の過疎化を振興させるものであることにかんがみ，その建設を阻止するための諸施策を講ずるものとする」と村の責務を明記した。第3条は

ダム建設の届出，第4条はダム建設に関する調査，第5条はダム建設についての中止勧告，第6条〜9条まではダム建設関連地域の土地の指定や譲渡などにあて，事業予定者に対しては建設目的，建設計画などの届出を義務づけ，村長にはダム計画を監視させ，ダム建設の中止勧告の権限や事業予定者との交渉権が与えられるなど，村長を選出する村民の意思でダム阻止を実行することができるような仕組みになっている。第11条は，「村は，ダムの建設以外の方法による村の発展を図るため，他に条例で定めるところにより村づくりの地域振興策を定めるものとする」とし，村の将来の方向性がダム抜きの村づくりにあることを示した。第12条は，「村は，ダムの建設を阻止することの必要性について村民その他の者の理解を深めるため，シンポジウムの開催，広報活動等を通じて，ダムの建設が引き起こす自然的又は社会的影響に関する知識の普及，及び情報の提供に努めなければならない」として，ダム反対運動の根拠も与えた。

　平成6（1994）年12月16日，上記の二つの条例は定例村議会において7対1の圧倒的多数で可決された。その直後，記者会見した藤田村長は「ただちにダム阻止の実効性があるという短絡的なものではないが，自治権の主体としてダム建設を阻止するための手続きを規定した意義は大きいと思う。今後はこの条例で定めたことを具体化して，ダム阻止につなげたい。[77]」と話し，ダム計画における地方自治の重要性を具体化したとの認識を示している。それに対して，四国地建の原田彪河川部長は，「細川内ダムは必要な事業と考えている。計画を進めるに当たって地元と十分話し合いをすることが大切と考えており，今後もこの姿勢を継続して地元の理解を得たい」とのべ，計画の主体は国にあり，計画が進まないのは地元の理解が足りないからだという認識を表している。翌日の新聞各紙も条例案の可決に多くの紙面を割いたが，見出しを見るかぎり，地元紙と全国紙の間に評価の違いが見られた。地元の徳島新聞が「木頭村議会ダム阻止条例案可決　村長に中止勧告権」と中立的な見出しを出したのに対し，全国紙は朝日新聞が「村民ら歓迎の声強く」として村民をはじめ識者の好意的なコメントを載せ，読売新聞は「正しい主張している」，毎日新聞も「もう，強行はさせない」など，いずれも藤田村長のコメントの一部を引用し，条例が

画期を開いたとのニュアンスをこめた。

　藤田村長によれば，当初，ダム阻止を目的とした環境基本条例をつくり，そのなかに罰則規定を設けることを検討していたが，最終的に，条例の内容を理念的なものとすることとし，環境権を明記した環境基本条例を別に設けることにして，条例が二つになったという[78]。なお，これらの条例は，大阪弁護士会公害対策環境保全委員会所属の井口博弁護士の助言を受けて策定され，藤田村長が村議会に提案したものである。

### ダム等事業審議委員会への参加拒否

　平成7（1995）年6月末，建設省は長良川河口堰の運用をめぐる全国的な批判を受けて，全国から計画，建設中のダム・堰11ヶ所を選び，それらの見直しを図るべくダム等事業審議委員会を設置した。木頭村の細川内ダムも，北海道の沙流川総合開発，岐阜県の徳山ダム，徳島県の吉野川第十堰，熊本県の川辺川ダムなどとともに，その一つに選ばれた。しかし，藤田村長は，早くも同年7月14日の朝日新聞『論壇』の記事のなかで，ダム等事業審議委員会について次のような疑問を投げかけている。

　「数十年も前に計画された巨大開発事業も社会情勢などが激変し，環境破壊が限界に近づいている今日，見直しは当然だが，問題は同委員会の中身。まず，審議委員会のメンバーを知事が推薦するとなっているが，公平な人選と幅広い審議が保障されるとは信じられない。巨大予算を執行する建設省の意向を無視しては，都道府県の行政が立ち行かないのは常識だからである。審議中も計画は推進するとあるが，本気で見直しをふくむのなら，計画の凍結などは当然の帰結である。本当にチェックする気なら建設省と切り離し，内閣直属の委員会とすべきである。長良川河口堰の強行で，指弾を浴びた建設省の批判そらしとしか受け取れない」。

　同日，建設省はダム等事業審議委員会設置・運営要領を各地方建設局に通知した[79]。それによれば，同委員会では建設目的や事業内容が適切かどうかを答申し，事業者すなわち建設省がそれを尊重し，事業の継続や中止，計画変更の判

断を下す，というものであった。その通知には，細川内ダムの委員会委員は学識経験者4名，知事，関係市町村長2名，県議会議員1名，関係市町村議会議長2名の10名程度とするなど具体的な設置・運営方法も示されていた。それに対して，「ダム・堰にみんなの意見を反映させる県民の会」（代表世話人＝中嶋信・徳島大学総合科学部教授）や木頭村の反対同志会，守る会など徳島県内の住民・市民団体は，直ちに委員の選出と委員会の運営の公正さを求める要請文を県に提出した。8月4日，木頭村議会もダム等事業審議委員会について委員選任に公正を期すよう求める意見書を全会一致で可決し，県に提出した。建設省と県は，こうした動きを逆なでするかのように，同月21日から細川内ダムの必要性を訴えるためとして那賀川流域8市町村を対象に那賀川治水計画説明会を開くことを決めた。

8月18日，徳島県の宮城河川課長らは木頭村役場を訪れ，藤田村長に対し細川内ダム事業審議委員会の委員に加わるよう正式に申し入れた。藤田村長はしかし，公平な審議会とするためにも建設省以外の第三者でするつもりはないのか，審議委員会と建設省が下流市町村で開く説明会との関係はどうなるのかと質問し，就任への即答を避けた。[80]「ダム・堰にみんなの意見を反映させる会」の代表世話人＝中嶋信は，徳島新聞に対し「いわゆるダム・堰の専門家が，学識経験者のなかにふくまれていない。このメンバーで実質審議をするには，専門委員会の設置や公聴会の開催が不可欠だろう。また，県民にわかりやすい議論にするためには，審議委員会自体も公開すべきだ[81]」とコメントした。

8月19日，藤田村長は村議会・細川内ダム建設阻止対策特別委員会委員を緊急に村役場に集め，議論した結果，現状では審議委員会の「委員の半分は村が推薦するのでなければ委員には加われない。知事と村長との意見交換会を継続する。二十一日から阿南市など那賀川流域市町村に対しておこなわれるダム計画の説明会を中止する」の3点を県に申し入れることで合意した。同日夜，反対同志会，守る会，細川内ダム建設に反対する徳島市民の会など県内7住民団体は鷲敷町で会議を開き，審議委員会の委員の選出が公平を欠くとして県に再度抗議することを決定した。

審議委の設置をめぐる木頭村と県との意見の違いは大きく，こう着状態がその後，2年近くつづいた。しかし，平成9（1997）年3月5日，衆議院予算分科会において，亀井静香建設相が細川内ダムについて，「計画を牛のよだれのように引きずるわけにはいかん」と，計画の見直しもありうるという答弁をし，情勢は一気に流動化した。4月11日，藤田村長と円藤知事とのトップ会談が実現し，5月28日には，両者の2回目の会談が開かれ，藤田村長が示した審議委参加への8項目（表2-1）に対し，円藤知事が初めて前向きな姿勢を示した。6月6日，県はおおむね村側の主張に沿った内容の回答を藤田村長に提示したが，7月11日，木頭村は，県の回答を大枠では評価できるとしながらも，より具体的な回答を円藤知事に再要望した。8月6日，藤田村長と円藤知事との3回目の会談がもたれ，審議委の設置に向けて基本的な合意に達した。藤田村長は合意の理由として，8項目の条件にほぼ納得いく回答が得られたこと，亀井静香建設相が6月10日細川内ダム工事事務所を廃止させ，ダム建設をいったん白紙に戻すとの考えを示したことをあげた。

　8月27日，大阪本社の読売新聞は，朝刊一面トップに「細川内ダム建設　一時休止」という見出しをつけ，建設省がダム建設計画を初めて大規模に見直したことを伝えた。同日の毎日新聞は当時の村の様子を次のように報じた。「約30年にわたって建設省の細川内ダム計画に反対してきた徳島県木頭村に26日，"ダム計画一時休止"の知らせが届いた。村は"事実上の中止決定"と喜びをあふれさせ，同日午後には，反対の先頭に立ってきた藤田恵村長が広報防災無線を通じ"最終決着に向け全力を尽くす"と村民に報告した。人口2000人の過疎の村の"自治"を守る闘いに，勝利の終止符が打たれる日が近づいた」。朝日新聞は，「村をあげて"細川内ダム"計画に反対してきた徳島県木頭村では，"三十年来の悲願"と喜びを隠さない」としながらも，藤田村長は広報防災無線をつかって村民に経過説明をした後，「次は審議委員会で，中止をはっきりさせたい」といい，田村好村議は「国は金が無くなってきたから一時休止を決めたのだろう。完全な中止ではなく復活する可能性もあるから，有頂天になるわけにはいかない。ただ，村が望んでいる方向に国を追い詰めているのは確か

表 2-1　木頭村長の要望 8 項目と知事の回答

| 村長の要望 | 知事の回答 |
| --- | --- |
| ダム審議委の委員の半数を村が選ぶ。特に学識経験者は，環境学，社会学，民族学などの学者の中から幅広く委員を構成する。 | 審議委の学識経験者は，科学的な知見を持ち，公平で客観的な判断のできる人を推薦する。半数は木頭村長から申し出のあった人にする。環境学者などを含めた委員構成については具体的な人選を進めていくなかで協議していきたい。行政委員は，知事と県議代表，木頭村長，同村議代表の計 4 人のほか，流域市町村の首長が同議会議院の代表とする。選任は上・中流域町村と下流域市町の 2 地区に分け，両地区の委員を同数とする。 |
| 細川内ダム建設に関する国への最重要要望事項の取り下げと，審議委の設置運営に必要な額以外の予算を要求しないこと。 | 審議委の結論が出るまでは，建設推進要望はしない。ただし，審議委での審議に必要な調査やデータの取りまとめ，資料作成，審議委の運営に要する予算と那賀川水系を治水・利水・環境面から総合的に所管する単独事務所の設置は国に要望した。 |
| 建設省の細川内ダム工事事務所（阿南市）と県が設置した生活相談準備所（木頭村）は看板の架け替えでなく，完全な撤去を確認する。県の 1997 年度分の細川内ダム関連予算 6800 万円は凍結し，98 年度分も計上しない。 | 工事事務所を撤去してほしいとする村長の趣旨は建設省に伝える（6 月 10 日に亀井建設相が新年度からの廃止を表明）。県の生活相談準備所は，県と村との総合的な「行政相談窓口（仮称）」として改組したい。ただし，名称や設置場所，運営方法等は村の意見を十分尊重する。97 年度の県の関連予算は凍結し，98 年度以降は審議委の結論が出るまでの間は執行しない。 |
| 1995 年 7 月の県議会土木委で，県土木部長らが審議委の性格を「基本計画策定までの一つの手続き」などとした答弁は，「中止も含めて再検討する」という審議委を全面的に否定するもの。この答弁を取り消せ。 | 県幹部の発言は決して審議委の目的や役割を否定したものではない。審議委はダム建設を前提として審議する場でなく，那賀川全体の治水・利水・環境について，代替案も含めて幅広く審議する場として設置する。結果として，ダム建設の実施，中止，変更のいずれの場合もあることをあらためて確認する。 |
| 建設省が 1972 年度から細川内ダム関連予算として執行してきた約 50 億円の具体的な使途を水文調査や生活再建対策費などの項目別に明らかにする。県予算の使途についても同じ。 | 建設省の予算については，その趣旨を同省に伝える（7 月 31 日に四国地建から文書回答）。県の関連予算は文書で回答する（7 月 25 日に回答済）。 |
| 村内の公共事業などの締め付けをせず，村内業者の中にある不信感を払しょくしてほしい。国道 195 号の未改良区間（約 4 キロ）も早期に改良し，改良の年次計画を立て「何年後に完了する」と約束してほしい。 | 公共事業費は必要性や緊急性に配慮してこれまでも適切に執行しており，村から公共事業に対する要望があれば今後も十分意見を聞く。木頭村折宇から西宇の約 4.1 キロは，現在までに約 1.9 キロが改良済み。残る約 2.2 キロも，大型バスの通行が難しいなど緊急に整備を要する 6 カ所（約 700 メートル）は，村の全面的な協力を前提として今後おおむね 5 カ年程度をめどに整備し，その後，残る未改良区間も 2 車線化を目指して鋭意改良を進める。 |
| 審議委の全面公開を保証する。 | 審議委の判断することだが趣旨は理解できる。委員の 1 人として努力する。 |
| 審議委の結論は多数決方式で出さず，一つにまとまらなかったり異論が出たりした場合はそれらを併記する。 | 審議委の決めることだが趣旨は理解できる。委員の 1 人として努力する。 |

出典：徳島新聞，平成 9（1997）年 8 月 7 日。

だと思う」と慎重な態度を示したと伝えた。

　審議委に話を戻すと，その後，委員の構成をめぐって，藤田村長と円藤知事との間の溝が埋まらず，再び暗礁に乗り上げた。「双方が半数ずつの委員を選ぶことでは合意したが，行政委員の人選について"NGO（民間活動団体）などの地域住民を推したい"とする村と，"あくまでも公職にあるものに限るべきだ"とする県の主張は平行線をたどった。藤田村長はこれまで"ダム推進の立場を取る県に対して，日ごろから県との関係が深い行政関係者が真っ向から反対を唱えることは難しい"」と考えたのである。

　徳島県の吉野川第十堰の可動堰化計画についても，建設省のダム等審議委員会が設置され，何回かの会合がもたれたが，平成10（1998）年6月8日，計画容認の結論が出された。翌日の毎日新聞は，「行政委員が積極推進」という見出しを掲げ，6人の行政委員のうち5人が賛成したことを伝えた。行政委員は円藤知事以外に，県議会議長，徳島市長，徳島市議会議長，藍住町長，藍住町議会議長である。藤田村長は，「ダムの審議委の問題も第十堰の経過を見てからと考えていたが，非常に暗たんたる思いだ。村としてはこれを反面教師として今後の審議委の問題に対処したい」とのコメントを出した。藤田村長はその後も自説を曲げることなく闘いつづけ，平成12（2000）年10月13日，一度も審議委が開かれることなく，細川内ダム建設の完全中止を勝ち取ったのである。猪俣栄一（荒谷の源流を守る県民会議代表）は，後に，細川内ダム反対運動においてもっとも重要な役割を果たしたのは同志会と藤田村長であるとし，「藤田村長のボイコットによって，いつまでたっても審議委員会が開催できなくなり，その結果そうした状況に業を煮やした亀井静香が細川内ダム計画の中止を決断する大きな要因になったとすれば，（中略）藤田村長のボイコットは正解であったのだ」とのべている。

### 第三次木頭村総合振興計画（以下，ダム抜き振興計画）の策定と実践

　ダム抜き振興計画は，平成6（1994）年4月，島根大学教授・保母武彦の指導のもと，策定作業を開始したのであった。その後，村内8地区での集落座談

会の開催をはじめ，各種団体との意見調整，村内定住者や村出身の若者を対象としたアンケート調査，庁内調査，村外優良事例の視察などが実施され，村内有識者で組織された村長の諮問機関「木頭村総合振興計画審議会」にはかり，平成6 (1994) 年12月議会での議決を経て，定められた。その概要は『広報木頭』第210号に以下のように掲載された。

基本目標は「経済的に豊かであると同時に，本村の宝である緑と清流の自然環境とふれあいながら，精神的にもゆとりある生活を営み，なによりも地域の人間関係を大切にしていく」こととし，これを実現するため，次の三つの基本課題が設定された。① 安全・快適な村土の保全，② 過疎を克服する人口対策の推進，③ 福祉の行き届いた農山村ならではの豊かさの創造である。さらに，これらの課題を克服するために，村づくりをリードする主要プロジェクト事業として，次の4事業を推進することとした。① 産業振興による雇用・就業対策の推進，② 都市との交流，観光事業の推進，③ 高齢者保健福祉村の建設，④ 21世紀への基盤整備と環境の保全である。とりわけ，次の2点に力点が置かれた。第一は細川内ダムに依存しない村づくりの実践をおこなうことであり，第二は基盤産業としての農林業の振興である。そして，基本目標のテーマ「緑と清流・活力あるゆとりの里」を実現するには，村民各位の積極的な参加と提言を必要とすると住民参加が謳われた。

徳島自治体問題研究所（代表＝中嶋信）はダム抜き振興計画を以下のようにもちあげた。[87]

「この種の計画はコンサルタント会社に委託したり，職員の机上作業に任されたりする例が多いのだが，木頭村の場合は集落座談会などを積み上げて二年間かけて練り上げられているところに一つの特色がある。また，従来型の経済振興方策から抜け出して，"内発的発展"を模索していることも注目すべきだ。国や中央資本の開発に依存するのではなく，新たな産業や企業を"地元の資源や技術を活かし，地元の経営力によってつくりだす"地域振興戦略が追求されているのである」。

また，保母武彦は，自身の内発的発展論に基づくダム抜き振興計画について

次のような自信を示していた。

「私には島根県柿木村などで島根大学の先輩や同僚たちと一緒に開発してきた，農村振興計画の新しい方法論があったし，二年後に『内発的発展と日本の農山村』（岩波書店）としてまとめることになる"内発的発展論"があった。（中略）なかでも力を注いだのが産業振興計画である。ダム建設反対の意志を支える経済的な自信が必要だった。（中略）ユズとスギを村の"基盤産業"とする振興計画だった。村には，ユズとスギしか目立った資源はないのである。（中略）"本村振興の基本的考え方は，ダムに依存しない村づくりであり，自然と共生する産業経済の振興である。"このような明確な主張は"第二次木頭村総合振興計画"にはなかった。（中略）途中で，建設省サイドから，木頭村振興計画なるものが提示された。それは，およそ思いつくすべての公共事業を並べ立てた，いかにも"建設省らしい"計画であった[88]」。

こうして保母の産業振興重視の政策論が木頭村のダム抜き振興計画に反映されたのである。保母はしかし，その後の展開に次のような指摘をしている。「事業主体のない小さな村では，ユズ生産などの仕事おこしをおこなう第三セクターの設立も必要だった。ただし，この計画素案が最終段階にさしかかってから，あの"おからケーキ"工場の話が急浮上し，計画案のなかに入ってしまったのが悔やまれる。この計画は，大豆の生産がない村では地場資源活用型産業ではないのである。この異質な事業の混入が，その後，第三セクターの経営問題を引き起こしてしまった[89]」。保母が主導したダム抜きの振興計画を総括する前に，その第三セクター問題とは何か，主な出来事をたどってみよう。

ダム抜き振興計画は，木頭村議会の平成7（1995）年度の6月定例会に提案されたが，計画の中核となる第三セクター会社の経営への不安などから異論が噴出，同年12月定例会に再提案され，5：4の僅差で可決されるというものであった[90]。その時，久米登議長は議事進行を副議長に任せ，「抽象的で具体性にかける」「第三セクターは村単独ではなく隣接市町村と共同でやるべきだ」などと藤田村長を詰問した。ダム反対の急先鋒で，村議会議長として藤田村長を支えてきた久米登がその村長に反旗を翻したのである[91]。2人の関係は急速に冷

え，その後，村長支持の住民による久米のリコールにまで発展した。

　平成8（1996）年10月29日，第三セクターの食品製造会社「木頭ヘルシック」（社長＝藤田恵村長）の社屋披露祝賀会が開かれ，席上，大沢夫左二・村議会議長は，木頭ヘルシックの設立に奔走しながら，この日を待たずに自殺した藤田堅太郎助役の努力に触れ，「故人の遺志にこたえ，村おこしを成功させなければならない」と決意をのべた。藤田助役は，村長が地元の実情を訴えるため全国各地の集会に招かれ留守にするときは，村の実務をすべて任されていた。助役に加えてダム対策室長と企画室長も兼任し，「木頭ヘルシック」にも副社長として実質的な運営に携わった。そのため，ダム抜き振興計画をめぐって村長と対立する議員から攻撃の的となり，心労が重なり，自ら命を絶ったといわれている。幼なじみの藤田村長は「堅太郎さんほどの適任者が見つからない」といい，その後，助役のポストを4年以上も埋められず，役場内部の結束力の低下を招く結果となった。

　平成9（1997）年の村議会12月定例会において，藤田村長は，赤字経営がつづく木頭ヘルシックの再建のため，村のふるさと創生資金のなかから3億円を投入する考えを示し，可決された。その際，松本利夫ら3議員は，「なぜ役員を村関係者だけにしたのか。村のみで商品開発はできるのか」などとして支出に反対した。平成10（1998）年1月，「木頭ヘルシック」の株主総会の席上，藤田村長は，名前を「きとうむら」へと変え，村主導の事業展開を図った。しかし，同年11月には，累積赤字が4000万円に達し，金融機関からの借り入れが望めず，資金繰りに支障をきたした。「きとうむら」は存亡の危機に陥った。その窮地を救ったのは木頭村のダム反対運動に共感した村外の人々であった。「きとうむら」が2000万円を目標に全国の市民団体や村のダム反対運動の支援者に協力金の募集を呼びかけたところ，二ヶ月足らずの間に3000万円を越す寄付金が集まったのである。さらに，自然食品の宅配販売会社「らでぃっしゅぼーや」，大地を守る会，生活協同組合連合会グリーンコープ事業連合などが共同で「きとうむら」の製品の全国販売を開始するなど，支援の輪が全国に広がりはじめた。平成11（1999）年4月，藤田村長は，神奈川県在住の元衆議院

議員・小泉晨一と静岡県在住の店舗経営のコンサルタント日野雄策を「きとうむら」の取締役に迎え，販売不振のおからケーキの生産を縮小し，村の特産品の無農薬ユズや天然水，それらを生かしたユズ酢やジュースなどの商品化に乗り出すことを公表した。同年6月，「きとうむら」を支援する徳島市内の市民団体「よいしょきとうむら」など交流グループを通じて農業ボランティアを公募したところ，県外を中心に200人を超える応募があった。農業ボランティアは，それぞれのスケジュールに合わせながら，「きとうむら」の宿舎に泊まり，「きとうむら」と提携した農家の無農薬栽培のユズ園や大豆畑などで作業にあたった。「きとうむら」は，こうして全国の人々の共感と連帯に支えられ，創業5年目にして単年度決算ではあるが，黒字に転換する見込みがついた。しかし，それもつかの間，「ユズ皮事件」が起き，村内は混乱に陥った。

　平成12（2000）年12月23日，徳島新聞は，「三セクきとうむら　ユズかす大量に野積み」という見出しで，「きとうむら」が捨てたとされるユズの搾りかすについて徳島県環境整備課が調査に乗り出したことを大きく伝えた。その記事によれば，「ユズの搾りかすはスギ林のなかで幅30メートル，奥行き約12メートル，高さは最大で40センチメートルほどに広がり，周辺に民家はない。搾りかすは，昨年までは，複数のユズ農家の協力を得て肥料用に受け入れてもらうなどしていたが，今年は処理した量が多く，村長の親類が所有する山林で処理することにした。県環境整備課は"県としては撤去して原状回復するよう行政指導することになる"としている」というものであった。藤田村長は，県の指示にしたがい，年内にユズ皮の撤去計画を県環境整備課に提出し，その作業に着手していた。しかし，年明けの1月6日，事態は急展開する。県警が早朝の6時頃，唐突に藤田村長（「きとうむら」社長）宅に電話をして鷲敷署に出頭させ，午前8時頃，何の予告もなしに約20名の警官を動員して「きとうむら」の強制捜査をおこなったのである。その夜のTVニュースには突然の捜査に戸惑う「きとうむら」従業員の姿が映し出された。

　平成12（2000）年12月27日に作成された松本利夫村議の供述調書によれば，松本が警察に通報したことが書かれている。それによれば，「きとうむら」が

栩谷川沿いの山林にユズ皮を捨てているのを知り，「そんなところにユズの搾りかすを捨てられては，その付近で地下水を汲み上げて飲料水として使用している地元住民の健康を害し，悪くすれば生命にもかかわることでもありますし，私もその付近でアメゴなどの養殖をしていたので心配になり，地元住民に聞いてみましたが，今のところ特に変わった事はないということでしたが，今後の事を思うと心配になった」として，高石利一村議に相談をした。村議会の12月定例議会において，高石がユズの搾りかすについて質問したが，「藤田村長は事実を認めながらも，ユズの搾りかすは産業廃棄物ではなく肥料であるとして，その非を認めようとしなかった。したがって，法律を守る立場にある藤田村長がこうした悪質な行為をしながら，反省の様子を見せないので，警察が厳しく追求してほしい」というのである。しかし，現場を見た警察は「事件にするほどのものではない」という見解であり，とりあえず処理方法は県の指導を仰ぐように，ということで決着していた。[100]

松本は昭和49（1974）年9月，同志会を脱会したダム対策研究会のメンバーの1人であり，議会では藤田村長のほとんどすべての政策に反対してきた人物である。また，県警の指揮権をもつ円藤知事が細川内ダム建設をめぐり藤田村長と対立関係にあったのは前述のとおりである。平成7（1995）年1月13日の朝日新聞を紐解くと，両者の接点が浮かび上がってくる。つまり，「ダム容認派の"ダム対策協議会"会長の元村議（47歳）は昨年十一月，徳島空港で円藤知事と出くわし，空港内の別室に招かれて"村議選をやるように考えて下さいと言われた"」と書かれている。元村議（47歳）は松本である。なお，円藤は平成14（2002）年3月，徳島県発注の公共事業をめぐる収賄の疑いで逮捕，収監され，11月，東京地裁によって懲役3年，執行猶予4年，追徴金800万円の有罪判決を受けた。木頭村民が「（当局のやり方は）ダムが中止になった腹いせとしか思えんでか」というのも無理はない。[101]

藤田は，検察から起訴され，当初「5年以下の懲役もしくは1000万円以下の罰金又はその併科」と求刑されたが，平成14（2002）年4月15日に下された判決は無罪同然の「執行猶予付き罰金刑」であった。その量刑の理由は当然とは

いえ，次のように藤田に好意的なものであった。

「被告人藤田恵にあっては，元木頭村長として，ダム建設等公共事業に頼らない政策を実行し，地場の農産物の掘り起こしに尽力するなど，その評価は歴史が決定するところではあるが村政に多大な業績を残している。被告会社代表取締役としての報酬は全く受けておらず地場の農作物のボランティアーとして奉職している者である。さらに，本件は，証拠との関係からやむを得なかったにせよ，平成十三年三月末か四月下旬に予定されていた木頭村村長選挙（被告人藤田恵は立候補予定者であった）の約三ヶ月前の同年一月六日に捜査が開始され，約一ヶ月前の同年三月六日に起訴され，同月八日略式命令が発布されたという事実も認められる。（後述）」

法的には藤田の主張の正当性が認められたのである。しかし，「ユズ皮事件」は藤田に対するネガティブ・キャンペーンとしてあり余る効果をもたらした。藤田は平成13（2001）年4月8日の村長選において，860票対656票のおよそ200票の差で予想外の敗北を喫したのである。

筆者は，選挙期間の終盤，木頭村に滞在し，驚くべき光景を目の当たりにした。藤田の選挙カーが集落を回ると，地元の北川を除く集落では住民の姿がまったくなく，相手側の運動員の黄色のヤッケ姿だけが目に飛び込んでくるのである。最初はなぜ，彼らが目立つ格好をして，藤田の選挙カーを追跡し，携帯電話で連絡を取り合っているのかわからなかったが，後から住民に聞いて理解できた。彼らは，藤田の演説を聞く住民を見つけたら，それを選挙本部に報告し，あらゆるツテをつかって電話をかけ，藤田に投票しないよう働きかけるのだという。目立つ格好をしているのは住民らに自分たちの存在を知らせ，プレッシャーをかけるためであったのだ。藤田陣営は女性が多く明るい雰囲気であったが，相手陣営の選挙本部には女性の姿は少なく，異様な熱気に包まれて近寄りがたかった。しかし，夜になると，状況は一変した。藤田が出原や川切などの集落に行くと，お年寄りが薄暗い家々の軒先に出て，藤田が近づくと，「がんばってな。応援しとるけんな」と涙ながらに藤田の手を握るのである。同時期，NHK の取材クルーも1週間近く木頭村に入っており，こうした光景

を目にしていたはずである。しかし，それが映像としてテレビに映し出されることはなかった。

さて，話をダム抜き振興計画に戻そう。保母は，藤田の村長選敗北の原因の第一にダム抜き振興計画の実践が弱かったことをあげているが[102]，その原因については「今後の教訓として総括が必要」[103]というにとどまっている。しかし，筆者はダム抜き振興計画そのものに問題があったと考える。第一に，その計画が内発的発展をめざすものでありながら，田村も「あまり記憶になかったな」というように，保母の主導のもと，住民の主体的参加を欠いたまま半年間で作成されたこと。第二に，基本目標の最初が「経済的に豊かである」ことにあり，保母自身も「なかでも力を注いだのが産業振興計画である」とのべていることから，産業振興が最重要課題となり，住民の意識と乖離したこと。細川内ダム反対運動が近代開発への告発であることを理解すれば，保母のように「村にはユズとスギしか目立った資源はない」というのではなく，近代開発によって失われた木頭の豊かな自然の再生に目を向けるべきではなかったか。第三に，木頭村の産業振興を考えるとすれば，「きとうむら」の協力金や農業ボランティアの呼びかけに対する村外の大きな反響から明らかなように，市場経済での自治体間競争としてとらえるのではなく，木頭固有のダム反対運動への共感や連帯と関連させるべきではなかったか。

以上，まとめると，ダム抜き振興計画は，その策定過程において住民参加が十分ではなく，その中身も住民の内発性，地域の固有性に基づくものとはいいがたい。したがって，問題の所在は保母のいうように住民の実践の弱さということではなく，計画の策定過程と内容にあったのである。とはいえ，藤田が国や県に依存せず，住民悲願のダム抜きの村づくりに向けて総合振興計画を掲げたことは，それまでの村政とはまったく異なり，内発的発展をめざしたものといえるだろう。

### 3　運動──山村と都市との連帯──

藤田恵は，平成5（1993）年4月に木頭村長に当選以来，ダム反対運動の先

第 2 章　細川内ダム反対運動の展開過程

頭に立ってきた。その精神的支えはドイツの憲法学者イェーリングの『権利のための闘争』(小林耕輔・広沢氏生訳, 1990) の次の一説である。「世界中の一切の法は闘いとられたものである。すべての重要な法規はまず，これを否定する者の手から奪いとらねばならなかった」。藤田の登場によってダム反対の動きは全国にうねりのように伝わり，その結果，細川内ダム計画は，前述のように平成 9 (1997) 年 8 月26日，一時休止となり，平成12 (2000) 年11月28日，完全中止となった。こうした成果が得られた原因を藤田村長の誕生以降の運動面に探ると，主として次の三つのことが考えられる。

① 藤田村長の登場以来，県内のダム反対住民運動団体が統一して国や県など権力側の推進の動きを絶えずチェックし，反対の姿勢を貫いたこと。

② 藤田村長が県内外のフォーラムやアメリカダム事情視察などへ積極的に参加し，市民のみならず，研究者や国会議員に国のダム計画の問題点を具体的に示したこと。

③ 藤田村長がメディアに対しても絶えずダム問題を訴えつづけた結果，メディアとりわけ全国紙が関心をもち，その主張や動向を全国に数多く発信したこと。

以下，これらについて，新聞記事などを追いながら，もう少し詳しく振り返ってみよう。

### 住民運動団体の統一

平成 6 (1994) 年10月 1 日，木頭村の下流，那賀川の中流域に位置する那賀郡上那賀，相生（あいおい），鷲敷（わじき）三町の住民80人が集まり，丹生谷地区全域でダム反対を訴える住民組織「細川内ダム反対草の根同志会」を結成した[104]。同年11月18日，鷲敷町では同草の根同志会鷲敷支部設立総会が有権者数の過半数を超える1300人以上もの会員を得て，開かれた。鷲敷町の住民は，昭和48 (1973) 年 8 月の台風による那賀川の氾濫は長安口ダムの放流ミスが原因であるとして長安口ダム水害訴訟を起こしており，ダムの問題点を身をもって認識しているからだと思われる。平成 7 (1995) 年10月 1 日，反対同志会（久保長二会長），守る会（平

川誠会長）など村内の団体と，それに共感し，連帯する村外5団体すなわち細川内ダム反対草の根同志会（中川修会長代行），細川内ダム建設に反対する徳島市民の会（四宮文男代表世話人），細川内ダムに反対する那賀川下流域住民の会（大栗丸人代表世話人），細川内ダムを考える日和佐の会（山内満豊会長），木頭村のダム問題を考える海南の会準備会（岩田巍世話人）は細川内ダム建設反対県連絡会（以下，連絡会）を結成した。多くの小さな流れが合流して一つの大きな流れとなったのである。

　連絡会の第1回総会では今後の活動計画としてダム予定地での一坪地主運動や立ち木トラスト運動など9項目を採択した。[105] 立ち木トラスト運動は，地主から樹木を買い取った連絡会が仲介者となり，ダム反対の賛同者に1本1000円でオーナーになってもらい，木を切らせないことで開発を阻止しようというもので，立ち木購入者は平成9（1997）年3月末の時点で1527人にのぼった。[106] 連絡会は，立ち木トラスト以外にも，建設推進の動きがあると，その都度，建設省や県，阿南市などの自治体に対して抗議文や中止要請文等を提出するなど反対運動を粘り強くつづけた。主な動きは以下のとおり。

　平成7（1995）年8月4日，連絡会の準備会メンバーは県に対し，建設省が設置する予定の「ダム等事業審議委員会の公平な委員選任と運営を求める要請文」を提出した。[107] 8月24日，同準備会は，知事が審議会委員に選んだメンバーのうち，「那賀川下流域二市二町で組織する細川内ダム建設促進期成同盟会に属する那賀川町長と同議長，それに知事，県議会議長は，細川内ダム推進の立場。六人は公正な審議が保証される人選とはいえない」として，円藤知事に審議会委員の白紙撤回を求める意見書を提出した。[108] 平成8（1996）年2月29日，連絡会は，木頭村に県が設けている水没予定者の生活相談所の閉鎖などを求めて，県の次年度予算案のうち細川内ダム関連予算6800万円を取り消すよう，円藤知事と県議会に申し入れた。[109] 平成8（1996）年12月16日，連絡会は，住民の反対があり事業が進まないなか，予算請求をすること自体が不合理だとして，次年度の国の予算編成に向け，細川内ダム建設事業を県として最重点要望項目としていることを撤回するよう円藤知事に要望書を提出した。[110] 平成9（1997）

年1月29日，連絡会メンバーは阿南市を訪れ，「ダムは治水，利水のためというが，必要性を裏付けるデータが市民に示されておらず，不可解だ」として，同市など2市2町の首長らでつくる「細川内ダム建設促進期成同盟会」の解散を求める陳情書を野村靖市長あてに出した。[111] 同年2月24日，連絡会は，国の来年度予算でダム建設計画がこれまでの「事業費」から，「実施計画調査費」へと後退したのを受け，建設省細川内ダム建設工事事務所に対し，「調査事務所」への名称変更，相談連絡所の閉鎖などを要請し，再質問状を提出した。[112] その後，ダム計画の中止が現実味を帯びるなか，平成12（2000）年10月6日，連絡会は，建設省と県が設置しようとしていた「那賀川の課題と方向性を考える会」に対して，「細川内ダム事業の中止が検討されている時期にこのような会を発足させるのは，村をあげて計画に反対してきた木頭村民の気持ちを踏みにじる暴挙だ」として，会の撤去を申し入れた。[113] こうして連絡会は，推進側のあらゆる施策に対して，細川内ダム計画が完全中止になるまで監視しつづけ，その役割を全うしたのである。

### 藤田村長のフォーラム等への積極参加

細川内ダム計画が一時中止になる平成9（1997）年8月26日までの藤田村長の村外での主なフォーラム等への参加は以下のとおり。

平成7（1995）年1月26日，木頭村は，水源開発問題全国連絡会，長良川河口堰をやめさせる市民会議との共同主催によって，シンポジウム「公共事業をチェックする」を東京で開いた。同年2月15日，藤田は日本弁護士連合会公害対策・環境保全委員会主催のシンポジウム「川と開発を考える」に参加した。来賓として招かれたアメリカ内務省開墾局のダニエル・ビアードは基調講演のなかで，「合衆国ではダム建設の時代は終わった」[114] と宣言した。その理由として，アメリカの経済，社会の変化に加えて，「従来の手段より高度な資源管理方法，たとえば水の需要管理や節水の利点を認め，環境保護計画を全面的に組み込んだ多目的水資源管理を重視するとともに，高い代償を余儀なくされるような失敗を避けるため，あらゆる関係者が参加できる開かれた意思決定の仕組

みが重要である[115)]」とのべた。藤田は,「木頭村では, 昭和51 (1976) 年11月, 全村の住民代表からなる細川内ダム対策協議会が反対の結論を出して以来, 村議会でもダム反対に関する決議を約20年間に10回も採択し, その都度, 村民の強い意思として計画の白紙撤回を国・県に要請してきた。徳島県はしかし, 大阪弁護士会の環境公害部と村長が県の治山事業を批判したと邪推して, 村内五業者の指名を突然取り消し, 村内の一部を水没予定地区と一方的に決めつけて, 生活相談所の画策, 林道などの補助金カットなど, いわゆる行政圧迫をちらつかせている[116)]」と報告した[117)]。その後, 木頭村を訪れる国会議員が相次ぐことになるが, とりわけ新進党の草川昭三代議士(旧愛知2区)は平成7 (1995) 年6月3日, 同年12月15日, 平成8 (1996) 年6月19日の3回にわたり, 土井たか子衆議院議長に細川内ダム計画に関する趣意書を提出し, 国会の場で初めて細川内ダム問題を議論するきっかけをつくった。その際, 建設省が計画高水流量を過大に見積もるなど, その根拠のあいまいさが白日の下にさらされた。藤田によれば[118)], こうした国会議員を紹介してくれたのは, 社会党の政党役員を長く務め, 永田町の隅々まで知り尽くした中井富であった。藤田のメモによれば, 中井は藤田の闘いに共感し, 平成6 (1994) 年11月30日, 東京に出張中の藤田に電話をかけてきた。それが2人の最初の出会いであった。その後中井は藤田に労を惜しまず協力した。藤田の憶測によれば, 亀井建設相の「牛のよだれ発言」を引き出したのも中井を通して及川一夫参議院社会党国対委員が亀井に働きかけた結果であったという。

　本筋に戻ると, 平成7 (1995) 年10月19日, 日弁連人権擁護大会のシンポジウム「清流をわれわれの手に―河川行政のあり方を問う」が高知市内でおこなわれ, 530人が参加した。席上, カヌーイストの野田知佑は「ダムのある地域では, 補償金や振興策などで建設省にだまされた, という声をよく聞く」と河川行政を批判し, 藤田村長は「審議委の人選は公平とはいえない。ダムは村共同体を破壊する」と指摘した[119)]。10月28日から3日間, 第8回「森と自然を守る全国シンポジウム徳島大会」が県自然保護協会, 日本野鳥の会県支部などの手で開かれ, 250人が参加した。初代環境庁長官・大石武一は国立公園の自然保

護政策を批判し，藤田村長は「ダム建設は最大の環境破壊であり，ダムの時代は終わった」と訴えた。[120]平成8（1996）年8月2日，第12回水郷水都全国会議「川と日本―水と共存する社会をめざして」が徳島市内で3日間の予定ではじまり，全国各地で水問題に取り組んでいる800人の人々が川をめぐる問題について議論した。アメリカ南フロリダ地域水管理局のアウメン博士は「川と未来―21世紀に向けたアメリカの河川政策」と題した講演で，アメリカでの自然復元計画などを紹介し，「自然保護や復元について話し合うときは全関係者が集まり，最終的な目的は何かを明確にしたうえで話し合うこと。このとき専門家だけでなく市民にも議論に入ってもらうことが大切だ」[121]と締めくくった。徳島新聞は8月7日付の社説のなかで，「大会を通して痛感したのは，川の問題を考えていく際のキーワードは情報公開と住民参加であるとの思いだった」とのべている。[122]11月1日，2日には一級河川と同じ名称をもつ全国20市区町村の首長らが木頭村の下流の那賀川町に集まり，「全国川サミット in 那賀川」というテーマのもと，川との共生を探った。[123]

平成8（1996）年4月29日から5月4日にかけて，藤田村長は国会議員でつくる「公共事業チェック機構を実現する会」のアメリカダム事情視察に五十嵐敬喜・法政大学教授や鷲見一夫・新潟大学教授らとともに同行した。その成果は毎日や朝日などの全国紙に大きく取り上げられるとともに本としても出版され，脱ダムの正当性を印象づけた。[124]鷲見（1996）はその本のなかで，以下のように，アメリカにおけるダム建設の歴史について総括し，今日のアメリカの河川政策の転換を示している。[125]

今日のアメリカの河川政策は大きく転換している。開墾局の政策の方向性は，第一に大規模ダムを建設しないこと，第二に老朽化し，安全性に問題のあるダムは撤去すること，第三に，撤去にいたらないダムも一定の水量を下流に流すことである。陸軍工兵隊も，従来からの「洪水制御」のアプローチの限界を認め，「非構造的アプローチ」すなわち，「洪水管理」のアプローチへと方向転換をしはじめている。その背景には次のような要因が考えられる。第一に，1950年代のシエラ・クラブのエコ・パークダム計画反対運動をはじめとする環境保

護運動の高まりがある。第二は，昭和44（1969）年に「国家環境政策法」が成立し，また昭和48（1973）年には「絶滅の危機に瀕した種に関する法」が制定され，ダム建設に異議を唱える根拠となったことである。第三に，一般の人々の間に，魚釣り，ラフティングなどの水辺利用に関する権利意識が高まったことである。第四はダム建設におけるずさんな費用・便益分析に対する納税者からの批判，第五は連邦予算の政治的考慮に基づくばらまきに対する批判などが強かったことがある。

　平成9（1997）年3月20日，シンポジウム「川とむらの未来―今，細川内ダムを問う」が300人の流域住民を集め，徳島市内でおこなわれた。中嶋信・徳島大学教授をコーディネーターに，大熊孝・新潟大学教授，藤田村長らがダム問題を話し合った。[126] 河川工学者の大熊は「治水はある程度，川があふれることを念頭に対策を立てる必要がある」とした上で，河川法改正の動きのなかで，河畔林（水害防備林）の重要性が見直されていることについて「建設省が水害防備林で治水を進めて行こうと言い出したことは，将来的にはダムによる洪水調整を止めてもいいということにつながるのではないか」との見解を示した。[127] 藤田は，吉野川第十堰建設事業審議委について，「まだ専門学者の意見を十分聞いていないのに円藤知事がもう"可動堰がいい"といっており，審議委はやはり推進のためのお墨付き機関だ」と審議委のあり方を批判し，細川内ダム阻止への支援を訴えた。[128]

　こうして藤田をはじめとする住民・市民，研究者，政治家らがあらゆる機会を通して発言し，行動したことによって，国も河川法の改正に踏み切らざるをえなくなった。平成9（1997）年の改正河川法の特徴は三つである。[129] 第一は，従来「環境」という言葉が一語も入っていなかった河川法に第1条の目的として河川環境の整備と保全という語句が入ったこと。第二は，第3条の「河川管理施設」として，ダム，堰，堤防，護岸などの人工物に加え，「樹林帯」という自然物が追加されたこと。第三は，第16条に，河川の具体的な整備を進めるために，「必要があると認めるときは」，「河川に関し学識経験を有する者の意見を聞かなければならない」，「また公聴会の開催等関係住民の意見を反映させ

るために必要な措置を講じなければならない」と，不十分ながらも意思決定過程への住民参加を謳ったことである。

当時は，千歳川放水路計画，吉野川可動堰計画，諫早湾干拓事業などに対する住民・市民の運動も注目を集めており，大型公共事業そのものに対する批判が強まっていた。その結果，平成12（2000）年8月末，亀井静香自民党政調会長ら自公保連立与党の政策責任者会議は233件の公共事業の中止勧告を打ち出さざるをえなくなった。もっとも，233件の見直しといっても，事業名の公表はわずか24件だけであり，意思決定の不透明さは相変わらずであった。また，中止勧告のうち3分の1を超える事業はすでに休止中とされていて，そもそも予算がついていないこともあり，節約された金額は毎年の公共事業費（行政投資額）45～50兆円の1％にも満たないものではあった。

その後，公共事業費を中心とする公共投資関係費は，平成14（2002）年度，前年比10％削減され，平成17（2005）年度まで毎年3％以上削減されている。わずかとはいえ，公共事業費の削減がようやく緒についたのである。とはいえ，日本の公共事業費は，主要経費別分類において社会保障関係費，国債費，地方交付税交付金に次いで4番目の構成比をもち，国際比較をすると，アメリカ2.5％，イギリス1.3％，ドイツ1.6％，フランス3.0％に対して6.0％と突出している。[130] また公共事業費を歴史的に見ると，戦前は17.1％にすぎなかったが，戦後は40％から50％で推移しており，異常な高さといえる。

## 官主導の政策決定への批判的世論の形成

長良川河口堰問題，藤田村長の誕生，ダム等事業審議委員会の設置などを契機に，毎日，朝日，読売，日経などの全国紙は，地元の徳島新聞とは対称的に審議委員会入りを拒否していた藤田村長と木頭村の主張に共感し，建設省への批判を強めていった。なお，東京新聞は，藤田のエッセイを毎週1回，平成9（1997）年10月から12（2000）年4月までの足かけ3年間にわたり連載し，[131] 藤田の言葉を直接読者に届けた。

毎日新聞は，平成6（1994）年6月に「検証・那賀川」を連続5回にわたっ

て掲載し,全国紙としてはいち早く,木頭村のダム問題を村民の立場に立って報道した。平成7(1995)年11月から翌年2月まで計18回におよぶ連載「わたしの視点―ダム・堰を考える」では,「公共事業チェック機構を実現する議員の会」事務局長の高見裕一衆議院議員,水源開発問題全国連絡会(水源連,矢山有作代表)の遠藤保男事務局担当,日弁連公害対策・環境保全委員長須田政勝弁護士など,河川行政や公共事業の変革をめざす人々とのインタビューを通して官主導の河川行政の問題点を浮き彫りにした。また,川辺川ダムを5年間取材した福岡賢正記者は,ダム等事業審議委員会は事業を管轄する各地方建設局長のもとである以上,事業の中止や縮小などありえず,審議委のメンバーは推進派に偏り客観的判断が下せず,データを握る建設省の情報開示が十分ではなく透明性も望めないと指摘し,「今の審議委では何の解決にもならないばかりか,一層の泥沼化を招くだけだろう」と結論づけた。福岡記者はまた,平成8(1996)年,アメリカの河川政策を視察し,「米国はダムや堤防が投資の割には効果が上がっていないことに気づき,洪水危険地帯から人家を移したり家を高床式にすることで被害を避け,同時にその土地を洪水時だけ浸水する遊水地として利用して下流の洪水を軽減させるなど,人の暮らしを自然に合わせる方向に進んでいる」として,日本の河川政策の転換を次のように促した。[133]「日本の国と地方自治体が抱える公債は300兆円を超えた。米国をしのぎ,先進国中最大だ。このままでは子供たちの世代に巨大な借金をつけ回すことになる。公債の大部分は公共事業に絡んで発行されており,カネに糸目をつけないダムや河川工事が許される時代は終わった」。

　朝日新聞は,毎日新聞に比べて木頭村の報道記事こそ少なかったが,細川内ダム計画の浮上した頃から時折細川内ダム問題をまとめた記事を発信した。その後,藤田村長が登場し,審議委への不参加を表明してからは,河川行政のあり方ともかかわりながら木頭村の問題を全国に発信するようになった。平成7(1995)年は「主張・解説」と「細川内ダム　会計検査院の決算検査」[134]が代表的なものといえよう。前者では,ダム建設反対の住民組織や市民グループからなる水源連による国のダム等事業審議委員会への批判を踏まえて,行政の

チェック機構を早急につくるべきだと主張した。水源連の主要な批判とは，①事業者による見直しで，公正さが期待できない，② 事業推進の中心的役割を担った知事がメンバーを選ぶ審議会は事業追認の結論が見えすいている，の2点である。また後者の記事では，会計検査院が細川内ダム計画を調べたところ，昭和47（1972）年度の事業着手以来，昨年度までにつかった額はすでに約43億円にのぼり，事業の投資効果があがっていないと指摘したことを受けて，「これ以上傷口を深めないようにするためにもすぐに事業の中止を」という木頭村やダム反対団体の声を大きく取り上げている。[135] 平成8（1996）年に入ると，朝日は社説では異例のシリーズ「地球人の世紀」を企画し，地球温暖化や化学物質汚染などあらゆる環境問題を扱うようになる。3月28日付の社説「ダムの災いを見つめよ」は，国際的な問題としてダムをとらえ，歴史的視点から近代の河川政策の問題点を検討し，「ダムが国家威信をかけた文明のシンボルだった時代にそろそろ終止符を打とう」と主張した。4月29日付の社説「都市が守る上流の森」は，横浜市や豊田市が水道水の水源林の維持管理に費用を負担している事例を評価し，「森林の水源涵養機能には公益的価値があるにもかかわらず，市場はその対価を支払っていないから林業が衰退し，山が荒れるのである。したがって，正当な対価を支払うことによって森林を保全し，森林密度の高さを誇れるようにしたい」と訴えている。また企画報道室の岡村健記者は，平成8（1996）年1月9日の記者ノートに「ダム行政の流れを変える時」として，建設省の諮問機関・河川審議会の答申やシンポジウム「公共事業と政治改革」が官主導の流れを変える新たな動きであると評価し，河川法の改正と公共事業の見直しを求めている。岡村は，その後，直接木頭村に取材に行き，その成果を同年9月17日から19日までの「ルポ徳島県木頭村—ダムを拒む—」3回シリーズにまとめた。前2回を木頭村の細川内ダムをめぐる歴史と現状の報告にあて，最終回は「住民の自治権—官僚の圧力に条例で抵抗」と題して村と国・県との対立構造を描き出している。具体的には，「国や県の補助金が大きな比重を占める市町村財政の仕組みのなかで，補助事業をストップさせる。このような国の施策に従わない自治体の首を締め上げるやり方は，関係者の間で"行

政圧迫"と呼ばれている」として，岡山県の奥津町が37年間の苫田ダム反対運動に終止符を打つにいたる過程が次のように記されている。

「まず町営事業の起債が引き延ばされる。国庫補助事業の承認が放置される。やがてダムを組み込んだ県の地域振興計画が出来上がると，町がそれを拒否していることを理由に補助事業が凍結される。こうしてダム反対を掲げて当選した町長三人が，三年半の間に次々と任期途中で辞任に追い込まれたのである」。そして，こうしたことは木頭村でもはじまろうとしていると，岡村は危惧する。「例年なら五，六月にある復旧治山工事や国道の側溝工事の入札の多くが，年末にずれ込み，業者がきりきり舞いした。村が積算した今年度の土木，林務，耕地の工事予算総額が，九五年度の二十二余億円から十六億円に落ち込んだ」。このルポは次の言葉で締めくくられている。「木頭村の闘いは，官僚支配で硬直している社会を，正せるかどうかの実験である」。なお，朝日が社説「細川内ダム計画を撤回せよ」（平成9〔1997〕年8月2日）を出した直後の8月26日，細川内ダムの一時中止が決定した。

読売新聞では平成7（1995）年1月，細川内ダム問題を争点にした木頭村議選の直前，村民100人アンケートを実施し，村民の声を引き出した記事が出色である。それによれば，「細川内ダムに賛成か反対か」の問いには，「絶対反対」「基本的に反対」と答えた人が合わせて77人。「投票する人を選ぶ基準」との質問に，約半数の52人が「ダムに対する姿勢」とし，「選挙の結果がダム問題解決への大きな一歩」と認識する人が多く，「ふだんなら，地域や親戚などに配慮するが，今回に限っては"ダム"ですね」と絶対反対の男性（42歳）が語った。「最も不信感を抱く相手」には41人が県をあげ，建設省13人および村12人を大きく上回った。「細川内ダムが環境に与える影響」については「壊滅的」「深刻」と答えた人がそれぞれ35人。「あまりない」「ほとんどない」とした計8人を大きく引き離しており，清流が失われるとの認識では一致している。「問題解決の時期」では「少しでも早く」が66人，「時間がかかってもよい」の34人の2倍にのぼり，問題の切実さが浮き彫りになった。

上記の村議選の結果は反対派8名，柔軟派2名となった。国や県の話を聞こ

うという柔軟派はそれまでの1名から2名に増えたものの，ダム反対を掲げて立候補した9名の候補者の得票率は80％を占めた。藤田村長は自身の3年間の政策に確信をもつと同時に，議会では村議となった反対同志会会長の田村好と守る会会長の高石康夫に全面的支持を得たこともあり，翌年，無投票で再選され，細川内ダムの白紙撤回に邁進したのである。

　日経新聞のなかで目を引くのは藤田村長に注目した記事である。一つは平成8（1996）年10月28日，シリーズ「地域大変動」第4章住民の反乱(4)の記事である。「闘う首長，自治問い直す」として，沖縄県の米軍用地や新潟県巻町の原発計画だけでなく，ダムや産業廃棄物処理場建設においても国や県に立ち向かう首長がいるとして，岐阜県御嵩町（みたけちょう）の柳川喜郎町長とともに紹介されている。二つ目は平成9（1997）年7月22日から25日まで計4回連載された「人間発見」というインタビュー記事である。それは細川内ダム問題や国・県による行政圧迫などにとどまらず，藤田村長そのものの魅力を最大限引き出している。藤田は少年時代を振り返り，「天秤担ぎがきつかった。牛小屋を掃除し，牛のふんと尿とわらがベタベタになった肥料を畑まで運ぶ。今風には有機農業というところになるが，臭くて重かった。秋の日が沈むころの肥運びは，子供心に哀れだった。あのころの忍従を思えば，何をやっても我慢できる」と語った。また，その人生で転機となったことについては，「えん罪を訴え続けた免田栄さんと酒席を囲んだことがある。獄中三十四年，明日は処刑されるかもしれないという死の恐怖との闘い。なぜあれほど頑張れるのかと思った。少年時代の辛苦をなめた記憶と共に，あの時の感動がいまの忍耐と抵抗を支えている部分がある」と語った。最後に，「もはや清流をつぶしてダムを造る時代ではない。米国ではダム壊しが始まっている。人間は，自然と共生してしか生きる道はない」と将来社会のよって立つべき方向性を示した。

　こうして全国紙は木頭村内での出来事を伝え，藤田村長の主張に耳を傾け，その正当性を評価して，国の政策および政策決定過程の問題点を世論に訴えた。もう一つのマスメディア＝テレビで特筆すべきことは，四国放送が2度にわたり木頭村のダム問題のドキュメントをつくり，その解決に向けた世論形成に一

定の貢献をしたことである。

[注]
1) 徳島新聞,昭和46（1971）年9月17日。
2) 同上。
3) 朝日新聞,昭和48（1973）年5月23日。
4) 徳島新聞,昭和46（1971）年9月17日。
5) 『木頭』第105号（昭和47〔1972〕年9月30日）3頁。
6) 徳島新聞,昭和47（1972）年10月14日。
7) 朝日新聞,昭和48（1973）年5月23日。
8) 矢貫隆「ガロの住む村第4回リコールやらんか!!」NAVI（1995年）187頁。
9) 『木頭』第107号（昭和48〔1973〕年3月30日）。
10) 朝日新聞,昭和48（1973）年5月23日。
11) 『木頭』第108号（昭和48〔1973〕年6月1日）。
12) 『木頭』第109号（昭和48〔1973〕年9月15日）。
13) 徳島新聞,昭和49（1974）年1月24日。
14) 同上。
15) 丸山・田中によるインタビュー。田村宅,2000年9月2日。
16) 徳島新聞,昭和49（1974）年8月19日。
17) 徳島新聞,昭和49（1974）年12月9日。
18) 徳島新聞,昭和49（1974）年11月4日。
19) 徳島新聞,昭和49（1974）年11月28日。
20) 徳島新聞,昭和49（1974）年12月10日。
21) 同上。
22) 田村好がかなり細かなものまでも大切に保存しており,田村の好意によってすべての資料のコピーをいただいた。
23) 詳細は第3章において説明する。
24) 具体的には,当時の村民税の税率の決め方が,村から任命される民生員によって決められていた,ということであったという。田村は,伝統的な住民自治組織（詳しくは第3章）である「組」の会合などで住民同士がさまざまな情報交換をする際に,他の人に比べ自分の税率が不当に高いことがわかり,また,他の折宇地区住民からも,同様の苦情が出ていたことを聞いたという。
25) 徳島新聞,昭和58（1983）年7月26日。
26) 同上。
27) 徳島新聞,平成2（1990）年3月3日。
28) 同上。
29) 徳島新聞,平成2（1990）年6月10日。

30) 徳島新聞，平成 2 (1990) 年 6 月12日。
31) 徳島新聞，平成 2 (1990) 年 3 月20日。
32) 徳島新聞，平成 2 (1990) 年 6 月30日。
33) 徳島新聞，平成 2 (1990) 年 7 月 6 日。
34) 徳島新聞，平成 4 (1992) 年 9 月26日。
35) 徳島新聞，平成 4 (1992) 年10月 2 日。
36) 徳島新聞，平成 4 (1992) 年10月23日。
37) 丸山への私信。
38) 樺嶋秀吉「ダム反対に"勝利"した首長」AERA No. 26 (1997年) 53頁。
39) 丸山への私信。
40) 臼木弘・連絡会事務局長によれば，この立ち木トラストではインターネットをとおしての申し込みが多かったという。
41) 丸山によるインタビュー。2000年 9 月 1 日～ 3 日。
42) 宮本憲一『環境経済学』(岩波書店，1989年) 312頁。
43) Robert D. Bullard, "Environmental Justice in the 21$^{st}$ century", http://www.ejrc.cau.edu/ejinthe21century.htm
44) Environmental Justice Resource Center, "Principles of Environmental Justice", http://www.ejrc.cau.edu/princej.html
45) *Ibid.*
46) U. S. Environmental Protection Agency, Region 5 : Environmental Justice Initiative, History of Environmental Justice, http://www/epa/gov/cgi-bin/epaprintonly.cgi
47) Robert D. Bullard, *Ibid.*
48) Rachel's Environment & Health News #770, May 29, 2003 および Rachel's Democracy & Health News #833, December 15, 2005 によれば，改善はあまり進んでいないという。したがって，「ひとまず」と表現したのである。
49) NHK　BS1 海外ドキュメンタリー『すてられた放射能の島』，1999/11/21。
50) 同上。
51) 三輪妙子「ウラン採掘による放射能汚染に苦しむカナダ先住民の被害との闘い」原子力資料情報室通信292号 (1998年) 2-3頁。
52) 藤川泰志「インドのウラン鉱山で住民に深刻な被害——"ブッダの嘆き"が映し出す核の国の影——」原子力資料情報室通信311号 (2000年) 6-7頁。
53) 細川弘明「北オーストラリア，ジャビルカのウラン採掘による環境汚染と先住民族の権利侵害に日本の電力会社も加担」原子力資料情報室通信288号 (1998年) 5-6頁。
54) 風砂子・デ・アンジェリス「米カリフォルニア州ウォード・バレーの核廃棄場計画を阻止する先住民の戦い」原子力資料情報室通信295号 (1999年) 6-7頁。
55) 勝田忠広「原発の新・増設計画がまた下方修正に」原子力資料情報室通信360号

(2004年) 1-3 頁。
56) 沖縄タイムス，社説平成 8 (1996) 年 8 月 6 日。
57) 樋口健二『アジアの原発と被曝労働者』（八月書館，1991年）。
58) 資料「労働者被曝データ」原子力資料情報室通信364号（2004年）15-17頁。
59) 渡辺美紀子「長尾さんに労災認定　切り捨てられてきた原発労働者の救済を！」原子力資料情報室通信357号（2004年）1-3 頁。
60) 大塚直「予防原則・予防的アプローチ――法学的観点から――」環境と公害 Vol. 34, No. 2, Autumn（2004年）9-13頁。
61) Nancy Myers, "The Rise of the Precautionary Principle: A Social Movement Gathers Strength",
http://multinationalmonitor.org/mm2004/09012004/september04corp1.html
62) Wingspread Conference on the Precautionary Principle.
http://www.lakemerced.org/Plans/CompPlan/PrecautionaryPrinciple/wingspread_conference_o
63) Joel Ticker & Nancy Myers, "Precautionary Principle: Current Status and Implementation,
http://www/greens/org/s-r/23/23-17.html
64) Peter Montague, "Answering the Critics of Precaution, Part 1", Rachael's Environment & Health News #789, April 15, 2004.
http://rachel.org/bulletin/index.cfm?St=4
65) 富樫貞夫「法創造に挑む水俣病裁判」原田正純編『水俣病講義』（日本評論社，2004年）163-179頁。
66) 武谷三男『安全性の考え方』（岩波新書，1967年）120頁。
67) 同上書，135頁。
68) 同上書，140頁。
69) 富樫貞夫，前掲書178-179頁。
70) White Paper "The precautionary principle and the City and County of San Fransisco" March 2003.
71) The Seattle Precautionay Principle Working Group, "A Policy Framework for Adopting the Precautionary Principle", January 2004.
72) Joel Ticker & Nancy Myers, *Ibid*.
73) Janna G. Koppe & Jane Keys, "PCBs and the Precautionary Principle".
74) The History of PCBs: When Were Health Problems Detected?
http://www.foxriverwatch.com/monsanto2b_pcb_pcbs.html
75) White Paper, *Ibid*.
76) 平成 5（1993）年 5 月 1 日。
77) 徳島新聞，平成 6（1994）年12月17日。

78) 筆者インタビューより。平成15（2003）年9月28日。
79) 徳島新聞，平成7（1995）年7月15日。
80) 徳島新聞，平成7（1995）年8月19日。
81) 同上。
82) 毎日新聞，平成9（1997）年6月11日。
83) 徳島新聞，平成9（1997）年8月7日。
84) 読売新聞，平成10（1998）年3月24日。
85) 毎日新聞，平成10（1998）年6月9日。
86) 徳島自治体問題研究所編『ダムを止めた人たち──細川内ダム反対の軌跡──』（自治体研究社，2001年）77-79頁。
87) 徳島自治体問題研究所『ガロの住む川──細川内ダム問題を考える本──』（自治体研究社，1996年）51-52頁。
88) 徳島自治体問題研究所編，前掲書87-89頁。
89) 徳島自治体問題研究所編，前掲書89頁。
90) 徳島新聞，平成7（1995）年12月23日。
91) 同上。
92) 読売新聞，平成8（1996）年10月30日。
93) 読売新聞，平成8（1996）年9月18日。
94) 朝日新聞，平成9（1997）年1月8日。
95) 徳島新聞，平成9（1997）年12月18日。
96) 毎日新聞，平成10（1998）年11月14日。
97) 徳島新聞，平成11（1999）年1月31日。
98) 徳島新聞，平成11（1999）年4月5日。
99) 徳島新聞，平成11（1999）年7月9日。
100) 玄蕃真紀子『山もりのババたち』（凱風社，2003年）52頁。
101) 同上書，67-68頁。
102) 徳島自治体問題研究所『ダムを止めた人たち──細川内ダム反対の軌跡──』（自治体研究社，2001年）90-91頁。
103) 同上書，90頁。
104) 徳島新聞，平成6（1994）年10月3日。
105) 徳島新聞，平成7（1995）年10月2日。
106) 徳島新聞，平成9（1997）年4月21日。
107) 徳島新聞，平成7（1995）年8月5日。
108) 朝日新聞，平成7（1995）年8月24日。
109) 毎日新聞，平成8（1996）年3月1日。
110) 朝日新聞，平成8（1996）年12月17日。
111) 朝日新聞，平成9（1997）年1月30日。

112) 読売新聞, 平成9 (1997) 年2月25日。
113) 読売新聞, 平成12 (2000) 年10月7日。
114) 日本弁護士連合会公害対策・環境保全委員会編『川と開発を考える』(実教出版, 1995年) 26頁。
115) 同上書, 25頁。
116) 同上書, 245-246頁。
117) 同上。
118) 丸山が藤田宅でおこなったインタビュー。平成17 (2005) 年7月27日。
119) 毎日新聞, 平成7 (1995) 年10月20日。
120) 毎日新聞, 平成7 (1995) 年10月29日。
121) 徳島新聞, 平成8 (1996) 年8月7日。
122) 同上。
123) 徳島新聞, 平成7 (1995) 年11月4日。
124) 公共事業チェック機構を実現する議員の会編『アメリカはなぜダム開発をやめたのか』(築地書館, 1996年)。
125) 同上書, 22-47頁。
126) 徳島新聞, 平成9 (1997) 年3月21日。
127) 同上。
128) 同上。
129) 内山節・大熊孝・鬼頭秀一・木村茂光・榛村純一『ローカルな思想を創る』(農文協, 1998年) 124-127頁。
130) 保母武彦『公共事業をどう変えるか』(岩波書店, 2001年) 15-16頁。
131) 『脱ダムから緑の国へ』(緑風出版, 2004年) にまとめられた。
132) 毎日新聞, 平成7 (1995) 年11月7日。
133) 毎日新聞, 平成8 (1996) 年8月20日。
134) 朝日新聞, 平成7 (1995) 年9月30日。
135) 朝日新聞, 平成7 (1995) 年12月16日。
136) 朝日新聞, 平成7 (1995) 年1月23日。
137) NNNドキュメント『村の反乱, もうダムはいらん』(1995/6/21) とNNNドキュメント97『木頭村, 闘う——ゼロに戻ったダム予算——』(1997/10/5) の二つである。いずれも制作は四国放送。

# 第3章 自然と人間の共生
―― 広義の労働とローカルな知識 ――

　第1章では，主として木頭村における戦後開発の歴史について，地方自治制度，国の林業政策，国土開発などを背景に描きながら概観した。その結果，木頭村の地域開発は藤田村長以前までは外来型開発であり，地域の発展にはつながらないとして，地域開発の原理としての内発的発展論を検討した。その際，従来の内発的発展論に環境正義を付け加えるとともに，産業振興を内発的発展の必要条件とすべきではないと主張した。

　第2章では，木頭村の人々が住民自治を根拠に展開したダム反対運動が国のダム計画を中止させ，河川法の改正，公共事業の見直しにもつながった過程を詳しく見た。細川内ダム反対運動はしたがって，内発的発展を実現するための運動であり，環境問題の解決を社会変革を求める運動すなわち環境変革運動であるとした。また，環境正義と予防原則を近年の環境変革運動から生まれた環境政策原理として検討し，それぞれに新たな知見を得た。

　本章では，日本の戦後開発の問題を普遍的にとらえるため，近代開発をグローバルな視点，すなわち南の途上国と北の先進工業国との間の問題として位置づけ，途上国の人々に世代を通して受け継がれてきた，自然に関するローカルな知識の今日的意味を探る。そして，再び木頭村に戻り，村民の生存基盤である地域での意思決定と社会紐帯，労働，そして労働を通して形成された森や川に関するローカルな知識に光を当て，その再評価をおこない，人々の伝統的な生活と開かれた自治のなかに木頭の未来を見出すことを試みる。

## 1　ローカルな知識と近代開発

　ヴァンダナ・シバ（Vandana Shiva, 1993）は，「緑の革命」に象徴される近代

写真3-1

助地区，蟬谷神社境内の苔むした石垣　（2005年撮影：大野洋一郎，所有：同）

の欧米から生み出された知識とインド農民のローカルな知識を比較し，欧米の知識が自然の有機的な関係をとらえきれず，それを破壊するのに対し，インドの伝統的な農林業は自然の有機的連関に基づき，持続的であるとして，ローカルな知識の優位性を明らかにした。なお，「緑の革命」は，1950年代以降，アメリカの研究者らがロックフェラー財団の支援のもと，小麦や稲などで在来種に比べて穀粒の多い種子＝多収穫品種を開発し，インドやフィリピンなど途上国の人口増加に対処する食料供給を可能にしたとされたプロジェクトである。立役者のノーマン・ボーローグは，「何億人もの人々を飢餓から救った」との理由から，昭和45（1970）年ノーベル平和賞を受賞した。しかし，1980年代になると，パンジャブ地方の畑では，地下水のくみ上げすぎによる塩類化や湛水などの現象が起こり，畑作のできない状況になった。「緑の革命」は一時的には大量の食料供給を可能にしたものの，長期的には環境に大きな負荷をかける

結果を招いたのである。また,ダニエル・ネトルとスザンヌ・ロメイン (Daniel Nettle & Suzanne Romaine, 2000) は,熱帯地方の生物と言語の多様性が近代開発によって失われつつある現状に危機感を募らせ,フィリピン,アフリカ,インドネシアなどの先住民族のローカルな知識が持続的に食料や生活に必要な道具をつくり出すための基盤であることを示した。

### ローカルな知識と経済のグローバル化

ヴァンダナ・シバ (Vandana Shiva, 1993) は,インドの伝統的農業と先進工業国主導の「緑の革命」との対比を通して,それらの本質的な違いについて,次のように指摘している。[1]

インドの伝統的農業のシステムは土,水,家畜,植物などの間の共生関係からなるのに対し,「緑の革命」農業は種子と化学物質などインプットとの統合と考える。伝統的農業システムは穀物,豆類,菜種油などの輪作であるが,「緑の革命」は対照的に遺伝子的に一様な作物の単一栽培である。伝統的農業では,たとえば,豆類を植えて窒素を土のなかに取り入れ,害虫の制御を作物の輪作のなかに組み込むなど,生産が生産性の条件を維持することにも寄与するが,「緑の革命」ではそれらが切り離され,土地とも結びついていない。インドでは,作物は伝統的に人間の食料のみならず,動物の飼料や土の有機肥料として栽培される。しかし,「緑の革命」では,動物や土などに利用されるワラを減らし,生態系を犠牲にしても,市場的な価値のある穀物の増収を優先する。したがって,「緑の革命」は,自然の有機的連関を損なうとともに,人間と家畜との共生関係をも破壊する。また,伝統的におこなわれてきた小麦,トウモロコシ,ミレット,豆類や菜種油など多様な作物の輪作が小麦と米の単一栽培に置き換えられるとともに,「緑の革命」によって生み出された小麦と米は在来種の遺伝的変異の多様性に比べると,きわめて限られた遺伝子ベースに由来するため,小麦と米の遺伝的多様性も失われるのである。

ヴァンダナ・シバ (Vandana Shiva, 2000) は,イギリス BBC 放送のリース・レクチャーズで講演をおこない,途上国の伝統的農業の豊かさを遺伝子組み換

えとの比較において示し，経済のグローバル化がインドの伝統的農産物加工を破壊し，知的所有権がインド農民から種子や薬を奪い，貧困へと追い込んでいる事態を次のように語っている[2]。

マヤの農民は1エーカーあたり2トンの小麦しか生産しないので非生産的だといわれているが，それ以外に，豆類，カボチャ，野菜や果物など多様なものを生産しており，それらを考慮すれば，1エーカーで20トンもの収穫がある。ジャワでは，小農が607種の作物を栽培しており，サハラ砂漠以南のアフリカ諸国では，女性が120の異なる植物を栽培している。FAOの調査によれば，小さくとも多様性に富んだ農園は単一栽培の大きな企業農場に比べて何千倍もの食料を生産できるという。生物多様性は，より多くの食料を生産するだけではなく，旱魃や砂漠化を予防する最善の方法でもある。したがって，世界が増加しつづける人口を持続的に養うには生物多様性を高めることであって，化学物質や遺伝子組み換え技術を強化することではない。女性や小農が生物多様性に基づく農業によって世界の人口を養っているのに，遺伝子組み換え技術と農業のグローバル化がなければ，世界の人々は生き延びられないとの宣伝が繰り返されている。あらゆる実験的データが遺伝子組み換え技術は食料の増産どころか，減産にさえいたることを示しているのに，飢餓を救うための唯一の実行可能な代替策だとして進められているのである。

インド人は食料を生で食べることはない。インドの農産物加工の99％は女性の手で，家庭レベルで，小さな小屋で，小規模におこなわれてきた。しかし，グローバリゼーションの圧力のもと，平成10（1998）年8月，「包装法」が成立し，包装されない油の売買は違法とされ，すべての食用油をプラスチックかアルミニウムで包装することが義務づけられた。その結果，小さな工場が閉鎖され，アブラナ，亜麻仁，セサミ，アメリカ・ホドイモ，ココナッツなど多様な脂肪種子の市場が閉ざされた。小規模食用油業の接収は1千万の家計に影響を与え，包装されたブランド品の小麦粉による小麦粉市場の独占は1億の家計に負担を強いている。食料システムのグローバリゼーションは地域の食文化の多様性と地域の食料経済を台無しにしているのである。グローバルな均質性が

人々に推しつけられ，新鮮で，ローカルで，人の手でできたものすべてが健康への危険要素とみなされている。人間の手が最悪の汚染物質であるとされ，人間の労働が禁止され，多国籍企業の機械や化学物質に置き換えられている。こうしたことは，世界に食料を供給するための処方ではなく，貧しい人々から生活手段を奪い，権力者たちに市場をつくり出すための処方である。

　近年，知的所有権の登場によって，バスマチ米，ニーム，コショウ，ターメリックなどインド固有の食料や薬品システムのなかに具体化された発明品には今，特許権が与えられている。貧しい人々の知識がグローバル企業の財産へと変わり，貧しい人々が何世代にもわたって品種改良を重ね，彼ら自身の栄養と健康管理を可能にしてきた種子や薬を市場で買わなければならないという事態にいたった。(中略)バスマチ米の場合のように，特許が種子や植物に与えられると，盗みが創造と定義され，種子の保存や共有は知的所有権を盗んだと定義される。綿，大豆，辛子などに特許をもつ会社が，農民を種子の保存を図ったかどで起訴し，農民が種子を保存し，隣人と共有してきたかどうか見つけるために探偵をやとっている。隣人と共有し，交換するという人間性や生態的生存の基礎ともいうべきことが犯罪と再定義されている。このことはインド農民を貧困へと駆り立てている。持続的であるために必要なことは，すべての生物種とすべての人間を保護し，多様な種と多様な人々が生態的過程の維持に基本的な役割を果たしていると認識することである。

　ここで再び，ヴァンダナ・シバ（Vandana Shiva, 1993）にもどり，インドにおける林業の伝統的生産様式と近代開発との比較も見ておこう。[3]

　あらゆる公的な造林プログラムは，世界銀行やＩＭＦなど巨額の融資と中央集権化された意思決定に基づくものであるが，二つの点でローカルな知識体系に反している。つまり，森林は地域住民にとって，多様な樹種からなり，食料や薬品を供給するものであるとともに，多様な社会的グループによって共有された財産であったが，公的植林プログラムは森林を換金可能な資源としてとらえ，ローカルな資源とグローバルな市場を結びつけようとするものである。また世界銀行の融資する社会林業プロジェクトは，林業を農業や水管理と切り離

して考える還元主義モデルに基づく，単一種，単一の商品生産プランテーションの好例である。インドでは，多くの種と個人ないしは共有の立ち木などからなるアグロ・フォレストリーがあり，乾燥地帯や亜乾燥地帯での農場の生産性を維持するために太古から利用されてきた。ホンゲ，タマリンド，ジャックフルーツ，マンゴ，ジョラ，ゴブリ，カグリなどが食料，飼料，肥料，殺虫剤，薪，小さな木材を伝統的に供給していた。それぞれの家の裏庭には苗木が植えられ，農民は皆，木や森をよく知っていた。しかし，社会林業プロジェクトの専門家は，ローカルな知識には価値がなく，"非科学的"であると決めつけ，ユーカリの苗木を次々と植えて地域固有種の多様性を破壊した。種子と専門家が外部から流入するともに，ローンや負債ができ，木材，土や住民が外部に出て行った。森林は，生きた資源として，土壌，水，地域住民の生命を維持していたが，何百マイルも離れたパルプ工場と直結する木の畑に置き換えられた。地域の労働も，かつては森林から収穫を得るものであったが，ユーカリの木をパルプ工場へと運送するブローカーや中間業者の仕事に代わった。ユーカリは水分をたくさん必要とするため，乾燥地域の水循環を破壊し，腐植土をつくらない。地域の人々はこのことをよく知っている。

### 途上国における近代開発と地域住民

ダニエル・ネトルとスザンヌ・ロメイン (Daniel Nettle & Suzanne Romaine, 2000) は，「世界は過去半世紀，驚異的な経済成長をとげてきた。しかし，それを手放しで喜べない理由が主として二つある」として，貧富の差の拡大と環境破壊をあげ，それらの構造について次のようにのべている[4]。

平成4 (1992) 年，世界の所得の上位20％の人々は下位20％の人々の150倍の所得を得ている。世界人口の20〜25％を占める経済的に貧しい人々の居住地は，熱帯または亜熱帯の言語的多様性のある小さなコミュニティで，多くの投資がなされる中央都市や首都から離れた場所にある。同年のリオの国連環境会議の目標の一つは，すべての国に Sustainable Development＝持続的発展のための原則の宣言に参加させることであった。問題の中心は，先進工業国の活動

を抑制し，途上国との間にある格差を是正するということである。先進工業国は世界人口の25％であるにもかかわらず，世界の資源の70％を消費し，温室効果ガスなど汚染の大部分を生み出し，主要7ヶ国は温室効果ガスの45％を排出している。50年におよぶ「開発」は，あまり効果がなく，多くの負の遺産をもたらしたのである。

　1980年代を通して，毎年，世界全体の森林面積の1％が失われ，1990年代に，その速度が加速された。森林の伐採は一時的に経済指標を押し上げるが，一度，現金化されると，二度と再び元には戻らない。森林は薪，果実，蜂蜜，薬，観光などを供給するとともに二酸化炭素を吸収し，土壌流出を防ぐなど多くの役割を果たしているが，将来世代は森林のない環境を受け継ぐことになるだろう。こうして，環境の価値は将来世代にとって，わずかばかりの経済成長のために永遠に減らされてしまうのである。たとえば，パプアニューギニアでは，多国籍企業が先進工業国での木材とパルプ製品への需要の高まりを満たすため，熱帯林を皆伐している。その結果，大規模な土地の侵食や栄養分の喪失などが起き，肥沃な土地の消滅，野生動物の絶滅，水質の低下なども見られている。資源の抽出が大規模におこなわれると，住民は一時的な仕事や商品などを手に入れたとしても，その後は，荒廃した環境，失業，移転などの事態に直面する。グローバル化された経済は，熱帯林が住民の物質的生活基盤＝生態系の中心であり，精神的生活基盤＝文化の中心でもあることなど何の考慮もしない。熱帯林を一度伐採すると，多様性に富んだ生態系を回復するのは不可能に近いが，森林の回復だけでも600年から1000年かかる。もし，植林がおこなわれても，地域固有種ではなく，マツやユーカリなどの外来種が植林される。

　パプアニューギニアで見られるように，森林が伐採されると，利益は森林にかつて暮らしていた人々ではなく，中央政府に吸収されるが，同じことは資源の採取にもあてはまる。ニューギニアには世界の2大銅山があり，1980年代は銅の輸出がニューギニアの輸出額のおよそ半分を占めていた。しかし，政府は地方の土地所有者に対して鉱山使用料の5％しか払わなかったため，土地所有者らが不満を募らせ，鉱山を閉鎖して鉱山開発による環境破壊の補償を要求し

た。その結果，平成元（1989）年から平成9（1997）年まで内戦がつづくことになった。こうして資源開発の恩恵は中心部が独占するのである。しかし，環境破壊のコストを払うのは周辺部の貧しい人々である。なぜならば，川からは魚の姿が消え，農園からは土が失われ，森の恵みも集めることができないからである。2大銅山の一つ，オーケー・テディ鉱山では，毎年3000万トンの選鉱くずと4000万トンの廃棄物質が川に流され，その結果，森林の破壊や野生生物の消滅などによって住民生活の物質的基盤が崩され，住民たちはかつての自給自足から，鉱山からの補償金に頼った暮らしへの転換を余儀なくされている。もし，地域住民が資源を管理していたら，環境破壊は起こりえない。それは，彼ら先住民族が自然と調和していく神秘的な力をもつからではなく，彼らは木材会社が森林を伐採して立ち去った後も，その場にいて，生計を立てなければならないからである。そのことが環境保全のインセンティブになる。

　ダニエル・ネトルとスザンヌ・ロメイン（Daniel Nettle & Suzanne Romaine, 2000）はまた，森林破壊が中央部に恩恵を与え，周辺部に貧困をもたらす理由として，以下のように一握りのエリートが権力を握り，その背後に先進工業国の援助政策があることを指摘し，伝統的開発の合理性に目を向ける[5]。

　IMFや世界銀行などの組織が周辺部の資源収奪に加担している。世界銀行は，ルワンダの除虫菊のプランテーションに資金調達したが，その際，大規模な森林破壊がおこなわれ，マウンテン・ゴリラを絶滅寸前にした。1970年代，世界銀行とアメリカ内部開発銀行は，アメリカのハンバーガー・チェーンのために100億ドルの融資をして，南米の先住民族の混合林や農業地を巨大な牧場に変えたが，牧場の維持は熱帯の気候には不適であった。

　1960〜80年代の開発政策は欠陥に満ちたものであった。先進工業国の政府とそれに関連した世界銀行などの諸機関が貧困の緩和には関心をもたず，国際関係と出資国の経済成長の向上に明け暮れたからであった。NGOなど，動機が明らかに利他的である場合でも，開発の名のもとに進められた政策は，環境保全も貧困の緩和も満たさないことがしばしばであった。たとえば，アフリカのコミュニティは，木がまばらに生えた小区画地に多様な作物をまばらに植える，

粗放的農業を伝統的におこなってきた。雨量が極端に少ないところでは、人々は主に動物を遊牧して生活していたのである。しかし、ヨーロッパの農学者は、それらを非効率的であると判断し、その代わりに、単一種の作物を大規模に耕作したり、遊牧せずに定住して家畜を育てたり、ピーナッツのような換金作物を栽培すれば、農民はもっと経済的に潤うという結論を出した。その後、何十年もの間、開発諸機関はアフリカの「遅れた」生産システムを近代化しようとしたが、逆効果であった。やがて、伝統的な生産システムがヨーロッパ起源のものより安全性、収穫量、持続性の基準において優れていることがわかった。耕作のために熱帯雨林を伐採する最善の方法は依然として手をつかって木の根を残し、木々の間で作物を育てることである。アフリカの人々が長い歴史のなかで獲得してきた農業は多様であり、その自然に最もよく適合した合理的なものだったのである。

　ダニエル・ネトルとスザンヌ・ロメイン（Daniel Nettle & Suzanne Romaine, 2000）は、言語学者として、次のように、言語教育政策の間違いにも言及し、生物多様性とその上に築かれた多様な言語を守ることが環境保全につながり、そのためには地域住民に権限を与えることが必要だと主張する[6]。

　欧米の援助政策は概してヨーロッパの言語を強化してきた。世界銀行とIMFは地域固有の言語が開発において果たした役割に言及することはほとんどない。次の世代を担う若い人々は、伝統的な知識は仕事につながらないから学ぶ必要はないと信じ込まされている。その背景には、昭和34（1959）年まで、先住民および部族民に関するジェノヴァ会議がグローバルな同化の影響を無理なく和らげることを目標としたこともあった。つまり、先住民や部族民の文化や言語を遅れたものとして、欧米の文化や言語に置き換えようという暗黙の了解が国際社会にあったのである。しかしながら、平成元（1989）年、その考えは180度転換され、先住民族の文化や民族そのものの保存が目標とされた。この転換には、ユネスコが1980年代を文化的発展の10年と名づけて推進し、平成5（1993）年を先住民族年としたことが大きく影響している。言語は知識のローカルなシステムと生活方法に密接に結びつき、生活方法はコミュニティが

資源や活動をコントロールしてきた場所に存続する。しかし，今までの開発行為は，人々を強制的に移動し，彼らの資源を一掃するとともに，彼らの生産と交換の様式を変えることによって，地域固有の生活方法や彼らが維持してきた言語を抑圧してきた。もし，言語を残したければ，開発の優先順位を変えなければならない。貴重な多様性を保存するには，そのような環境で生活し，その保存に利害をもつ人々の協力を求めなければならない。したがって，地域住民に権限を与えることが問題解決の第一歩なのである。

すでに見たように，木頭村でも，近代開発が外来型開発として進められ，多様な広葉樹からなった色とりどりの森が緑一色のスギになり，清流・那賀川もダム湖の連続する，流れのない無機的な川へと姿を変えた。木頭の自然は，国土計画に基づく近代開発の影響を色濃く受けて，有機的連関も生物多様性も失い，生命系の基盤や人々の精神的な拠り所としての役割を終えつつある。

### 広義の労働とローカルな知識

内山節（1988）[7]は，19世紀前半のヨーロッパの労働者たちの労働に関する問題意識を踏まえて，マルクスの労働概念をとらえ直し，広義の労働という概念を導き出した。

内山の議論の発端となったのは次のような問題意識である。

「現実に働いている者にとっては労働とはそれ自体が自己の存在である。労働とは人間が存在するための手段であるわけではない。それなのに現実の商品経済のもとでおこなわれている労働は一体何だ。賃金のために働き，経済的価値をつくりだす手段に労働はなってしまっている[8]」。

内山は，このように「労働をも自己の存在の一部として，すなわち労働存在としてとらえ，資本制経済のもとでの労働存在を拒否する立場をとった労働者たちと，労働を生産としてとらえ，資本制生産を将来の"自由の国"の基礎だと考えたマルクスとの，認識方法の違いは決定的である[9]」として，ヨーロッパの労働者たちの考えをマルクスと比較し，「マルクスにとって"自由の国"は労働からの解放が前提となっている。とすれば労働とは人間にとって，解放さ

第 3 章　自然と人間の共生

れなければならないような労苦を伴ったものでしかないというのであろうか」[10]と，マルクスの労働概念に疑問を投げかけるのである。

　内山はこうして，19世紀ヨーロッパの労働者たちが提起した問題を真摯に受け止め，考察を深めていく。

　「産業革命を経て資本制商品経済が展開していったとき，労働者たちを待ち受けていたのはいくつかの過酷な現実であった。長時間労働，低賃金，劣悪な労働条件，しかしそれ以上に労働者たちを苛立たせたのは，誇りをもつことのできない労働に従事させられることであった。命令に従うだけの労働，非人間的な労働者管理，そして自分の腕を生かすことのできない労働が彼らの前には広がっていた。（中略）このような苛立ちのなかから，労働者たちは労働が経済活動の一契機，商品生産の一手段になっているという現実を視野に納めていくのである。ここでは労働が目的になっていない。労働は人間から自立して展開する経済活動の一要素，一手段になってしまった。労働者は手段としての労働の世界に身を置くことによって，結果的に働いているに過ぎない。いつの間にか商品経済が主になり，労働が従になってしまったのである」[11]。

　内山は，再びマルクスを検討し，「マルクス経済学の意義は，労働力という実体のもつ価値と，それが労働に転化されたとき発生させる労働の価値が一致せず，その差が剰余価値をもたらすことを明らかにした点にある」[12]としながらも，「マルクス経済学の方法をもちいるかぎり，労働は（使用価値）と価値をつくりだす手段としてとらえられつづける」[13]とのべ，「労働自体の問題をとらえようとするなら，私たちにはマルクス経済学とは異なる新しい方法が用意されていなければならない」[14]という考えにいたる。つまり，内山は，「労働生産物のなかに内包されている使用価値とは，第一に労働によってつくられたものでありながら，第二にその労働生産物が消費者，使用者の手に渡されることによってしか姿をあらわすことはできない」[15]のだから，使用価値はマルクスが提起したように「労働生産物に内蔵されている固有の実体ではなく，労働者と使用者，あるいは労働過程と使用過程の交通のなかにあらわれてくるもの」[16]と考えたのである。

173

内山の思考はやがて労働の根源へと向かい，19世紀の労働者たちの労働の世界の本質を浮かび上がらせる。

　「第一に人間は労働によって自然を加工し，様々な労働生産物をつくりだしてきた。ここでは自然のなかに使用価値の源泉をみいだし，それに労働を加えて本物の使用価値をつくりだしていこうとする交通が成立していた。第二に労働のなかには人間と人間の交通が形成されていた。たとえば自然の生みだした素材が次々と人の手から人の手へと運ばれ加工を繰り返していく過程のなかに，たとえばひとつの仕事場のなかで何人もの人々が労働を展開していくなかに，(中略) 必ず人間と人間との交通は成立していた[17]。この自然と人間の交通，人間と人間の交通としての二つの交通の基礎にあるもの，それが使用価値であったのである。とすると前記した19世紀の労働者たちが"我らが労働"の世界にみようとしていたものは，この使用価値を基礎にして展開する二つの交通としての労働の世界ではなかったかと思う[18]」。

　しかし，「資本制商品経済は，この自然と人間，人間と人間の交通を，使用価値を媒介とした交通から貨幣を媒介とした交通に変えた。労働は商品という形態をもった貨幣を生産する行為に変わり，自然と人間の交通は自然を加工して商品＝貨幣を生産していく過程に，人間と人間の交通も商品＝貨幣の生産と流通の過程にあらわれてくるものでしかなくなったのである[19]」。

　内山はこうして，「自然と人間の交通，人間と人間の交通を成立させる人間たちの営みは，等しく労働であったはずである[20]」にもかかわらず，資本制商品経済においては「労働が経済のための手段にされていること事態が不思議なことなのである[21]」として，広義の労働を"自然と人間の交通，人間と人間の交通を成立させている人間の営み"とし，狭義の労働を"経済的価値をつくりだすための行為"と規定する。内山はついに19世紀ヨーロッパ社会の労働者たちに共感し，「この世界に商品＝貨幣によって生まれた関係の世界がつくりだされ，しかもそれが現実の社会の支配的な関係にまで高まっていったとき，何もかもが変わってしまったのである。人間的に働くことも，人間的に暮すことも，そして憧景も人間の精神も，大きな制約を受けるようになった。そのことを感じ

ていたから，彼らは貨幣を，人間の存在を疎外する最大の要素と考えていたのである」[22]といいきるのである。内山がいうように，「現代の労働を飲み込んでいく巨大な磁場は，商品経済がつくりだした関係の世界によって主導されている。だが，その半面において，そのことに支配されない労働存在の世界が残りつづけていることにも私は驚かざるをえない」[23]のだとすれば，途上国の先住民に代々受け継がれてきたローカルな知識はまさにその所産ではないのか。このような視点から，もう一度，ダニエル・ネトルとスザンヌ・ロメイン（Daniel Nettle & Suzanne Romaine, 2000）に戻り，インドネシアのバリ島における水管理のシステム[24]を見ることにしよう。

　バリの人々は主として水田耕作に依存しているが，そのためには火山の側面を削り海へと流れる大小の川から灌漑しなければならない。上流に堰をつくり，水をトンネル，水路，導水管へとわけるのである。その結果，一番標高の高い棚田でも水が適度に供給され，どの棚田も水が満たされるようになっている。この複雑な土木システムは1000年以上かけてつくられており，それ自体偉業であるが，それ以上に驚くのはバリの人々がそれを調整するためにつくり上げた水管理の社会システムである。

　バリの1年は雨季と乾季にわけられる。乾季の間，水はすべての棚田に同時に供給するほど十分ではないが，適当な計画が施されていれば，水の中断は米作に決定的な影響を与えるものではない。その計画とは，棚田があまり乾燥することなく，田植え，成長，収穫のサイクルが水の利用可能時期と一致するよう施されている。何百もの棚田が同じ小川の2，3の堰から水の供給を受けているので，このような調整は並大抵のことではない。水田の長期的な生産性は，絶えず水を満たすことではなく，満水と渇水を計画的に繰り返し，藻，バクテリア，土壌のミネラル成分のバランスを保つことによって最大化する。水田は，げっ歯類の動物，昆虫，バクテリア，ウィルスなど多数の有害小動物の影響を受け，大幅に生産量を減らすことがある。農民はある地域を休耕にし，水を貯めるか抜くかして，このような小動物の害を局地的にコントロールする。休耕のタイミングや期間は小動物の種類によって違う。しかし，近隣の農民が協力

しなければ，この休耕システムは有効ではなくなる。もし，水田の1ブロックが小動物の横行を和らげるために水を抜いて乾燥させているのに，隣のブロックが水を満たしていれば，小動物は簡単に移住し，生き延びて，もとの水田に稲が植えられるや否や戻ることができる。したがって，近隣の農民は小動物の害を避けるために，田植え，休耕，水の供給などを一斉におこなわなければならないのである。

バリの農民は，化学的な殺虫剤をつかわずに高い生産性を上げていることから，伝統的に水供給の調整をうまくこなしてきた。人類学者のステファン・ランシングは灌漑管理システムの鍵が水寺のシステムにあることを明らかにした。すべての大きな堰には寺があり，そこで下流の農民グループが集会を開くのである。農民たちは，寺の集会の場で，田植え，水送りなどを調整し，局地的な有害小動物の密度の知識を分け合い，農業にともなう一連の伝統儀式の計画を立てるのである。このことによってすべての農民が灌漑の正しいスケジュールを確認できる。このシステムを制御するためにおこなわれる計算結果は見事である。何十もの放水路，何百もの棚田があるにもかかわらず，それぞれのブロックが作物やサイクルの段階に適した水の供給を受け，すべてがうまくいく。

そのスケジュールは伝統的なカレンダー，ティカによって制御されており，その複雑さといったら西欧文化のどんなものをも圧倒する。バリの人々は別個の太陰暦をもっている。ティカは絶対的な時間を計るものではなく，多くの離れた農場の経営に関して同時のサイクルをたどるためのものである。ティカの期間は210日であり，その間に10の異なる週があり，その長さは1日から10日までさまざまであり，それぞれが同時に進行している。たとえば，今日は7日からなる週の第2週の3日目だが，10日からなる週（ラーササ）の最終日ともいえる，という具合である。ティカは異なるブロックに水を満たすべき時期を計算するときにつかわれる。野菜は105日間，5日に1日水を満たす必要があるが，これは5日からなる週の最後の日，クリウォンごとに水をあげることによって容易に実践できる。より長いサイクルの場合も，異なる週を交差することによって対応できる。3日からなる週の3日目と5日からなる週の5日は15

日おきに重なり，5日からなる週の第1日と7日からなる週の第1日目は35日おきに重なる。どんな間隔すなわちサイクルも，こうしてドゥカやカイェンの日は必ず一定の放水路を開けると規定すれば，維持できるのである。

　上記のバリの水管理の社会システムは，その複雑な土木システム同様，自然と人間との交通，人間と人間との交通を通して形成されたものであり，バリという場所に深くかかわっているため，ローカルな知識といえよう。換言すれば，長い時間をかけて，広義の労働から得られた知識体系，自然の多様性を受け入れ，それを前提として地域社会のインフラを整備し，協働の社会システムを構築したことから得られた知識の総体がローカルな知識なのである。このようなことを踏まえて，筆者は，ローカルな知識を「自然とともに生きる人々が場所の自然と地域社会を基盤とする協働的労働を通して獲得し，共有し，継承してきた知識」と規定し，内発的発展の「地域の歴史・文化」の中核に位置づけ，地域社会の未来を描く基盤と考える。無名の人々による歴史的所産のなかに人類社会の未来を見出すのである。

　では，木頭村の人々はかつて地域の自然や人間とどのような関係にあったのか。そこで得られたローカルな知識とは一体どんなものなのか。筆者らは昭和40年代以降自然が激変する以前に木頭村で成人を迎えていた人々の記憶に遺されたものを拾い集めた。

## 2　木頭村各地区における意思決定と社会紐帯

### 1　聞き取り調査の焦点

**対　象**

　昭和40年代にはすでに成人していた人々は，現在，少なくとも60歳代である。田村好，岡田争助，高石康夫，藤田恵など細川内ダム反対運動を中心的に担った人々もまた60歳代以上である。したがって，年齢的には，60歳代以上を対象としたい。また，木頭村といっても多様な地区からなり，1980年代以降，ユズ

写真3-2

北川本郷 (2000年撮影：小籔義一，所有：北川会)

栽培が水田を埋め立てておこなわれるようになる以前，稲作農業を主とした和無田，出原，南宇，西宇，焼畑農業が盛んであった助，北川，折宇，昭和30 (1955) 年以降，住民が転出しはじめ，昭和43 (1968) 年の集落再編事業によって消滅した南川筋（みながわすじ）の日早，宇井の内集落と栩谷筋（とちだにすじ）の中内（なかうち）集落の三つに大別することができる。したがって，以上の三つの地区を全部カバーできるよう，インタビューの対象者はそれぞれから少なくとも1名選びたい。

上記のことを踏まえて，インタビューの対象者は以下のように決定した。

① 稲作農業地区については，和無田の総代を2期経験し，現在，木頭村の伝統的織物である太布織りの伝承会会長として，地域文化の発展に力を尽くしている中川清（75歳）に話を聞いた。中川は四国電力の職員，木頭村役場の農林課長を経て，㈱木頭開発でコンクリート製造にかかわり，現在は製材所を個人的に営んでいる。② 焼畑農業地区については，子どもの頃から農林業に従事し，折宇の総代を1期経験した田村好（75歳）から話を聞いた。田村は，農林業を営みながら昭和47 (1972) 年から昭和50 (1975) 年まで細川内ダム対

策同志会・会長として活動し，平成7（1995）年から村議会議員を務めている。③ 南川筋の集落については，日早，宇井の内両方の集落で生活した経験をもち，昭和32（1957）年に和無田地区に移り住んでからも定期的に宇井の内を訪れている中山美由喜（68歳）に話を聞いた。中山は子どもの頃から農林業に従事し，40代，50代は土建の仕事をしたが，現在は森林組合の仕事を請け負い，山の管理をしている。④ 上記の3地区に加えて藤田恵の育った北川地区については，農林業に従事し，17年6ヶ月にわたって総代を任され，村教育委員，村議などさまざまな要職も務めた中村広知（78歳）に話を聞いた。

なお，参考のため，若い世代として，和無田生まれの中山裕美子（25歳），9歳から出原に移り住み，現在和無田に住んでいる大西玲（25歳），北川生まれの西田幸子（40歳）を選び，同じような内容のインタビューをした。

## 方　法

各人に用意した質問項目が書かれた調査票を配り，それを筆者が読み上げながら質問に答えてもらい，答えの内容によっては，その答えに対して筆者がさらに質問をしていくという方法で聞き取り調査をおこなった。なお，聞き取りの際に，各人ともに了承を得てテープ録音をおこなった。聞き取り調査の期間は平成15（2003）年2月から4月までであった。調査を進める過程において，2度ほど加筆・修正・削除し，改定した。したがって，各人に渡した調査票の質問項目は，若干違いがあるが，基本的な部分に大きな違いはない。

## 2　各地区（部落）組織とその活動——和無田，折宇，北川の場合——

### 地区組織の構造

各地区とも，総代以下，組長，副総代，会計，監査，また端伝寺の檀家をまとめる寺総代，各地区の神社の氏子をまとめる神社総代などを置き，地区組織の運営をおこなっている（図3-1）。各地区を代表する総代は，戦争中，「駐在員」として村政機構に組み込まれていた。総代は非常勤公務員のような形で役場から若干の手当が支給され，木頭村内の7地区の総代と，木頭村役場の課長

図3-1　現在の木頭村における地区組織概略図

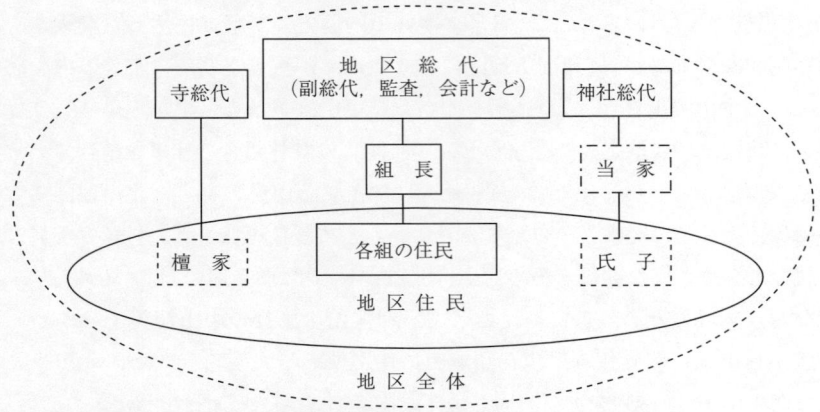

出典：和無田地区における地区組織を参考に筆者作成。

職以上の職員，村長とで総代会を開き，各々の地区の要望事項を伝えたり，地区内で何か事業があれば報告をした。総代の職務としては，かつては，役場の事務代行として回覧物を組長へ配布していたが，昭和40年代には，役場から直接組長へ回覧物が郵送されるようになり，仕事量が減少した。以下，和無田地区，折宇地区，北川地区の地区組織とその活動について意思決定と社会紐帯を中心にのべる。

和無田地区

　和無田地区は藩政時代から水田面積が広く，木頭地域一帯の総鎮守である和無田八幡神社を有し，明治以降，小学校や中学校，病院など木頭村全体の主要施設が配置されてきた。戦後，村内の中心地から離れた集落の住民らが移り住むようになり，出原地区とならび村内で最も宅地化された地区である。

　和無田地区の意思決定のプロセスは，組の住民で開く組会（または組の会）→地区内の各組長と総代で開く組長会→地区住民全員による総会という順序でおこなわれる。組長会は，地区全体で話し合わなければならない議題があるときに組長と総代によって開かれ，年末の総会では地区組織の会計報告や組長会

第 3 章　自然と人間の共生

表 3-1　木頭村内の地区名，地区戸数，および組名，組戸数（2003年現在）

| 地区名 | 地区戸数(戸) | 組　　　名 | 組戸数(戸) | 地区名 | 地区戸数(戸) | 組　　　名 | 組戸数(戸) |
|---|---|---|---|---|---|---|---|
| 助 | 71 | 中　　谷 | 3 | | | 4　　組 | 13 |
| | | 小見野々 | 6 | | | 5　　組 | 9 |
| | | 海川口 | 4 | | | 6　　組 | 12 |
| | | 林 | 7 | | | 7　　組 | 17 |
| | | 野田ノ尾 | 3 | | | 8　　組 | 8 |
| | | 大久保 | 3 | | | ヨシノ団地 | 4 |
| | | 冬　　口 | 14 | 南宇 | 63 | 下 | 17 |
| | | 藤 | 20 | | | 中 | 12 |
| | | 九文名 | 6 | | | 上 | 17 |
| | | 蟬谷 | 5 | | | 白久 | 17 |
| 川切 | 123 | 川切前 | 15 | 西宇 | 52 | 西バン | 14 |
| | | 川切後 | 17 | | | 東バン | 9 |
| | | サカモト | 12 | | | 北野 | 12 |
| | | カワシマ | 15 | | | 拝ノ久 | 1 |
| | | 旭団地（1） | 14 | | | 平　野 | 12 |
| | | 旭団地（2） | 12 | | | 住　宅 | 4 |
| | | 旭団地（3-1） | 11 | 折宇 | 82 | 栩谷 | 9 |
| | | 旭団地（3-2） | 12 | | | 畦ヶ野 | 4 |
| | | モリニシ団地 | 15 | | | 下モ番 | 10 |
| 出原 | 121 | クララ | 15 | | | 折宇谷 | 4 |
| | | ワダミゾ | 8 | | | 久留名 | 16 |
| | | テラモト | 14 | | | 土居野 | 15 |
| | | シモマチ | 12 | | | 菖蒲野 | 11 |
| | | マエダ | 12 | | | 六地蔵 | 13 |
| | | ウシロダ | 9 | 北川 | 98 | 拝ノ久 | 5 |
| | | 中 | 15 | | | 下モ伴 | 27 |
| | | 上　1 | 8 | | | 大城 | 15 |
| | | 上　2 | 8 | | | 蕨下 | 10 |
| | | 第1団地 | 12 | | | 藤中 | 24 |
| | | 第2団地 | 8 | | | 藤奥田 | 15 |
| 和無田 | 110 | 1　　組 | 14 | | | 日和 | 1 |
| | | 2　　組 | 22 | | | 平 | 1 |
| | | 3　　組 | 11 | | | | |

注：村内のほとんどの家がいずれかの組組織に所属しているが，全戸がそうであるというわけではない。
出典：田村好所蔵資料。

表3-2 和無田地区における戸数変化

| 年　　　号 | 戸　数 (戸) |
|---|---|
| 文化 9 年（棟付帳より） | 27 |
| 明治 5 年（1872年） | 23 |
| 昭和34 年（1959年） | 60 |
| 昭和48 年（1973年） | 144 |
| 平成15 年（2003年） | 127 |

出典：『木頭村誌』206頁，および木頭村役場・住民課より筆者入手資料。

の人事に基づいた総代の承認が地区住民にはかられる。和無田地区全体の集まりは，年末の総会のほか，初講(はつこう)とよばれる地区住民の新年会を1月1日に和無田の集会所でおこなっており，会費1000円，酒の肴などの食べ物はもちよりで，近年の参加者数はだいたい20人ぐらいである。

　和無田地区の総代の任期は1年であるが，同じ人物がつづけて何期かおこなうこともある。昭和33（1958）年以降の傾向としては，役場経験，事務経験のある人が総代職を請われることが多い。しかし，最終的には組長会において人事選考をおこない，話し合いで協議される。その他の地区住民をまとめる職としては，神社総代が2名，寺総代が1名おり，各々和無田八幡神社の氏子，および端伝寺の檀家をとりまとめる役である。

　神社総代は，和無田八幡神社の維持管理などをおこなう際の世話役である。和無田八幡神社の氏子は和無田地区，出原地区，川切地区におり，各地区から2名ずつ選ばれた計6名の神社総代に加えて，各地区の氏子からその年の祭りを執りしきる当家（トウヤ）4戸，計12戸が選ばれ，神社にかかわる行事をおこなう。その行事には，1月2日の矢開き，丹生谷地域の神社もちまわりの2月11日の紀元祭，7月15日の夏祭り，11月1日の秋の大祭などがある。現在の和無田八幡神社の祭りでは，その年の当家である"ホントウ"と，翌年当家となる"サキトウ"が祭りをとりおこなう。現在，ホントウ，サキトウともに祭りの雑事を仕切っているが，かつてはホントウの指示にしたがってサキトウが

写真 3 - 3

和無田神社の祭りの風景　（1955年頃撮影：不明，所有：株田玄治）

実務をおこなうということであった。また，サキトウが神輿をかつぎ，ホントウが御幣をささげる役をするなど，ホントウとサキトウの役割はわかれていた。祭りの2日ぐらい前から神社を掃除したり，神社に飾り付ける榊を切ったり，太夫（神主）の接待をしたり，泊り込むホントウのために風呂をわかしたりすることもサキトウの役割であった。こうしてサキトウとホントウの役が順送りで繰り返され，伝統文化が継承されていくのだろう。

　和無田八幡神社は，丹生谷地方でもっとも大きな神社の一つであるため，古くから，神社の補修や改修をおこなう際には寄進が村外からも寄せられている。アジア太平洋戦争時，中川が徴用で木頭村を離れるまでの記憶のなかにあるのは，出原地区と和無田地区の氏子のうち，14，5歳から30歳ぐらいまでの青年の所属した木頭青年会が，実質的な神社の行事を盛り上げていたことである。たとえば，子どもたちにお囃子を教えたり，祭りの当日，ダンジリを引いたりしていた。木頭青年会は，山を2町ほど所有し，昭和21（1946）年頃，山の木材を売却して得た費用で青年会館を建てた。昭和30（1955）年頃，国道195号

線の改修にともない，青年会館は移転されたが，その際，木頭青年会は，移転費を捻出するため，所有していた山を役場に寄付し，その後，木頭村の青年団に引き継がれたが，近年その活動は目立たなくなりつつある。

　寺総代は端伝寺がおこなう寺の各種の行事の際に檀家のお世話をする。和無田地区の端伝寺長性庵は施餓鬼（せがき）供養のときに使用されるが，檀家がそれ以外の寺関係の行事に参加する場合は直接端伝寺に行く。端伝寺長性庵は和無田八幡神社のすぐ傍にあり，「神社をお守りするのが寺の役目である」という人もいるので，長性庵の庵坊（アンボ）さんは神社の守り役も果たしていたかもしれない，と中川は推測する。アンボさんは少なくとも中川が和無田に移ってきた昭和33（1958）年には長性庵に常駐しており，その役割は，端伝寺のお坊さんとともに寺関連行事に出席し，お坊さんが忙しいときには葬式の代行もした。また，水田をもたず，利害関係がないということから用水の管理も任されていた。なお，庚申講やお大師講（筆者注：大師とは弘法大師のこと）は，和無田では昭和30年代初期にはおこなわれておらず，出原地区でもアジア太平洋戦争がはじまった頃にはすでに見られなかった。

　地区内での住民参加型作業としては普請（プシン）がある。水田に欠かせない用水の手入れは用水（木頭では，イデという）普請といい，地区内の共同利用の道路，山道，農道などの維持管理は道普請といって，地区や組を単位としたり，またはそれらを超えたりしながらも，自治的におこなわれていた。つまり，イデ普請，道普請など公共性の高い作業では，出役（デヤク）といって用水や道路をつかう家に公平に労働が割り当てられる。また，田んぼの苗植え，杉皮の屋根の葺き替え，山作のための山焼きなど，個人的な作業ではあるが，家族だけでは効率が上がらない作業では，手間換え（てまがえ）（木頭ではテマガイという）という，家族間ないしは親戚や近隣の者同士の間の相互扶助的労働が求められる。イデ普請と道普請の実際については藤田恵が北川地区大明地（おみょうじ）での体験に基づいて次のように記している。

　「水と道は昔も日常の生活や農業に欠かせないものであった。水は幅数十センチのイデとよばれる水路をつかって集落の近くの沢から家や水田の近くまで

第 3 章　自然と人間の共生

写真 3 - 4

北川地区藤用水改良通水式，1977年4月　（撮影：中村広知，所有：同）

引き，道は数十センチから1メートルほどの幅で人や牛が通った。今の水道や道路からは想像もつかない。イデと道の補修や管理をそれぞれイデ普請，道普請といい，すべてデヤクでおこなう，集落の重要な共同作業であった。イデ普請は，そのイデを利用している小さな集落ごとに春の田植え前に行われ，お年寄りから子どもまで総出の大仕事であった。子どもはフグツという藁やシュロ皮で編んだ背負い道具で赤土を背負って運んだ。女性は，イデ周辺の草刈りをしたり，腕ほどの太さで長さ約40センチほどの，片方を平たくした木製のツチノコという用具でペッタンペッタンと赤土をたたきながらイデの3面へ貼りつけたりした。男性は大きな鍬などをつかってイデを修理した。こうして皆が早朝から作業をはじめ，余程の大修理がない限り，その日の夕方には，めでたく水を通して田作りの第一歩をはじめたのである」。

## 折宇地区

折宇地区の現在の地区組織は和無田地区や北川地区と若干異なる。

昭和60 (1985) 年頃まで，折宇地区では，折宇谷，下モ伴，久留名，土居，菖蒲野，六地蔵の，六つの組の住民によって折宇会という地区組織がつくられていた。しかし，戦後，栩谷筋の中内集落と南川筋の日早集落，宇井の内集落の住民が集落を離れ，また畦ヶ野や栩谷の集落の住民数も減ったために，それまでは個別に地区組織を形成していた栩谷と畦ヶ野が，村役場から折宇地区組織に編入することを促され，昔から折宇地区を構成している六つの組とともに大字折宇会を結成することになった。しかし，畦ヶ野，栩谷の神社仏閣については，それぞれが歴史的に維持管理されてきたことを踏まえ，個々に管理することになった。こうして折宇地区の地区組織は，今日，折宇会と大字折宇会にわかれ，別々の会計と財産をもつ組織として運営されているのである。折宇会は集会所の折宇柚子センターの維持管理，六つの組を学校区とする北川小学校の運動会への寄付にかかわり，大字折宇会は大字全体の住民で結成されている消防団や消防施設の維持，村全体の運動会などの行事に関与している。

折宇谷は折宇の神社や庵などの地区施設がある中心からはなれた場所として考えられ，遠く離れた不便な場所という意味をもつヤサネ[25]とよばれていた。折宇谷の奥には折宇八幡神社の飛石境内があり，現在でも折宇八幡神社の祭りのときにはそこに行くしきたりがある。したがって，折宇谷はヤサネではあるが，折宇八幡神社を中心にした昔ながらの折宇の地区組織に組み込まれていたと考えられる。一方，畦ヶ野，栩谷にはそれぞれに神社または庵が存在し，それらを中心に独立した地区組織があった。田村と中山は，栩谷集落と中内集落は，かつて栩中（とちなか）とよばれ，それぞれに神社や庵があることから，南川筋の畦ヶ野集落をふくむ独自の地区組織があったと推測する。

折宇会の総代は，平成5，6 (1993, 4) 年頃までは投票で選ばれていたが，それ以降は年末にその年の組長と翌年の組長との話し合いで決められている。折宇会の総代は大字折宇会の総代をかねており，それらの総会は毎年1月の同じ日に時間をずらしておこなわれる。場所は折宇柚子センターである。それ以

外に地区全体の住民が集まることは夏と秋の祭りを除いてほとんどなく，また，そのような議題も近年はなくなりつつある。平成15（2003）年4月26日，折宇地区の地蔵庵が解体されたが，その作業は久しぶりに地区住民全体でおこなうものであった。地蔵庵は，昭和30年代半ば頃にいた庵坊（アンボ）さんの死後数年間折宇地区の住民が寺関係の行事のあるときに庵を開けることもあったが，それ以降つかわれなくなった。地蔵庵の解体については，平成15（2003）年1月10日の折宇会総会において，解体日時や解体作業にあたる住民または檀家の傷害保険についておおまかに決められ，実行されたのである。

　昭和22（1947）年頃，折宇地区の14，5歳から30歳ぐらいまでの未婚の男女は青年会に所属することになっていた。当時の折宇青年会は，40名ぐらいの団員からなり，折宇八幡神社の祭りなど折宇地区のさまざまな行事に参加し，活躍していた。神社の祭りのときにはダンジリを引いたり，子どもたちにお囃子を指導したりして，祭りを盛り上げた。折宇八幡神社の境内の盆踊りにも，率先して行事をとりおこなった。また，地蔵庵において12月31日に折宇地区全体の住民が集まり年を越す行事，"トシトリ"をするときにも，青年会の若者が浪曲や演説など一人一芸をしてみんなを楽しませ，自らも楽しんだ。その他，お祭りのときに神社の舞台で芝居をしたり，北川地区の神社の舞台で芝居をしたり，和無田青年団の芝居を見に行ったりもした。北川と折宇の青年会が合同で車のない時代に四ツ足峠を越えて高知県・物部村の別府地区へ行き，芝居を上演したこともあった[26]。芝居をするときは幕を張り，上演料を観客からもらい，芝居に必要な道具などを購入するのにつかった。当時の芝居は国定忠治や丹下左膳など，時代劇が主であった。青年会の芝居は，昭和28，9（1953，4）年頃までつづけられたが，やがて村を離れる若者が増えたため，折宇青年会はなくなり，木頭村全体の青年団に統合された。

　折宇会の「広義の労働」としては，イデ普請や道普請の他，折宇八幡神社や土居組にあった地蔵庵の維持・管理，修復などとともに，昭和37，8（1962，3）年頃に神社庁へ寄付するまで存在した部落林の下刈や手入れもふくまれる。部落林は下モ伴に1ヘクタール，八幡神社の裏に70アールぐらいあった。部落林

については，毎年，大きくなった木を伐採しては植林をおこない地区組織の財産として管理していた。下刈や手入れは組長会で相談して，各組から各自弁当持参で1人か2人のデヤクを出しておこなっていた。このようなデヤクには現在のようにデヤク賃は払われていなかった[27]。伐り出した木材で得た折宇会の収入は神社や庵の補修につかわれていた。なお，昭和37，8（1962，3）年当時，部落林が神社庁に寄付されたのには理由があった。昭和33（1958）年から34（1959）年にかけて，折宇地区の約70世帯中，10世帯が創価学会に入信し，神社や庵の維持管理のためのデヤクや寄付をやめるという事態が生じた。創価学会の10世帯は，宗教の自由という理由から折宇会の神社や庵（寺）関連の行事[28]や寄付などを拒否したのである。したがって，折宇会の財産である部落林管理を見直し，最終的に部落林を神社庁へ寄付することにした。その後も，創価学会の会員となった10世帯は，氏子でないことを理由に神社の補修のデヤクに行かず，祭りのときの寄付もおこなわなかった。こうした状況は，昭和39（1964）年頃，折宇八幡神社，地蔵庵にかかわる事項や財産を折宇会から分離し，神社総代と寺総代を置くことによって解決された。

### 北川地区

木頭村の各地区は那賀川に沿って点在している。北川は那賀川最上流の地区組織であり，折宇の上流側，木頭村の中心地，出原，和無田からもっとも離れた地区である。現在，日和田，平の組組織はそれぞれ1戸となり，拝の久組も戸数を大きく減らしたが，下モ伴組の戸数は増えている。また，大城組のようにあまり変化しない組もある。

昭和40（1965）年までは，年末の各組長と総代との組長会によって，翌年の総代候補が選出され，それぞれ各組での承認を経て総代になるというシステムであった。総代は1名で2年任期であるが，それ以上に務める場合もある。現在の総代の選出方法は，昭和21，2（1946，7）年の投票を除けば，主に大字総会での話し合いでおこなわれる。総代の主な役割としては，神社の維持管理のために必要なものを組長と相談して購入したり，当家の順番について決めたり，

村と地区の間の連絡をとりもつことなどがある。総代が仕切って地区内で橋や学校をつくり維持管理したこともあったが，現在は県や村など行政がおこなっている。北川には，昭和20（1945）年頃までつり橋が11あり，小さな橋は組が管理し，那賀川本流にかかる大きな橋は北川全体で管理していた。

　神社総代は，3名で2月1日から2年任期であり，その役割は相生町にいる宮司さんに夏祭りと秋祭りのときに来てもらうよう連絡することであるが，現在，ほとんど総代が祭りをきりもりするようになった。かつては小さなお宮（神様が祭られた祠など）がたくさんあったことから，その維持管理の仕事も多かっただろうと，中村は推量する。寺総代も神社総代と同じく，3名で2月1日から2年任期で務める。その役割としては両玄庵(りょうげん)の管理，施餓鬼，護摩供養(ごまくよう)などのときの端伝寺の住職への連絡や北川地区内の檀家のお世話などがある。昭和40（1965）年頃までは庵坊さんがいて，その当時は集会施設もなかったため，地区の者は大晦日，お盆，縁日には庵に集まった。昭和50（1975）年，北川公民館が完成し，それ以来，大字総会など地区の集会は公民館で開かれている。なお，大字総会以外に地区全体の住民が集まるのが元旦の初講である。初講は平成元（1989）年頃までは各組ごとにおこなっていた。

　夏祭りは7月15日から20日までであり，最大の楽しみであった。15日―道普請，16日―氏神様（八幡）の宵宮（ヨミヤ），17日―氏神様のお祭り，18日石立(いしだて)神社宵宮，19日―石立神社の本祭り，20日―護摩供養という具合であり，冬祭りは11月22，23日である。当家は，北川では1代に1度，つまり1人の人（その家の家長）が1度だけ当家をおこなうという決まりになっていた。当家（ホントゥ）は2戸で，翌年の当家（サキトゥ）とととともに，4戸でおこなっていた。この習慣は昭和40年代までおこなわれていたが，現在は，拝の久，下モ伴，大城，蔭下，蔭中，蔭奥の六つの組をそれぞれ3等分して，当家としている。

　村長時代，北川に戻った藤田恵は当家の大変さを次のように描いている。

　「北川地区で当家といえば，夏と冬に同時に行われる北川八幡神社と石立神社の祭りの準備から後始末まですべてをボランティアでおこなう当番のことである。神社には大正時代以降の記録しか残っていないが，約百軒の氏子が2軒

1組となり当屋を受けもっていたことが記されている。かつては「一生に一度の大役」ともいわれ，私が中学生の頃に14歳年上の兄夫婦が近くの夫婦と2軒1組で当家となり，私もいろいろな手伝いをした。前年からサキトウとよばれ，当家（ホントウ）の見習いをしながら，翌年の祭につかう薪まで別に準備をするなど，2年がかりで相当の労力を伴う大変な役目だったと記憶している。近年は高齢化が進み，2軒1組では負担が重過ぎるので，6軒が一つの組となり当家を受けもっている。私も，平成10（1998）年に6軒1組で当家の仲間入りをしたが，宵宮の早朝から10数人が神社へ集まり，宵宮と翌日の本祭りの準備に追われた。女性は神様へのお供えものや食事の準備で，男性は祭りには欠かせない榊の調達に一苦労であった。長さ1メートル50センチ前後の榊を数十本も一度に山から伐り出すのは，四方が山に囲まれている北川地区でも大仕事である。次は境内各所へ供えるしめ縄づくりである。短いもので約2メートル，長いものは数メートルと，両神社の本殿とその周辺の大型の祠のような十数体の神様や，大小の鳥居などへ飾る場所に合わせて30本ほどを手でなうのであるからかなりの苦労である。重い御輿を出して金具を磨き上げて飾り付けたり，大きな幟を長さ10メートルほどの太い孟宗竹の竿で立ち上げて飾ったりと，昔の方式からは大幅に簡略化されているが，夏祭りでも20種類ほどの作業をこなすのは容易ではない。冬祭りはさらに，だんじりに乗って太鼓を叩く「だんじり子」とよばれる10人ほどの子どもが祭りの1週間ほど前から夜間に神社へ集まって太鼓を叩く練習をはじめ，子どもたちへのまかないなどもあり，今も昔も当家が大役であることには変わりはないのである」。

　道普請は，昔から今日まで地区全体の住民が参加してきたもので，年に2回，夏には草刈をする。その際，宮や庵も一緒に清掃し，1戸につき1人がデヤクに出て賄っている。かつて，両玄庵や北川八幡神社が茅葺屋根であった頃，屋根替えを氏子や檀家である地区住民が共同でおこなっていた。しかし，昭和57（1982）年，神社の屋根を銅版に葺き替え，平成10（1998）年には両玄庵の屋根も銅版に葺き替えたため，現在はデヤクで屋根替えの作業をすることはなくなった。なお，昭和44（1969）年，売店・レストハウスの開設からスタートし

た高ノ瀬峡の観光開発は北川地区の住民組織がおこなったものである。北川の婦人会は昭和48（1973）年，高ノ瀬保勝会[29]を結成し，高ノ瀬で毎年10月半ばから約1ヶ月間売店や休憩施設を開店して，郷土料理のアメゴ寿司や柚子酢をつかったマゼ寿司，手づくりのコンニャク，手打ちソバなどをこしらえ，訪れる客をもてなしている。休憩施設や駐車場は村の事業として建設されたが，その維持管理，出店建設については高ノ瀬保勝会が担っている。

### 3 組の活動——和無田地区1組，和無田地区7組，折宇地区土居組，北川地区藤下組，南川の日早，宇井の内集落の場合——

組とは，昔から葬儀などのとき，手伝いをし，助け合いをおこなう住民組織の単位である。地区組織を構成する最小集落組織として，地区組織の会費などの集金もおこなう。また，役場とのつながりという点では，配布物，回覧資料，および各種募金の集金，和無田八幡神社や端伝寺への寄付などの集金をおこなう集落組織単位として存在している。なお，組の会合のことを北川地区の中村，折宇地区の田村，日早，宇井の内集落にかつて住んでいた中山は常会（じょうかい）といい，和無田地区の中川は組会（くみかい）という。

#### 和無田地区1組，7組

和無田地区は，戦後に宅地化が著しく，地区の人口増加とともに組数も増えた。昭和33（1958）年の4から平成17（2005）年7月現在の8に増加した。組長の選出については，1組，7組ともに1年交代の輪番制としており，その主な役割は役場からの連絡事項を知らせる回覧版をまわすこと，役場関係の各種集金（歳末共同募金，緑の羽根募金など），氏子や檀家の住民から和無田八幡神社や端伝寺への寄付を集金することなどである。組長の手当は，和無田地区組織に所属する全戸から200円ぐらいずつ集めて，その財源としている。

1組では，中川が出原から移った昭和33（1958）年当時から戸数があまり変わらず，10戸前後で構成されており，水田所有者が多く，他の組と比べて宅地化が進んでいない。平成5（1993）年まで組会（くみかい）とよばれる組の会合を年末に開

いており，平成12,3 (2000, 01) 年まで集金や配り物があるたびに組会を開いていた。こうした組会は，世間話をし，村の事情を知る機会でもあった。組長の選任は，1年交代の申し送りでおこない，不幸があった場合は順番を飛ばすという決まりであった。

　中山の所属する7組は，平成12 (2000) 年まで和無田の庵において，新年会を旧正月に会費1000円でおこなっていた。組長職はもちまわりで分担し，講組とよばれる葬式のデヤクにかかわる組織はヨシノ団地を除いた1組と2組，3組と4組，5組と6組，7組と8組がそれぞれ組み合わさったものである[30]。葬式の都合に応じて男性のデヤクもあれば女性のデヤクもあり，だいたい各家から男性，女性ともにデヤクに行く。中山の講組では，葬式で竹の箸を削る作業は昔ながらにおこなわれているが，土葬から火葬に変わるとともに，以前はデヤクでつくったり，大工に頼んでいた葬儀用の道具も今では購入できるようになり，デヤクの作業は減ってきた。日早，宇井の内をふくめ，家の建て替え，屋根の葺き替えは組のなかでのテマガイが中心であった。しかし現在，組でおこなうのは葬式と祭りぐらいである。

### 折宇地区土居組

　土居組も和無田1組と7組同様，組長は1年交代のもちまわりであり，その役割も役場からの連絡事項を回覧版でまわしたり，募金や水道料金，折宇地区の自治組織の年会費を集金したり，折宇八幡神社の氏子や端伝寺の檀家から寄付等の集金をおこなうなど，同じようなものである。平成5 (1993) 年頃までは，新年会（初講）を組長の家で開いていた。組内の住民が亡くなったときの葬式のデヤクは現在でもおこなわれている。

　土居組は折宇地区の中心部にあり，折宇地区住民の集会場所，集会施設となる折宇八幡神社の境内および農村舞台，地蔵庵（2003年4月26日解体）が古くから存在している。また，昭和23 (1948) 年に土居組の住民がモノノケ（タヌキ）にとりつかれたとして2，3週間ほど騒動し，モノノケを鎮めるための鎮魂碑を地蔵庵敷地内に奉ったことがあった。したがって，お大師講や庚申講といっ

第 3 章　自然と人間の共生

写真 3-5

テマガイによる田植え，北川地区中屋　（1953年撮影：不明，所有：中村善光）

た信仰の集いが，折宇の他の組よりも遅い平成元年（1989年）まで熱心につづけられていた。お大師講は毎月20日に，庚申講は2月ごとに各家もちまわりでおこなわれた。講の開かれた家では，夕食を集まった者に振舞い，このとき，組の話し合いがもたれた。昭和30年代半ば（1960，61年頃）まで，男性は山仕事で山に何日間も泊り込むことがあったため，講は男性にとって組の住民とさまざまな情報を交換する楽しみの場所でもあった。

　講以外の集まりとしてはタイワイ（田祝い）とよばれるものがあった。組ごとに，組の全戸の田植えが終わった後，疲れをとり，田植えのときにつかった道具を洗ったり，川で遊んだりするために仕事を休み，組の住民で集い，お酒を飲みながら語らう日のことである。土居組が菖蒲野組と同じ日に田植えが終わったときは，両組が一緒に田祝いをしたこともあった。土居組の田祝いは，田んぼがユズ畑にかわった昭和55（1980）年頃からおこなわれなくなった。昭和50年代半ばから平成にかけて，組の行事が次第に姿を消し，今では話し合い

193

が必要なときに集まる程度である。

### 北川地区蔭下組

北川地区の場合，和無田地区・1組，7組，折宇地区・土居組と違い，組長は話し合いで選ばれ，必ずしも1年交代ではなく，何年かおこなう場合もあるという。かつては各組で新年会（初講）をしていたが，現在は決算報告をふくめた忘年会を年末におこなっている。内容は組によって違い，各家もちまわりのところもあれば，そうでないところもある。蔭下組はもちまわりである。組の仕事としては回覧版，集金等，葬式などがある。

中村の北川地区蔭下組は現在10戸であるが，以前は8戸だった。蔭下組は順番に各家もちまわりで忘年会をしており，常会では，神社，庵の屋根替え，橋のかけ替え，かつてあった発電所などの共同利用施設の維持管理，北川小学校の屋根の葺き替えのことなど何か事業があるたびに集まって話し合いをしてきた。平成5（1993）年には2回ほど常会をもった。北川の両玄庵は平成10（1998）年にトタンから銅板に葺き替えられ，そのときの費用は両玄庵所有の山から木を伐り出し，それを売り，賄われた。

北川地区では，田植えや屋根替え，タテマエのテマガイは，基本的に組の住民でおこなっていた。昭和40年代に大きな社会の変化があり，たとえば，田んぼを牽くのも牛から耕運機になり，山作がおこなわれなくなり，田んぼも次第に減少していった。その結果，蔭下組では田植えのテマガイが昭和40（1965）年過ぎ頃から消え，屋根替えも杉皮からトタンの屋根に変わる昭和40（1965）年頃を境に，姿を消した。それまでは，4，5年に1度はスギ皮屋根の葺き替えをしていた。杉皮屋根の前は，クリやスギの枌を葺いていたため，7，8年に1度，屋根替えのテマガイをおこなっていた。

### 南川の日早，宇井の内集落

日早，宇井の内集落の組織は現在，存在しない。しかし，正保国絵図に宇井の内村として集落の存在が伝えられていることから，その歴史は古いと思われ

第3章　自然と人間の共生

写真3-6

宇井の内集落　（1955年頃撮影：不明，所有：株田玄治）

る。日早と宇井の内はいずれも南川沿いに存在し，日早は昭和30（1955）年頃まで上日早と下日早合わせて5戸が集まった集落であった。昭和30年代以降，次第に住民が去っていき，日早集落にあった八幡神社も和無田の八幡神社に合祀された。宇井の内は6戸の集落であったが，現在，人家はあるものの定住する者はいない。中山は日早集落に生まれ，小学校6年生（昭和27〔1952〕年頃）のとき開墾のため宇井の内集落に入った。その後，日早集落と行き来しながら宇井の内集落に中学校卒業まで住んだ。昭和32（1957）年，和無田に土地と水田7畝を購入して移り住むまで，宇井の内と和無田地区，日早を行き来していた。日早，宇井の内には水車はなく，電気も通っていなかった。日早の会合は常会とよばれ，組長の家に集まり，年に7，8回ぐらいおこなわれたが，宇井の内ではもう少し少なかったのではないかと，中山は記憶している。

　日早，宇井の内では，それぞれに神社があり，その掃除を年に2回ほどおこなった。夏祭りは7月，冬祭りは12月であった。そのときは学校も昼までで終

わり，普段はめったに食べられない米のご飯を食べることができた。日早の神社の境内の木は共有のものであった。中山が小学校2，3年生の頃（昭和22，23〔1947，48〕年），その木を集落の人々が協力して伐った記憶がある。その木を売ったお金で何を買ったかはわからないが，おそらく共同でつかうものであっただろうという。虫送りは虫を入れた竹筒を日早のゴソク石のところにもっておこなった。日早，宇井の内とも，葬式はそれぞれの住民が手伝ったが，施餓鬼，護摩供養など寺の行事はおこなわれていなかった。

　道普請はミチデヤク（道出役）ともいい，日早，宇井の内では，夏は7月と盆前の2回ぐらい，草が成長してきた時期に服が濡れないように草刈りをし，冬は正月に山道の補修をしたことが中山の記憶に残っている。各家から1人か2人，男性でも女性でもデヤクに出ていった。オオヤスバ（大休場）[32]を境に，日早と宇井の内の住民で各々の部落側の道普請をした。刈った草は畑に入れるのにつかった。これは昭和40年代までつづいた。現在，日早と宇井の内を結ぶ道はつかわれていない。また，日早から畦ヶ野を通り，西宇地区・平野へと抜ける道もあった。畦ヶ野と平野を結ぶ道は，日早や宇井の内の住民らもつかっていたが，畦ヶ野と平野の住民がそれぞれ道普請をしていた。

　日早でのイデ普請はデヤクによって用水の途中に見つけた赤土をつかって補修した。宇井の内では共同利用の用水ではなかったため，イデ普請はしなかった。日早では，麦をまく畑の畝うちのテマガイもおこなった。宇井の内では田んぼが7畝で小さく，田おこしや田植えなどのテマガイはしなかった。また，日早，宇井の内では，共同の草刈場はなかった。日早では，自分の土地の草を刈ったり，村外地主の山の草を刈り，宇井の内では自分の土地の草を刈っていた。なお，日早，宇井の内での屋根の葺き替えはテマガイでおこなった。手伝いは5〜7人ぐらいで，作業の後，晩飯とお酒が振舞われた。

## 3　住民自治に基づく広義の労働

　地区組織や組といった住民の組織以外に，同じ用水や水車の利用者でおこな

うイデ普請，テマガイ―近所の者同士での田植え，家の新築のときのタテマエ，4～6年に1度おこなわれたスギ皮屋根の葺き替えの手伝い，山の斜面に畑をつくるときの山焼きの手伝い―など，昭和40年代頃まで，人々の暮らしに欠かせない「広義の労働」が必要に応じてさまざまな形でおこなわれていた。以下，和無田，折宇，北川地区でどのような住民の「広義の労働」がおこなわれてきていたのか，主だったものを記しておきたい。

## 1　和無田地区の採草地と吉野用水の維持管理

### 採草地（草刈場(くさかりば)）

現在は存在しないが，昭和40（1965）年頃まで，和無田八幡神社の裏山に和無田地区の水田を所有する住民によって共有されていた採草地（草刈場）があった。この採草地はカンチ（官地）ともよばれていた。かつては，採草地から田や畑にすき込んだり，牛の餌や寝藁とするため草を採取したという。刈った草は，山の頂上から架線を設置し，それを利用して山の上から神社のふもとあたりまでおろしていた。"ジャンジャン"とよばれたフック状の金物を和無田の鍛冶屋さんに注文してつくり，それをつかって刈った草をおろしたため，"ジャンジャンとばし"といわれた。しかし，次第に耕運機が導入されたために牛が手放されて餌となる草を必要としなくなり，昭和30年代半ば，採草地の利用権利をもっていた人々が生産森林組合をつくり，3年後に分割した。[33]その面積は100町ぐらいあったのではないかと，中川は回想する。和無田地区と南宇地区白久(しらきゅう)にあった27町ほどの採草地は村へ売却したという。

### 吉野用水の維持管理

吉野用水は和無田地区の和無田八幡神社付近一帯の水田に水を供給する用水で，現在，18戸が水利権をもち，その内の6戸が管理している。吉野用水を利用してきた水田所有者は，和無田地区の住民のみならず，南宇地区白久組や出原地区の住民にも広がっている。中川によれば，吉野用水の維持管理を記録した帳簿が古い時代からあったが，昭和30年代初頭に「ほかされて（筆者注：捨

てられて）」しまったという。しかし，その後も吉野用水の維持管理にかかわる記録の帳面は毎年つくられている。その帳面には，吉野用水利用者名，所有水田面積に応じたイデ普請のデヤク日数，用水の水入れ当番の順番，使用水田面積に応じたデヤク日数，水田の用地変更および変更名目，水車のデヤク日数などが記載されている。いずれも昔と変わらず，厳密におこなわれている。中川によると，昭和33（1958）年頃までは，長性庵にいた庵坊（アンボ）さんが用水の水入れ管理をおこない，それ以外の者は水路の堰に触れてはいけないという決まりであったという。その後，吉野用水の管理者は，吉野用水利用者のなかから，7畝（かつては1反）以上の水田を所有する者が4名，任期4年で選び出され，用水利用者が水を利用する面積に応じてデヤク日数を計算し，いつおこなうのかを割り当て，用水利用者に通知するようになった。

　和無田地区の水田面積は寛永の検地時から昭和30（1955）年頃まではあまり変化がなかった。しかし，表3-3が示すように，昭和30年代半ばから暫時減少していった。なお，和無田地区には，吉野用水以外"マツギ用水"，"シモマツギ用水"があるが，地理的な位置や水利権の優先権が吉野用水にあることなどから，吉野用水が和無田地区において最初につくられたのではないかと，中川は推測している。

## 2　折宇地区の山焼きと水車の維持管理

### 山作（焼畑）のための山焼き

　山作の手順は以下のとおりである。8月から9月にかけて，山作をする場所の木を伐採する。翌年3月，畑をつくる場所に火をつけて焼く。これが山焼きである。その直後，ヒエを撒く。2年目はアズキとアワ，3年目にコウゾ，ミツマタの苗木を植える。コウゾ，ミツマタは3年おきに伐採することを2，3回繰り返した後，スギの苗木を植え，その場所での山作を終える。この他，早春に木の伐採をはじめる場合もある。

　山焼きは昭和30（1955）年頃までおこなわれていた。最小10人，大体14，5人の人手が必要だった。山作する畑の近いもの同士がテマガイした。火入れは，

第3章 自然と人間の共生

表3-3 昭和32年以降の吉野用水を利用した水田面積と利用者数

| 年号 | 水田面積（町反畝歩） | | | | 利用者数（人） | 備考（水田売買以外の土地の移動，用地変更について，筆者の任意記入） |
|---|---|---|---|---|---|---|
| 昭和32年 | 6町 | | 7畝 | 11歩 | 35 | |
| 昭和33年 | 6町 | | 1畝 | 26歩 | 37 | |
| 昭和34年 | 5町 | 9反 | 9畝 | 26歩 | 31 | |
| 昭和35年 | 6町 | | | 22歩 | 34 | |
| 昭和36年 | 6町 | | | 26歩 | 31 | |
| 昭和38年 | 5町 | 7反 | 9畝 | 28歩 | 32 | 村営に約4反出る。宅地に約1反出る。 |
| 昭和39年 | 5町 | 3反 | | 23歩 | 32 | 通学路に約2畝出る。 |
| 昭和40年 | 5町 | 2反 | 8畝 | 5歩 | 29 | |
| 昭和41年 | 4町 | 5反 | | 27歩 | 24 | 宅地に約3反出る。幼稚園，体育館，約1反出る。四国電力に1反出る。 |
| 昭和42年 | 4町 | 4反 | 6畝 | 1歩 | 24 | |
| 昭和43年 | 4町 | 4反 | 3畝 | 18歩 | 25 | |
| 昭和44年 | 4町 | 3反 | 1畝 | 13歩 | 25 | 小学校グラウンド用地，保育所，庵宅地，教員住宅地として出る。 |
| 昭和45年 | 4町 | 1反 | 2畝 | 19歩 | 25 | |
| 昭和46年 | 4町 | | 4畝 | 27歩 | 25 | 運動場として7畝出る。 |
| 昭和47年 | 3町 | 8反 | | 25歩 | 25 | 学校用敷地に約7畝，畑に用地変更約4畝 |
| 昭和48年 | 3町 | 6反 | 4畝 | 16歩 | 22 | 道路14歩，プール5畝，学校20歩，保育所用地1畝として出る。その他に宅地3畝，ユズ園9畝。 |
| 昭和49年 | 3町 | 5反 | 3畝 | 7歩 | 22 | ユズ園化5畝，宅地化3畝 |
| 昭和50年 | 3町 | 5反 | 4畝 | 17歩 | 22 | |
| 昭和51年 | 3町 | 5反 | 4畝 | 17歩 | 22 | |
| 昭和52年 | 3町 | 5反 | 4畝 | 7歩 | 21 | |
| 昭和53年 | 3町 | 2反 | 3畝 | 19歩 | 21 | ユズ園化2反，宅地化約2畝 |
| 昭和54年 | 3町 | 2反 | 3畝 | 19歩 | 21 | 転作5畝 |
| 昭和55年 | 2町 | 7反 | 4畝 | 26歩 | 19 | |
| 昭和56年 | 2町 | 6反 | 6畝 | 7歩 | 18 | |
| 昭和57年 | 2町 | 6反 | 6畝 | 7歩 | 18 | |
| 昭和58年 | 2町 | 5反 | 1畝 | 13歩 | 18 | 休耕1反5畝 |
| 昭和59年 | 2町 | 5反 | 9畝 | 25歩 | 18 | 休耕約2反 |
| 昭和60年 | 2町 | 4反 | 9畝 | 19歩 | 19 | 宅地化5畝，畑化4畝 |
| 昭和61年 | 2町 | 4反 | 6畝 | 16歩 | 19 | |
| 昭和62年 | 2町 | 4反 | 3畝 | 16歩 | 19 | 転作3反 |
| 昭和63年 | 2町 | | 9畝 | 1歩 | 14 | ※昭和63年まで水田面積の数値は水入れ反別表より記載 |
| 平成元年 | 3町 | | 8畝 | 18歩 | 19 | ※平成元年以降，基本反別面積の合計数値 |
| 平成2年 | 3町 | | 3畝 | 18歩 | 19 | |
| 平成3年 | 2町 | 9反 | 12畝 | 8歩 | 19 | 水田5畝減 |
| 平成4年 | 2町 | 6反 | 11畝 | 8歩 | 19 | |
| 平成5年 | 2町 | 9反 | 8畝 | 10歩 | 19 | |
| 平成6年 | 2町 | 9反 | 3畝 | 9歩 | 19 | |
| 平成7年 | 2町 | 9反 | 3畝 | 9歩 | 19 | |
| 平成8年 | 2町 | 9反 | 3畝 | 9歩 | 19 | |
| 平成9年 | 2町 | 9反 | 5畝 | 19歩 | 19 | |
| 平成10年 | 2町 | 8反 | 5畝 | 14歩 | 18 | |
| 平成11年 | 2町 | 8反 | 5畝 | 19歩 | 18 | |
| 平成12年 | 2町 | 8反 | 5畝 | 11歩 | 18 | |
| 平成13年 | 2町 | 8反 | 5畝 | 11歩 | 18 | |
| 平成14年 | 2町 | 8反 | 5畝 | 11歩 | 18 | |

出典：中川清所蔵資料。

暗いほうが火がよく見えるので，午後4時くらいからはじめた。火入れのときは神様を祭ってから火をつけた。火つけ役は熟練者が選ばれ，上から火を入れてだんだんと火をつける幅を広げていった。作業はほとんど男性でおこない，エガマ，ノコ，ハセグワなどの道具を必要とした。松明で火をつける前には幅6～8メートルほどの火道をつくる。前もってやってしまうと，伐った木が乾燥しすぎていたり，湿ってしまったりする。平坦なところだと，火道の幅が狭くてもいいが，山の急斜面だと火道の幅も広くしておく必要があった。煙の流れを見て，風の強さを読み取り，石が転がることも考慮に入れて山を焼いた。山焼きは早くて午後10時，遅いときは12時くらいまでつづいた。その後，山焼きを依頼した家で，女性のつくったカキマゼ（何種類かの具を混ぜた御飯）を作業に参加した者全員で食べた。

### 水　車

折宇谷，下モ番，久留名，土居，菖蒲野にあった。田村が子どものときから使用していた水車は，現在の久留名組（かつてシモダラとよばれた）のシモムカエという場所にあった。水車は1年を通して，だいたい毎日つかわれており，家ごとに水車をつかえる日が決まっていた。水車の修理が必要なときはデヤクで直していた。水車では，キビを粉にしたり，米を精米したり，水を少し加えて麦をついたり，アワやヒエをついたりした。キビやソバは団子にするときに粉にした。これらの穀物は太布の袋に入れてもっていった。シモムカエの水車は昭和50（1975）年頃まで利用されていた。

　水車で穀物をつく量は家ごとに違い，田村は家族が多かったので，たくさんの穀物をつかねばならず，よく通った。穀物をひく量の少ない人に水車小屋の使用時間を譲ってもらったこともしばしばあった。水車小屋をつかえる日は10日に1度ほどまわってきて，田村の場合は，夜10時か11時ぐらいまでつかっていた。田村の記憶には24，5歳の頃，新しい水車をつくったことが鮮明に残っている。水車の水を受ける部分は絶えず水にさらされ，乾燥することがないので，水に強く腐りづらいマツが適していた。水車そのものは大工を雇ってつ

くってもらい，材料のマツやヒノキは水車を使用する人のデヤクで山から運んだ。1枚の長さが1.5から2メートルもあるので，2人で1枚を運んだ。マツはヤニがあり，挽きづらいため，玄人の木挽きを雇う必要があった。石臼と木の杵がそれぞれ二つずつ水車小屋のなかにあった。米で1時間半から2時間，ヒエで2時間かかってついた。

　水車をまわすための用水は，"シモムカエ用水"といい，そのあたりで田んぼをつくっている人と一緒に春にイデ普請をした。水車が故障したときなどのデヤクは，水田の面積の広い（もしくは米の収穫量の多い）人が多く負担をする決まりだった。また，所有反の広さに応じてデヤクをし，それに足りないときはお金を払った。用水のデヤクなどの管理は，主に久留名組の岡崎伝一がやっていた。水車管理の規約は見たことがなく，おそらくなかったのではないかと，田村はいう。なお，水車は昭和50（1975）年頃まで，自家用の電気精米機を購入するまで利用していた。そのころ1台2，3万円ほどで，叔父の田村恵と共同で買った。脱穀機は2，3人共同で足踏みのものを昭和50（1975）年から60（1980）年頃までつかっていた。


### タテマエ（建前）

　田村の父，重義が家を新築するとき，誰が何日間，テマガイに来たのかを記した帳簿がある。それによれば，昭和10（1935）年9月2日から昭和12（1937）年6月10日までの建築期間中，昭和11（1936）年6月4日から7日までタテマエをしている。タテマエとは，家の土台ができた頃，家主が建材を揃え，大工がそれら建材に組み立てる順序を示す番号や部分の名前を記し，柱，桁，垂木，梁など家の骨格となる主要な構造をテマガイでつくり，棟を上げ，家内安全や繁盛などを祈祷し，餅をまき，テマガイや見学に集まった人々もふくめ大工や家主の間で新築祝いをするまでの一連の工程を表す言葉である。タテマエは，親戚や組内，部落内[34]，付き合いのある人などのテマガイでおこなわれた。タテマエの祝いの儀式は，大工が神主代わりに棟に上がり，家の一番高い場所で祈祷し，その後，モチをまくという順序でおこなわれた。

表3-4 「健築日役記部」,『家屋健築費 総記入帳』(昭和12年)

| ※以下の名簿のうち田村好が知っている人 | 人　名 | 出役数 | ※以下の名簿のうち田村好が知っている人 | 人　名 | 出役数 |
|---|---|---|---|---|---|
| | 親居者之出役 | | ○ | 岡内新五郎 | 2人役 |
| ○ | 岩佐信道 | 10人3歩役 | ○ | 岡脇義政 | 2人役 |
| ○ | 岩佐新五郎 | 2人3歩役 | × | 岡脇三市 | 2人役 |
| ○ | 留岡武 | 9人役 | × | 田中梅吉 | 2人役 |
| ○ | 沢田武平 | 3人役 | ○ | 西川一好 | 2人役 |
| ○ | 沢田カメノ | 4人役 | ○ | 松本治郎 | 2人役 |
| ○ | 沢田兵吉 | 6人役 | ○ | 栗林太市 | 2人役 |
| ○ | 沢田元江（十四才ノ時） | 6人役（…当時幼かった田村兄弟のお守りとして） | △名前を聞いたことがある | 折上安吉 | 2人役 |
| | | | × | 岩佐豊太郎 | 2人役 |
| ○ | 沢田弥太郎 | 1人役 | ○ | 西川嘉吉 | 2人役 |
| ○ | 沢田作太郎 | 4人3歩役 | ○ | 岡崎傳一 | 2人役 |
| × | 株田鹿太郎 | 3人役 | ○ | 留岡福吉 | 2人役 |
| × | 沢田勝治郎 | 2人7歩役 | × | 岡田國夫 | 2人役 |
| ○ | 沢田元治郎 | 6人役 | ○ | 沢田金市 | 1人役 |
| ○ | 岡内仁平 | 7人役 | ○ | 大沢美好 | 1人役 |
| | 土居組之記入 | | × | 橋本吉三郎 | 2人役 |
| ○ | 岡内儀太郎 | 4人役 | ○ | 折上浅蔵 | 1人役 |
| ○ | 岡内重平 | 4人役 | ○ | 折上武平 | 1人役 |
| ○ | 岡内繁市 | 3人役 | × | 折上道春 | 1人役 |
| ○ | 岡内ヒロ | 3人役 | × | 株田傳太郎 | 1人役 |
| ○ | 岡内フクエ | 2人役 | × | 岡崎総太郎 | 1人役 |
| | 折宇部落者手傳日役記 | | | | 右計　119人8歩役 |
| ○ | 沢田宇吉 | 2人4歩役 | | 自己乃其日役 | |
| ○ | 岩佐市太郎 | 2人5歩役 | 田村好の父親 | 田村重義 | 100人役 |
| ○ | 岩佐嘉吉 | 2人3歩役 | 田村好の母親 | 田村連（レン） | 100人役 |
| △名前を聞いたことがある | 岡田一 | 2人役 | | | 日役総計　319人8歩役 |

出典：田村好所蔵資料に基づき筆者作成。

住民が家を建てるというとき,タテマエのときに一人役,その他の日に一人役のテマガイをするというのが暗黙の了解であった。朝7時くらいから,柱を立てたり,足場をつくったり,梁を打ちつけたり,という作業がはじまった。用材を運び,製材業者にもっていくのもテマガイだったが,木挽きは専門の人に頼んだ。大工は少なくとも2人,多くて5人ぐらい来て作業した。タテマエのテマガイはほとんどが男性であり,その食事はその家の女性や隣近所の女性たちがつくった。

## 3 北川地区の部落林,久井谷発電所のイデ普請,北川小学校の屋根の葺き替え

### 部落林

北川地区の部落林は,北川地区内の杉生山(すぎゅうやま),大明地,安ヶ谷,日和田以外,高知県・物部村にもある。北川地区にある部落林の総面積は9917平方メートルである。日和田の部落林は明治42(1909)年6月17日に購入され,昭和8(1933)年7月29日にも同地区内宇井の瀬に共有林を購入したという記録がある。明治以降に部落林が購入されるようになったのは,橋や庵,神社,小学校を造営するための地区組織の財産として,または用材をつくり出すために必要とされていたからである。中村の記憶によれば,北川地区の部落林が地区全体のためにつかわれたのは,昭和30(1955)年頃に木を伐り出し,売却したお金によって学校を建て,残ったお金で物部村の山を買ったときであったという。当時,地区組織として山や土地をもつためには組織が必要ということになり,昭和36(1961)年9月9日に社団法人・北川富民協会をつくり,物部村にある山を部落林として所有することにした。しかし,その後,北川富民協会の活動がとくにおこなわれていなかったことから,徳島県から解散するよう指導され,昭和58(1983)年,役場と財産保管委託の契約をした。

部落林は日常的につかわれてはいないが,中村の知るかぎり,昭和30(1955)年頃に木が伐り出されるまで,雑木に混ざって明治,大正時代に植えられたであろうと思われるスギとヒノキがあったという。これらの部落林は,

写真3-7

北川地区久井谷にあった北川発電所。1928年11月送電開始。(1956年撮影：不明，所有：北川会)

名義的には役場に委託しているが，今でも北川の地区組織で管理している。

　北川地区において，部落林以外の共有地として両玄庵の土地がある。その他にある共有地は，共同でつかっていても個人の名前で管理している。蔭地区にあった庵地は，入札で，希望者に10年間の期限で貸し出し，収入は部落のものとなっている。

**久井谷発電所のイデ普請**

　発電所の技術管理をする人には，織岡要平，大城茂三郎がいた。イデ普請のデヤクは総代を通して依頼された。折宇地区の人が多くデヤクに出た年の次は北川の人が多く出るといった具合であった。イデ普請の仕事の量は用水の傷み具合で決まった。用水管理は用水組合でおこなった。発電所の用水路は約4キロメートル，イデ普請は毎年4月上旬におこなわれたが，災害や渇水などで緊急，臨時のデヤクもめずらしくなかった。春の通常のイデ普請は2～4日，特殊な作業がないかぎり，男女を問わず，各戸から1人出られる者が出た。20～50人ぐらいで水路に茂る雑草を刈り，はけ込んだ（流れ込んだ）土砂浚い，用水路は全長が掘切りだったので，漏水防水のため比較的水に強い赤土を塗りつけていた。それが大変だった。赤土山から男たちが掘り出した赤土をブリキ缶やワラで編んだ畚（フゴ）に入れて女性たちが細い山道を運んだ。新緑が見え隠れする列は春の風物詩でもあった。久井谷の発電所は田村が子どものときか

らあった。電球の明るさが限られていたため，菜種油で明かりをともして補っていた。電球の明るさは"五燭（ゴショク）"，"十燭（ジッショク）"などとよばれ，電球の明るさで電気料金が決まっていた。昭和32（1957）年以降，四国電力によって電気が供給されるようになるまで，作業がつづけられた。

### 北川小学校の屋根の葺き替え

男の人は葺き替えを，女の人は片付けなど，デヤクによっておこなった。生徒の父兄だけではなく，学校区である北川地区，折宇地区の全戸で，1戸あたり1人出てきた。校長，教頭，北川・折宇の総代で話し合って，各々の部落の組長に話をし，各組に伝えてもらった。昭和30年代までは先生方も北川，折宇の住民とともにやっていた。先生方は地元の名士のような存在であったが，祭りなど地域の行事には住民と同じようにお付き合いをしていた。今では役場が建物の維持をおこなっている。したがって，生徒の父兄以外は折宇の人と知り合う機会がなくなった。運動会はまだつづいているが，学芸会はなくなった。子どもは小学校を卒業すると和無田地区の木頭中学校に行き，その後，高校は村外の学校へ進学する場合が多い。そのため，子どもが大人のいる場所に出てこなくなった。昭和40年代が転機だった。

## 4　森や川に関するローカルな知識

### 和無田在住―林業―中山美由喜（68歳）
(1)　自然とのかかわり

6，7歳の頃，小屋に住みながらミツマタをつくった。小学校6年生ぐらいまで焼畑をしていた。中学卒業後，山に1年間泊まり込んで下草刈り，植付けを主にやった。隣に住んでいた叔父と一緒に仕事をした。いずれも昭和20年代のことだった。昭和30年代は下草刈り，植付け，木材をワイヤーでつり下ろす作業や製材の仕事をしていた。昭和40年代は土方の仕事をした。小見野々ダム建設当時は測量の仕事をして生計をたてた。昭和50年代は土方をしていた。生

コン会社，木頭開発で仕事をした。このとき，久井谷で仕事をした。昭和60年代は土方仕事をした。平成に入り土方で道工事やヨウ壁工事にかかわった。最近数年間は森林組合の管理する林道の見回りの仕事をしている。

(2) 木頭村の山（森）についての知識

① 食料としての山菜，木の実，きのこ類

　春：ウド，タラ，ワラビ，ゼンマイ，イタドリ，フキ，フキノトウ。

　夏：カズラのようなグユミ：初夏に父がよく採ってきた。

　秋：アケビ，シイタケ。

② 薬品としての生物・植物・樹木・木の実

- ドクダミ（ジュウヤク）：ヒエノコという傷（腫れ物）にドクダミを焼いたものをあてた。
- ニワトコの葉：手を折ったときに，この葉を焼いてあてた。
- タヌキの油：ひび割れによく利いた。もらってつかったことがある。
- 山椒の実：魚にあたったときに飲む。木頭には船谷を除いてだいたいどこにでもある。
- キワダ：火傷にきく，センブリ：腹痛，ニガキ：腹痛。
- サルの塩漬けを焼いたもの：食べたことはないが，見たことはある。下痢止めになる。
- ユキノシタ：発汗作用を促して風邪を治す。石垣などに生えている。
- カンゾ（甘草）：ユキノシタと一緒に煮ると甘くなり，飲みやすくなる。ナンテンの根とは違う。
- ニッキ：団子などの香辛料としてつかう。小見野々に生えている。
- スギの脂：アカギレに塗る。

③ 特徴，性質，使途などを知っている木の種類

　A：10種類未満の木について特徴，性質，使途などを知っている。

　B：10～30種類の木について特徴，性質，使途などを知っている。

　C：30～50種類の木について特徴，性質，使途などを知っている。

　D：木頭村の森（山）に存在する木のほとんどの特徴，性質，使途など

を知っている。
- ナラ，クリ，サカキ：シイタケ栽培につかう。
- カシ：シイタケ栽培につかう。クワの柄やチョウナ，エガマの柄にも用いた。
- モミジ：敷居につかう。
- ケヤキ：皮を板，ザルにつけて，ヒエ，アズキを入れるのにつかった。
- カヤ（ガヤ）：用材。土間の敷居につかうと，くさりにくくてよい。焼くと煙がすごいので焚物には不可。
- オオビ（アスナロ）：家につかうと，縁起がいいといわれた。
- モミ，ツガ：用材。
- アカタ：雑木。燃えにくい。
- ネジキ（ハイカツギ）：足がかぶれる。
- アセビ，シキビ（ハナシバ）：毒があるので，箸につかえない。
- クリ：よくはじく。囲炉裏などにつかうタキモノには向かない。
- 森を材とする際は，1ヶ所を皆伐せず，あちこちから伐り出すこと，大きな木を焚物にしないということに気をつけ，持続的に利用した。

④　森の変化

木頭村全体では，昭和40（1965）年頃，神崎製紙が木頭村西宇にチップ工場を建ててから，雑木が売れるようになり，その結果，雑木が皆伐され，スギに変わった。久井谷は広葉樹を伐ったところが10年，20年を経て根が腐り出し，大崩壊につながったのだろう。

(3)　木頭村の川についての経験と知識

① 　子どもの頃の川の思い出

夏にウナギ採りをした。オオタニのあたりにいた。長安口ダムができるまで天然のアユ，アメゴがたくさんいたが，今は養殖のもの。透き通ったエビがいた。火を通すと赤くなった。カニはどこにでもいた。

②　川の変化
- 南川の支流，オオ谷を流れる川の瀬や淵は，昭和30年代と比べるとかな

り埋まった。
- 鉄砲水を，昔は知らなかった（雨が降った後，急に水が出てくることは以前はなかった）。鉄砲水が出ることによって，土砂が川にたまった。これは雑木を伐ったからだと思う。また，林道を掘ったときに，残土をそのままにしたことも影響しているだろう。
- しかし，オツボ谷だけは変わらなかった。山の奥は広葉樹が残っており，水が出てもにごらなかった。水際まで木が生えているからだろう。しかし，2，3年前から作業道をつくりはじめたため，今は残念だが，ひどいことになっている。
- 那賀川本流については，小見野々ダムができるまえ，助のあたりでも，昔は川が大きく，淵が深かった。たとえば，九文名トンネルを抜けてすぐのところには大きな淵があった。しかし，ダムができて以来，那賀川の淵がなくなった。全体的に埋まってしまったのである。水量はダムができる以前の3分の1になった。雨が降った後，鉄砲水が出るようになった。これはかつてなかったことだ。また，魚（アユ）がいなくなった。これは那賀川本流最初のダム，長安口ダム建設とともに見られなくなった。反面，砂や砂利，バラスを採るのに不自由しなくなった。年に2回採っても，追いつかないほどである。長安口ダムの放流が原因で鷲敷町で水没の被害が出たとき，小見野々ダムも満水になり，それを放流したのも影響しているのではないか。那賀川に広っぱができ，水がよどみ，ときには赤潮が発生する。

## 和無田在住―製材業―中川清（75歳）

**(1) 自然とのかかわり**

小さい頃，夏は川で魚を採り，冬は裏山でコブテンをつかって小鳥をつかまえた。子どもの頃は，出原の実家の前の川で，魚採りや水泳をよくした。アユ，イダ，ギギ，ゴリ，ツネリコ，ジンゾク，ハヤ，アメゴなどを家の前の本流や支流で，天気が良ければ毎日でも，しゃくり，突くという方法で採った。8歳

から14歳頃まで，毎日，兄弟とともに農作業を手伝った。道具は負い縄，クワ等をつかった。28歳頃から5，6年間，悪天候の日以外は毎日，友人らとともに山に行った。秋から冬になると，薪割り斧やチェーンソーをもって焚物を近くの山から伐り出してきた。昭和50（1975）年から昭和60（1985）年まで，木頭開発に勤めていた頃，他の社員とともに事業の進捗状況に応じて，測量器を用いて土木工事をおこなった。

(2) 木頭村の山（森）についての知識
① 食料としての山菜，木の実，きのこ類
　クリ，ウド，ワラビ，ゼンマイ，イタドリ，ワサビ，山芋，サンショ，タケノコ。
② 薬品としての生物・植物・樹木・木の実
　センブリ，ゲンノショウコ，サルノコシカケ，マムシ。
③ 特徴，性質，使途などを知っている木の種類
　A：10種類未満の木について特徴，性質，使途などを知っている。
　B：10〜30種類の木について特徴，性質，使途などを知っている。
　C：30〜50種類の木について特徴，性質，使途などを知っている。
　D：木頭村の森（山）に存在する木のほとんどについて特徴，性質，使途などを知っている。
④ 森の変化
　裏山の入会山や採草地をよく知っているが，全山40数年生のスギ林に変わってしまった。

(3) 木頭村の川についての知識
① 川の変化
- 主谷（那賀川本流）：流域全体の針葉樹の植林，拡大造林，再造林による崩壊等。
- 変化しない谷としては，蟬谷の上流の原生林の残っている流域しか知らない。
- 那賀川にダムができて，人の心と穢れのない自然の香りが失われた。

表3-5　中川清が知っている木頭の森（山）に生えている木の特徴，性質，使途

| 樹　種 | 特徴，性質，使途 | 樹　種 | 特徴，性質，使途 |
|---|---|---|---|
| ス　ギ | 建築材，柱，板，桁，梁 | 槙 の 木 | 腐りにくい |
| ヒノキ | 建築材，柱物 | ハナシバ | 佛前，シキビ |
| マ　ツ | 丈夫，板，桁，梁 | カ　ヤ | 土台，柱材，碁盤 |
| カエデ | 家具材，枝は薪 | ナマエ | 柄物，折れない |
| サクラ | 家具材，敷居，枝は薪 | ケヤ木 | 家具材，大黒柱 |
| 赤カシ | 柄物，木馬のソリ板 | タ　ケ | カゴ，桶の輪 |
| 白カシ | 柄物，葉が薬になる | モミジ | 家具材，床縁材 |
| 青カシ | 薪木，炭木 | シデ | シイタケ原木，薪 |
| シイカシ | 実が食べられる，薪木 | ト　チ | 家具材 |
| 黒モジ | ツマヨウジ，ハシ | ブ　ナ | 家具材 |
| ホウノキ | 下駄材，マナイタ，敷居 | フジ木 | 柄物，軽い，柔軟，折れない |
| ナ　ラ | シイタケ原木，薪木 | サカキ（榊） | 神事，祭りごとに使用 |
| クヌギ | シイタケ原木，薪木 | ソ　バ | 柄物，折れない |

作成：中川清。

## 折宇在住―農林業―田村好（75歳）

**(1) 自然とのかかわり**

　子どもの頃は，調理，家の暖，風呂などに薪（タキモノ）がつかわれていたので，タキモノ負い（たきぎ背負い）をよくした。また，親が営んでいたシイタケ栽培（天然の菌による天然栽培）の手伝いもした。当時，山の仕事をする人はシイタケをつくっていた。シイタケがつくナラ，シデの木など広葉樹を主とした原生林があったからである。昭和15（1940）年頃～25（1950）年か30（1955）年ぐらいまで父親のヤマザク（焼畑）の手伝いのため，1年に1月ほど小学校の休日や夏休みをつかって山小屋で泊まった。昭和20（1945）年～30（1955）年頃は炭焼きをいつもは1人で，ときには弟と2人でおこなった。その時期は米を収穫した後の11月～4月頃と田植えを終えた後の7月～9月までの間の年2回。場所は家の近くの髭無谷と地獄谷であった。昭和32（1957）年か33（1958）年～42（1967）年頃まで個人で木の伐採を請け負った。場合に

よっては，友人や近所の知人に仕事を頼んだこともある。伐採以外，スギ・ヒノキの苗植え，除伐，間伐，下刈，枝打ちなどの仕事もした。昭和42（1967）年頃から岡林業の仕事を請け負い，髭無谷，久井谷，船谷などでスギ，ヒノキの間伐，除伐，下刈，植林などをおこなった。以後，岡林業の仕事が中心だったが，他の仕事も依頼されればしていた。昭和46（1971）年には年間150日間山で仕事をした。昭和51（1976）年頃，米作からユズ栽培に切り替え，昭和60（1985）年，ユズの栽培に本腰を入れて取り組みはじめた。平成6（1994）年～平成17（2005）年現在，林業，ユズ栽培，議員活動の傍ら，徳島県認定の森林インストラクターをはじめた。

(2) 木頭村の山（森）についての知識
① 食料としての山菜，木の実，きのこ類

ゼンマイ，ワラビ，ウド，タラ，ミツバ，セリ，イタドリ，ミズナ，タケノコ，キワタナ，ネズミタケ，シイタケ，アケビ，蜂蜜，イチゴ（2種類），クリ。

② 薬品としての生物・植物・樹木・木の実
- クロキ：皮を削り，その皮にお湯をかけ，エキスを出しそれを飲む。腹薬。
- クツクサ：傷の腫れに利く。
- タヌキの油：ネモノ（皮膚病）に利く。
- ナンテン：咳止め。
- ゲンノショウコ：秋に採取し，影で干して，それを煎じて飲む。胃の調子が悪かったとき，3年飲みつづけ治癒した。腹薬。
- オオバコ：腹薬。
- アケビのカズラ：風邪薬。飲んだことはない。
- ユキノシタ：耳ごね（耳の病気，中耳炎か）をわずらったとき，汁を耳に入れられた。これにより，膿をすい出した。
- センブリ：秋に採取する。胃腸の薬。乾燥させて煎じて飲む。
- ハミの皮：傷で腫れたところにハミの皮を干したものを水で戻して貼る

と腫れが引いた。
- サルの肉を焼いたもの：小さなかけら程度の大きさのものを2回ぐらい食べた。腹薬。
- 熊の胆：子どもの頃食べた記憶がある。

③ 特徴，性質，使途などを知っている木の種類

　A：10種類未満の木について特徴，性質，使途などを知っている。
　B：10～30種類の木について特徴，性質，使途などを知っている。
　C：30～50種類の木について特徴，性質，使途などを知っている。
　D：木頭村の森（山）に存在する木のほとんどの特徴，性質，使途などを知っている。

- カシ：クワの柄（握るところ），柄がまのエ，カワハギの柄，クサビ（ケタと梁をつなぐのにつかった），キンマ，ムシロを打つときの道具につかう。
- ツガ：日本のツガはあまり建築用材としてつかわれない。土台など。
- モミ：最初は白い板でも3年も経つと黒い斑点が出てくる。高知ではよくつかわれた。
- ケヤキ：大黒柱，化粧材。よほどまっすぐなものでなければつかわない。値打ちが高く，直径50センチ，長さ4メートルで1000万円する。木頭村にも天然のケヤキがある。
- カヤ：将棋盤，駒，碁盤材。値打ちが高い。触ると痒くなる。痒みは（木のなかで）一番だろう。ケヤキやカヤは，あまり光を反射しないので目にやさしい。
- ヒビ：炭に焼くぐらい。さわると痒く，かぶれる。
- サクラ：家具，タンスの引出しの表。シデも家具につかわれた。仏壇はケヤキ，クワ，ヒノキ，コクタン（外材）がつかわれる。
- マツ：タキモノにつかった。よくくすぶり，煙が出て真っ黒になるので台所ではつかわない。昔，マツの芯を取って，蝋燭代わり（ツケ木代わり）につかった。2，3センチの厚さにして下のケタなどにもつかった。
- クリ：小屋の柱，杭。割れやすい。

# 第3章 自然と人間の共生

- ハゼ：発疹がでてくる。軽くて腐りづらい。秋は赤くなる。小屋の柱などの材料や，シイタケをつくるときの原木をたてかけるもの。
- シン：箸。細くてまっすぐ。

④ 森の変化
- 昭和28年（30年ごろ）から40，45年までの間に原生林（主に広葉樹）を伐り尽くした。
- 原生林の消失とともに，ドングリ，クリ，アケビなど，木の実がなくなった。（最近サルやシカ，タヌキが人里で頻繁に出ているが）動物の数は増えているとは思えない。
- 木の種類が広葉樹（天然林）から針葉樹（スギ，ヒノキなどの人工林）に変わった。モモンガ，ムササビ，キジ，ヤマネ，ウサギ，ヤマドリが減った。渡り鳥も減った。30年ぐらい前からアカゲラを見ていない。一方で，サル，シカが人家近くに現れるようになった。
- 崩壊場所が増えた。昔は崩壊が今のようにはなかった。急傾斜地は昔は伐らなかった。
- 髭無谷：谷の8割以上がスギ・ヒノキの人工林となった。残り2割は，動物も通れないような険しい場所である（たとえば，ニクダキという地名がそれを示している）動物は減ったように思う。動物の食料である木の実が減った。（谷川の）水の量が減った。髭無谷は急な斜面なので，土砂はたまらず，押し流されてくる。
- 久井谷：土砂で埋もれて昔の面影はない。（それまではあまり人が入らなかった谷であったところに）10年間ほどで一気に木（広葉樹を主とする天然林）を伐採した。
- 船谷：山の崩壊が少ない。上は昔の面影が残っている。上で1度に木を伐らなかったから変化は少なかったのではないか。下のほうで木を伐ったところは崩れている。

(3) 木頭村の川についての知識

① 川の場所

- ヤブチ：北川小学校のそば。
- トチノコブチ：家の前の淵で，よく遊んだ淵である。
- モツゴイシ：土居の前にあり，よく遊んだ。

② 川での遊び

- 谷川は水が冷たいので遊べるのはせいぜい1時間ぐらいだった。本流では2，3時間遊んだ。魚もいれば大きな石もあったので，そのぐらいの時間をかけて遊んだ。春から秋にかけて，魚をよく採った。3〜5月，投げ釣りでアメゴが10本中5本以上かかっていた。ウナギは秋に採った。ダムができるまで，たくさんの魚がいた。
- 宮ノ前あたりが子どもには安全だった。魚が下る時期にヤナで採ったり，ウナギにはツツンボをつかって採った。他に突きジャクリ，フンドウジャクリ，あるいは鶏の羽を針にかけて毛ばりにして釣った。
- 谷川では，主にカナツキをもちいた方法で魚を採ったり，虫を餌にして釣ったりした。
- イカダを3，4人で組んで乗ったり，一本乗りをして遊んだこともある。また，イカキをつかってジンゾクやモツゴなどの小魚を採った。
- 平均して週に4，5日は魚を採りに行っていた（冬以外）。
- ＊ニゴリモチ：子どものときはやらなかったが，水が濁って水が増水したときに魚がよく採れた。場所の知ったところで，網をつかって魚をすくって採った。
- ＊ヤナをつかった方法：大人になってからやった。秋頃，2，3人で竹で作った「ヤナ」をつかい，川の流れをヤナに注ぐように川の水を堰で流れを調節し，ヤナに入った魚（主にアメゴ）を採る。モツゴ石から久米商店の前あたりまで，この方法で魚を採った。
- ＊サカウケという方法も知っている。これは春におこなう方法であった。
- ＊ウナギは竹のツツンボで採った。ほかに，釣ったり，しゃくったり，突いたりして採った。
- ＊昭和50年ごろから魚の味が変わったと思う。このころから魚の味が悪く

第 3 章 自然と人間の共生

なった。アユのハラワタが（臭く，不味くなり）食べられなくなった。
③ 川での労働（仕事）
- 子どもの頃，石垣用の石を採りに，家の前からモツゴ石のあたりまで行った。石を一つ二つもって行った。大人になってからも石垣用の石を拾いに行った。
- 大水が出たとき，流木が流れてくるので，それを拾ってタキモノにした。
- 大人になってからも川原の石を採ったり，流木を採ってタキモノにした。家の前からモツゴ石の前まで，ゲンノウとショウレン（鉄の棒）をつかって石垣用に石を割り，それをオイコをつかってもってきた。また，砂も，コンクリートを打つときに採った。しかし，ブロックが手軽に購入できるようになり，生コンも手に入るようになって便利になったので，川から石や砂を拾うことがなくなった。
④ 川の変化
- 川が土砂で埋まり，河川敷が細かい土で覆われ，変形してきている。歩くと，ヘドロで水がすぐ濁り，（乾燥する時期になると）川原でほこりがたつ。
- 水量がかつての3分の2ぐらいまでに減った。山の保水力がおちて，ちょっと雨が降っただけで川が濁るようになった。針葉樹のスギは葉が落ちないので，土をカバーするものが山になくなり，山の表土が流れやすくなった。広葉樹だと葉が落ちて地表面がカバーされる。
- 川へ土砂がたまる。雨が降ったらすぐに川が濁る。淵が（土砂で埋まって）なくなり，川の水の勢いがなくなった。
- 川が昔のようにきれいではない。
- 淵がなくなるなどして，川の魅力がなくなった。
⑤ ダムによる川の変化
- アユやウナギなど海と山を行き来する魚がこなくなった。
- 土砂が下流へ流れず，河床が下がり，下流で井戸水が枯れ，海岸線が変わってきた。

- 栄養のある水が上流から流れなくなった。
- 小見野々ダムができて、土砂がたまるようになった。冬季、乾燥すると川原から細かい土がほこるようになった。良いことはない。小見野々ダムがなければ、平谷から奥は自然の川の流れが残り、魚も今の3倍ぐらいいるのではないか。

## 北川在住―農業―中村広知（78歳）
(1) 自然とのかかわり
① 子どもの頃の川

　子どもの頃、夏は家の前の那賀川で友達と1日中泳いだ。体にぶつかるほど魚がたくさんいた。寒くなったら大きな岩の上の日なたで温まった。危険な淵には"ガロがいる"といわれていたので、近づかないようにした。人の名前のついた淵では、そこで亡くなったと思われる人の名前がついている場合が多い。夜には投げ釣りを仕かけてウナギ、アメゴ、イダなどを釣った。これは夏の最高の楽しみであった。秋は、アメゴの産卵時期で、肉がやせていて美味しくなかった。当時のアメゴは30センチもあり、浅いところで産卵していた。

② 山での労働
- 山の知識や山に生きる知恵のほとんどは慶応3年生まれの祖父から教えられた。炊事、風呂、それに暖をとるのもすべて囲炉裏でした。そこで焚く薪の消費量は年間10数尋におよんだ。薪集めの時期は秋冬かけておこなうので、大変な労力が必要となり、子どももよく手伝いをさせられた。なお、薪の計算は両手を左右に伸ばして測る尋(ひろ)＝1.8メートルがつかわれていた。薪の1尋は長さ80センチほどに切りそろえられた薪を縦横1尋に積み上げたもの。プロパンガスが入ってくる昭和40（1965）年ぐらいまで、焚物で炊事をしていた。焚物を運んでくるのは大変だった。家の裏までキンマで運んだり、80センチほどにタマ切りして、山で乾かしてから、秋の水が出たときに家の近くまで川で流し、そこから家まで上げた。焚物は"キヤ（木屋）"に収納した。その当時、火力が弱いた

め，あまり炭をつかって煮炊きはしなかった。囲炉裏でナベをさげて料理した。囲炉裏にくべる大きい木を"クンゼ"といった。祖谷と木頭でそうよぶ。木を割るのは大人であった。

- 北川を2年間離れたが，それを除き，山の仕事をしていた。主として木頭村内だが，高知県でも仕事をした。内容は，伐採，搬出，植付けである。山仕事はグループで請負い，2人から5，6人ぐらいでやっていた。雨や雪が多少降ろうと山へ行った。
- 昭和20年代は伐採，搬出，植付けをした。このときはスギを伐採したり，山作（焼畑）のために雑木（自然林）を伐った。道具はノコギリ，オノ，チョウナ，カワハギ，ナタなど。昭和38（1963）年まで山作をしていた。場所は北川の船谷の奥や折宇の髭無谷，折宇谷など。昭和38（1963）年ごろまでミツマタをつくっていた。
- 昭和30年代は山作と木の伐採，搬出などの仕事をした。木の伐採の道具は20年代とあまり変わらなかったが，30年代にはチェーンソーが入ってきた。昭和39（1964）年に船谷に林道がつくられるまで，キンマで木材を搬出していた。"せこい（大変つかれる）"仕事であった。かつては北川に土建業者がなく，千本谷や高ノ瀬の林道は，下（徳島市方面）から赤松建設が工事を請け負った。その工事には囚人がつかわれていた。林道が開設されてからキンマ引きはなくなった。
- 昭和40年代は伐採，植付けが主な仕事であった。なかでも植林は最盛期で，パルプ材のために雑木を伐り出した後に植林した。高ノ瀬の国有林はこの時期，伐り出された。このほかに，ミツマタ，シイタケ，カジ，養蚕（少し），タバコ（北川でも少し耕作していた）などをつくり現金収入を得ていた。畑の野菜は自家用だった。この頃の植林の仕方はそれ以前から比べると変わってきていた。それ以前は（焼畑をおこない），山作の後にスギを植えていくという方法だったが，その頃は雑木を切った後すぐに植林するようになった。今でもその方法だ。
- スギは秋，成長が止まる9月ぐらいから伐る。11月ぐらいにタマ切りに

して山の上に重ね，冬中，材木の丈にして乾燥させる。春に山からもってきて，春水で出した。台風の前までには全部出すようにした。40年代はチェーンソーで伐採した。
- 昭和50年代は昭和50（1975）年頃まで山の仕事をしていたが，この頃から山の仕事が急速になくなっていった。昭和51（1976）年9月の台風がもたらした記録的降雨による大災害の後，土建の仕事につくようになった。昭和56，7（1981，82）年頃まで土建の仕事がたくさんあった。船谷にあった生コン工場の工場長を務めていた。工事の現場は千本谷，ミナガワ，高ノ瀬，折宇谷，久井谷で，とりわけ久井谷は災害の大きさからして一番仕事があった。田んぼは昭和60（1985）年頃までつくっていた。
- ネキヤ，キリヨク，トモギュウ，ジンガ谷，コヤブ谷で焼畑をおこなった。昭和39（1964）年，ネキヤで最後の焼畑をおこなった。
- 焼畑はテマガイでおこなった。
- ネキヤ，キリヨク，トモギュウは今でも毎年行っている。トモギュウに自分の山がある。
- 南川へも昭和30（1955）年あたりに，伐採と手入れで行ったことがある。

(2) 木頭村の山（森）についての知識
① 食料としての山菜，木の実，きのこ類
- 山菜類：イタドリ，フキ，シオデ（カズラになる山菜で湯がいて食べる。アスパラに似ている。），ワサビ（漬物に），キワタナ（5月頃採れる。山でお茶をかけて味噌をつけて食べる。良い香りで美味しい。家では食べずに，山での仕事の食事のときに食べる），クサギの芽（木の葉で，5月に採る。湯がいて乾燥させ，それを水で戻して食べる），ゼンマイ（乾燥させる），ワラビ（乾燥させる），イタドリ（漬物に），タラ，ウドなど。
- 木の実：カシの実は戦時中食べるものがなかったときに食べた。トチの実を粉に引いてつくったモチはつくらなかった。
- きのこ：20種類ほど，見わけられる。ツガの下にマツタケが生える。ネズミタケ，キクラゲ，ナメコなど。雑木林に行くと，発酵した麹の匂い

がした。その匂いの近くにはたくさんのキノコが生えていた。
② 薬品としての生物・植物・樹木・木の実
- センブリ：今はほとんどない。胃薬，腹薬としてつかった。よく利く。
- ドクダミ（ジョウヤク）。
- クズの根：クズ粉にもした。
- キワダの皮：胃腸の薬，打撲のとき，粉にして塗る。
- オオバコ：葉を火であぶってもんで貼る。膿を吸い出す。
- オトギリソウ：有名な薬だが，飲んだことはない。
- ゲンノショウコ：胃腸の薬で，よく軒下で乾燥させて，それを煎じて飲んだ。
- テンの肝：子どものひきつけに利くと聞いた。
- 杉のヤニ：アカギレによく利く。赤色をしている。ヤニを傷口に塗って，火で熱した金物を近づけて，よく傷口に流し込み，障子紙を貼る。これは実際によくつかった。

③ 特徴，性質，使途などを知っている木の種類
A：10種類未満の木について特徴，性質，使途などを知っている。
B：10～30種類の木について特徴，性質，使途などを知っている。
C：30～50種類の木について特徴，性質，使途などを知っている。
D：木頭村の森（山）に存在する木のほとんどの特徴，性質，使途などを知っている。

昭和30年代には，2万本のスギ苗を植えて，20年後から間伐していき，皆伐していくと，1代で食べるに困らない，と考えられていた。近山は村内の人が所有していても，奥山はほとんど国有林や村外の人がもっている。昭和30（1955）年，40（1965）年代に雑木林を伐り開き植林した人は，その後，森林開発公団に任せてしまっている。林業は産業ではないと思う。80年サイクルでは産業としてなりたたないのではないか。このままでは山と川がおかしくなってしまうだろう。一番怖いのは山火事である。また，台風による"フキヌケ（杉が根こそぎかえってしまうこと）"がいつかはくるだろうと思う。

④ 山（森）の変化
- きのこ類がなくなった。那賀川上流に200種類あったといわれるが，針葉樹が人工的に植えられてからはめっきり少なくなった。
- 泉がなくなった。かつては山のいたるところにあった。
- 山道がなくなった。山道はかならず泉に通じていた。山道はかつてたくさんあった。
- ミミズ，ガンタロウ（このあたりに生息するミミズを大きくしたようなもの），小動物，モグラが減った。トンボが減った。昆虫類が減った。小鳥が減った（キツツキの音が今では船谷の奥でかすかに聞こえるだけになってしまった）。ウサギが減った（雪に足跡がなくなった）。
- サルやシカは，増えたというよりも，奥から出てきたのではないか。
- 折宇，北川での水溜り（田んぼ）が減った。昔の9割はなくなっただろう。したがって水生昆虫が減った。
- 久井谷の大崩壊まで大雨は何回かあったが大丈夫だった。

(3) 木頭村の川についての知識
① 那賀川本流
- ヤブチ：橋の下にある。名前のつく淵は大きい。
- カンキチ淵：四ツ足トンネル掘削時の土砂によって大分埋められた。
- スケ淵：スケ淵までが遊び場だった。夏の厚い盛りに泳いだり，釣りをした。
- ＊今でも川の蛇行したところに淵らしい場所はあるが，カンキチ淵が埋め立てられて川の流れが変わった。今では北川橋の下あたりの淵が一番深い。

② 那賀川支流の船谷
- 滝があり，川底が掘り込んでいるところをオカマとよび，水神を祭っていた。どこの谷でも一つはあった。船谷にもある。子どものときは怖くて行かなかった。
- イシトドロ：大きな岩があって，その上に水が走っている。大きな石は

## 第3章　自然と人間の共生

　　残っているが，埋もれてしまっている。林道が通り，大きな木がなくなり，周囲が変わった。
* ヤン谷は折宇と北川の境界になっている。戦時中は日和田集落には10戸ぐらいあったが，その頃から，集落を離れるものがつづいた。現在はもともと住んできた1戸と新しく転入した1戸がある。平の集落も5，6戸あったが，現在は1戸となっている。
* 千本谷で山作をしていた。その後，杉を植えた。久井谷では，大崩壊の後，谷川の水が一時なくなるようになった。船谷川の水量も大分減った。堰堤がつくられたので，砂がたまり，昔の流れがわからず，水量は比べられない。
* 谷の変化
  - 昔からあまり変わらない（土砂がたまっていない）谷は，千本谷，日和田谷である。
  - 変わった谷は，船谷と久井谷である。船谷は大きな崩壊はないけれども，旧国道あたりは谷への入り口が狭く，そこから20mぐらい，おららの炭小屋あたりから土砂がたまっている。かつては細い谷川だった。崩壊の理由は，赤土が少ないなどの土質が原因だろう。久井谷は上流で崩壊があり，土砂が流出してきた。

③　魚と漁
  - 今のアメゴはアメゴではない。形，色，味，昔と比べると違う。昔のほうが美味しかった。子どもの頃，友達とカナツキで採った。
  - 折宇谷を境にして，魚の種類が違ってくる。奥のほうが種類は少ない。
  - かつては北川ではウナギが3種類いた。体に斑点のあるのはゴマウナギである。頭の形と色で違いがわかる。アメゴは1種類，アユは2種類いた。
  - モジという道具をつかった方法：モジという道具は木で又になっているものの枝を輪にしてつくる。これは大人も子どもも楽しめる。
  - サカウケ：アユ採り用の道具で，モジと道具の形は同じだが，金網製で

ある。那賀川では，ときどき，ウナギやマスが入っていた。
- ヤナ：秋，アユが下り出すときに，堰をつくって，ヤナという竹で編んだ「ス」に落ち込むようにする。そこに入ったアユを手で拾う。1人ではできない方法で，5，6人の共同作業である。
- ツツンボ：竹製で，ウナギを採る道具。モジと似ている。南川の宇井の内，オオタニあたりでやった。泊り込みでアメゴ釣りをしながら南川へいった。夜，アユを仕かけて朝採る。一つ入っていれば上等だが，ときどきそれ以上入ることもあった。あちこちで，投げ釣りをする人たちはやっていた。
- ヒゴ釣り：竹で細いヒゴを作り，その先に針を取りつけ，ミミズをつける。岩の穴や磯の穴に入っているウナギのいそうなところに，ヒゴをじわりと入れるとウナギが食いつく。
- 冬はアユがいなくなり，アメゴは産卵して痩せて真っ黒になる。3月頃まで黒く，その後，3，4月が一番美味しい。

④ 川の変化
- 川原の石が小さく，小粒になってきた。砂利が多くなった。サラサラ流れるようになった。昔はダブダブ流れるような感じだった。川の音が変わった。
- 昭和51（1976）年の台風で埋まった。大雨の雨の量が減った。雨が大量に降らないので，大水が出ることがなく，川原が広くなってきた。そこに草や木が生えた。昔と比べると，雨の降り方が変わってきたような気がする。その結果，ナカゼが変わった。川の水量はそんなに変化していない。

⑤ ダムによる川の変化
- 下流から来ていた魚，アユ，マス，ウナギがなくなった。
- トンビ，ウ，アオサギが増えた。ダムが関係しているのではないかと思う。
- 谷川でも川でも流送ができない。材木を流す大水が出ないため，寒川流

第3章 自然と人間の共生

写真3-8

助地区蟬谷集落，蟬谷神社境内の祠 （2005年撮影：大野洋一郎，所有：同）

しが今はできない。

## ローカルな知識の今日的意義

こうして中山，中川，田村，中村らの森や川に関するローカルな知識を集めると，それらは生活と結びついているということが注目される。このことは，ローカルな知識が地域における自然と社会との有機的連関を反映していることを示している。そして，そうした関係が昭和40年頃まで維持されていたということは，ヴァンダナ・シバ（Vandana Shiva, 1993）やダニエル・ネトルとスザンヌ・ロメイン（Daniel Nettle & Suzanne Romaine, 2000）が前にのべたように，地域住民が地域の資源に依存し，自治的に管理しているかぎり，（それがなくなれば生活できなくなるのであるから）地域資源を持続的に利用するということが木頭村においても実証されたと考えられる。実際，中山は「森を材とする際は，

一ヶ所を皆伐せず，あちこちから伐り出すこと，大きな木を焚物にしないということに気をつけ，持続的に利用した」と答えている。中山はさらに「昭和40 (1965) 年頃，神崎製紙が木頭村西宇にチップ工場を建ててから雑木が売れるようになり，その結果，雑木が皆伐され，スギに変わった」と話をつづけているが，このことは資源が地域住民の自治的管理から離れると，枯渇することの証左でもある。また，中村が「きのこ類がなくなった。那賀川上流に200種類あったといわれるが，針葉樹が人工的に植えられてからはめっきり少なくなった」「かつては北川ではウナギが3種類いた」とのべていることからも，木頭村の自然は本来，多様であったことがうかがえる。これは第1章の「藩政時代の木頭村地方では多様な生産活動がおこなわれていた」こととも符合する。見方を変えれば，人々が定住している以上，自然が多様だからこそ，自然を基盤とした地域社会が築かれていたともいえよう。

　次に森や川の変化について，上記の人々の話をまとめてみよう。

　森の変化：中山は「木頭村全体では，昭和40 (1965) 年頃，神崎製紙が木頭村西宇にチップ工場を建てて以降，雑木が皆伐され，スギに変わった。久井谷は広葉樹を伐ったところが10年，20年を経て根が腐り出し，大崩壊につながったのだろう」とのべている。久井谷の崩壊原因については田村の推測と一致する。中川は，「裏山の入会山や採草地が，全山40数年生のスギ林に変わった」といい，中山らの見解と同じ時期にスギ林が出現したことを示唆している。田村は，広葉樹の消失が与えた影響について，「ドングリ，クリ，アケビなど，木の実がなくなり，モモンガ，ムササビ，キジ，ヤマネ，ウサギ，ヤマドリや渡り鳥の数が減る反面，サルやシカが人家近くに現れるようになった」とのべ，山の崩壊場所が増えたことも指摘している。田村はまた，髭無谷，久井谷，船谷など個別の沢についても言及し，針葉樹の人工林に変わったところは水量が減っているのに対し，人口林率の低いところは山の崩壊が少ないという。中村は，針葉樹の人工林の影響について，キノコ類や泉が姿を消し，鳥や動物などの野生動物もまた減少していると指摘している。

　川の変化：中山によれば，「那賀川の支流では森林の伐採とともに川の瀬や

淵が埋まり，鉄砲水が出るようになり，那賀川本流はダムができて以来，淵がなくなり，水量はダムができる以前の3分の1になり，魚が見られなくなった」という。中川は，「ダムができて以来，人の心と自然の香りが失われた」と嘆き，「変化しない谷としては蝉谷の上流の原生林の残っている流域しか知らない」という。田村は，「針葉樹のスギは枝打ちをしないかぎり，葉を落とさないので，山の保水力が減り，表土が流れやすくなり，雨が降ったらすぐに川が濁り，淵がなくなり，川の水の勢いがなくなる」と指摘する。またダムの影響については，「アユやウナギなど海と山を行き来する魚が来なくなり，土砂が下流に流れないため，上流側では土砂がたまり，冬，乾燥すると川原から細かい土が舞い上がるようになった」とのべている。中村は川原の石の変化に注目している。石が小さく，小粒になり，川の音も変わったというのである。中村は那賀川の最上流の北川地区にいるためか，川の水量はあまり変化していないといっているが，その下流の折宇地区の田村は3分の2，さらに下流の和無田地区の中山は3分の1といっており，下流に行くに連れて水量が少なくなる傾向にあるようだ。中村はまた，ダムによる川の変化について，下から来る魚が姿を消したのは当然として，トンビ，ウ，アオサギが増えていることも関係しているのではないかという。

　このように，木頭村の森や川とともに生きてきた人々は，労働を通して自然の知識を獲得し，それらの変化については何よりも優れたモニターの役割を果たしていると考えられる。したがって，地域開発の計画にあたっては，地元住民の意見が専門家と同等か，あるいはそれ以上に評価されるべきである。住民参加は近代開発の背景にある近代科学の不完全性を補うという意味においても不可欠なのである。

## 5　木頭村の再生に向けて

　網野善彦（2000）は，大規模開発による自然環境の破壊という事態を目前にして，「生産力の発展こそ社会の"進歩"の原動力であり，それに伴って起こ

る矛盾をこうした生産力の担い手が克服していく」という進歩史観の再検討が歴史学の必須の課題であると指摘している[35]。たとえば,「経済史の発展段階とされてきた,狩猟・漁労・採集経済から農耕・牧畜経済,さらに工業を基盤とする産業経済へという経済の"進歩"の定式も大きな偏りをはらんでいる[36]」。また,「日本は周囲から海で隔てられ,孤立した"島国"であり,そうした閉じられた世界で日本国の下に長期間にわたって生活してきたがゆえに,日本人は均質・単一な民族となった[37]」という"常識"も実態とかけ離れた虚像であり,「海を通じての東西南北の諸地域との,長年にわたる人とモノの活発な交流を通じて,列島の諸地域にはそれぞれ独自な個性が形成されてきた[38]」というのである。このような生産力の発展に基づく「進歩」史観の見直しと日本列島の各地域の多様性を踏まえて,以下,デビッド・C・コーテン (1998) のグローバル資本主義批判のなかに内山節 (1988) の広義の労働の概念を見出し,ローカルな知識を基盤として,広義の労働を主とする世界の再生に木頭村における地域再生の手がかりを求めていきたい。

　デビッド・C・コーテン (1998) によれば,現在の資本主義は経済的グローバル化,規制緩和,金融集中化の組み合わせからなるグローバル資本主義であり,一握りの巨大企業と金融投資家が何十億ドルもの資金を操作し,市場を思いのままに動かすなど傍若無人に振舞っている[39]という。したがって,グローバル資本主義は,資本主義というよりは政府から計画機能が大企業に移転した中央集権的計画経済といえるかもしれない[40],とさえいうのである。そして,その証拠として「世界のトップ200企業の総売り上げは世界GDPの28％に等しいが,雇用は世界人口の1％の3分の1,1880万人にしかすぎない[41]」という統計を示している。その上で,コーテンはグローバル資本主義が金銭を富と混同しているとして,真の富について,次のようにのべるのである。「富とは,われわれ人間の必要を満たし,欲求を充足するような真の価値をもったものである。(中略) われわれにとって最も重要な富は生きた資本である。生きた資本とは,生産や絶えず新しいものを生み出す能力,また生活のシステムを指し,これらこそがわれわれの存在や福祉の主要な源泉を形作り,われわれの文明の基礎を

なしているのだ。生きた資本には自然，人間，社会，そして制度などが関連している」[42]。この主張は宇沢弘文（1994）の社会的共通資本の考え方に通じるものがある[43]。しかし，宇沢は，基礎教育，医療，基礎的交通手段などの社会資本，大気，土壌，河川，海洋，森林などの自然環境を社会的共通資本として社会的な管理を主張するのに対し，コーテンは「グローバル資本主義経済を適度に規制され，地方に根を持つ市場経済に置き換えていく」[44]ことが課題だとして，「新しい市場経済は，生きた資本を再生させ，純有益生産物を増大させ，その生産物をすべての人びとの基本的必要を充足すべく，正義と公正の原則に従い配分し，金銭を生産活動の仲介者という本来の役割に戻すことを目的とするものである」[45]とのべる。宇沢の理論は魅力的ではあるが，ここでは，木頭村の地域経済に限って考えるため，コーテンを踏まえて論議を進めていく。

上記の新しい市場経済を内山節（1988）の言葉に置き換えると，「資本制商品経済のグローバル化によって分解された広義の労働すなわち使用価値をつくり出す労働を再生し，狭義の労働すなわち貨幣のための労働とのバランスをとり戻すものである」と解釈できよう。以下，内山の自然哲学に依拠して，グローバル資本主義が労働にどのような影響を与えたのかを見ながら，木頭村における地域再生のあり方を根源的に考えてみよう。

内山は労働を自然と人間との交通，人間と人間との交通としてとらえる。そして，「人間のもつ二重の交通の変容は，まず人間と人間の交通が変わるところからはじまった。その契機をつくりだしたのが流通過程への貨幣の浸透，あるいは貨幣経済の成立であった」[46]とし，今日では貨幣に基づく交通が制度化され，交通が疎外されていると考える。そして，「自然のなかに商品価値の源泉をみいだすことからはじまる交通，あるいは商品価値の源泉の加工だけを目的とした自然と人間の交通が主導的な役割を果たすとき，非商品価値的な自然は無価値化され，つき崩されながら，結果的には自然の総合性が崩壊させられたのである」[47]として，貨幣の浸透によって疎外された自然と人間の交通が自然と自然との交通を切り裂き，生物多様性を破壊したと関係づけるのである。このことは，たとえば，インドにおける「緑の革命」，木頭村における拡大造林政

策など，換金作物や木材を大量に，それゆえ，効率的＝単一的に栽培した結果，環境破壊を引き起こしたことを想起すれば理解できよう。内山は，したがって，「自然と人間の交通のなかに使用価値をつくりだす技能が息づいていた間は，人間たちは自然のなかに使用価値の源泉をみいだしていた。そしてそれは自然の作用のなかに自然の生命力をとらえることと不可分の関係にあった」[48]とのべ，商品経済の浸蝕を受ける以前の時代を描いている。これはまさにヴァンダナ・シバ（Vandana Shiva, 1993）のインドの伝統的農業の世界であり，木頭村の拡大造林以前の地域社会でもある。

内山は，こうして商品経済の論理と自然との関係を労働のあり方を通して検討した後，商品経済の背後にある合理主義，科学主義など西欧近代の思想に言及し，「自然と自然の交通は，太古の昔から今日にいたるまで，経済価値や効用，近代的合理主義の論理とは無関係な，自然の作用と作用とが交通する世界のうちにつくられつづけている。人間たちは貨幣経済の成立以降，この作用の世界を経済価値や効用，合理主義の論理によって一方的に認識し対象化したのである」[49]とのべ，近代合理主義の限界を示している。ヴァンダナ・シバ（Vandana Shiva, 1993）やダニエル・ネトルとスザンヌ・ロメイン（Daniel Nettle & Suzanne Romaine, 2000）も，近代開発を途上国の伝統的な農林業と対比させることによって，途上国の人々のローカルな知識の優位性，換言すれば，近代的知識の非グローバル性，限界といったものを明らかにしたのだった。

内山は最後に自然と人間との共生という課題に対して，「かつて人間たちは，人間が生きていく過程を支える様々な使用価値をつくりだす行為を，平等に労働として認めながら暮らしていた。（中略）この労働観にもとづく労働を現代という場所のなかで回復する，それは商品価値の生産を超えた労働が，自然と人間の交通と人間と人間の交通を導いていけるような新しい歴史を切り拓いていくことであろう」[50]と結論づける。それは，「自然と人間の世界には，自然と自然，自然と人間，人間と人間の三つの交通が存在している。そしてこの三つの交通が相互に関係をもち合いながらも阻害されることなく再生産されているとき，自然と人間は共生している。自然と自然の交通が阻害されている社会は，

自然と人間，人間と人間の交通が擬制を媒介にして展開されている社会でしかない」[51]からだというのである。内山の「自然と自然の交通が阻害されている社会」とは自然の総合性すなわち生物多様性を失った社会であり，したがって自然と人間との共生は生物多様性を基盤にしてはじめて達成される。

　途上国の農村も木頭村も，現金収入だけを見れば，先進国や都市に比べて格段に少ない。しかし，それが貧しさを意味するわけでは決してない。なぜならば，木頭での労働の大部分は使用価値をつくるもの＝広義の労働であり，貨幣を得るための労働＝狭義の労働はその一部にすぎなかったからである。換言すれば，木頭では，デヤクやテマガイなど広義の労働によって使用価値が生み出され，森と川が豊かであるかぎり，薪，山菜，シイタケ，アメゴ，アユなど生活に必要な分はお金を払わずとも自らの労働によって賄なうこともでき，畑にユズを植えれば現金も得られるのである。現金収入は少ないけれど，現金がなくても生活できる暮らしである。したがって，広義の労働を支えるのは人々の間の協働と自然の豊かさ＝生物多様性であると同時に，人々の間の協働と自然の豊かさ＝生物多様性が広義の労働を支えることになるのである。だとすれば，木頭の60代，70代の森や川に対するローカルな知識を手がかりに，針葉樹の森を針広混交林に変え，ダムを壊して川を甦らせること，それが広義の労働を主とする世界を再興することにならないか。かつてのように広葉樹の森から食料や薬，川からは魚を得る。現金は針葉樹を木材にする林業と畑に植えるユズから得ることができる。しかし，それは小さな世界に閉じられたものではない。木頭の人々が自然の豊かさと地域の歴史や文化を大切にしながら生き生きと暮らしていれば，都会から訪れる人もあるかもしれないし，1度木頭村を離れた人々でもいつか戻ってきたいと願う人がいるかもしれない。そうして開かれた場所にするのである。それは木頭村の細川内ダム反対運動に発した環境変革運動に新たな段階の内発的発展をめざすことを要請する。その内発的発展とは「ローカルな知識を中核にした地域の歴史・文化，住民自治，環境正義などを踏まえ，産業振興を必要条件とするのではなく，近代開発の問題と真摯に向き合い，自然と人間との共生をめざすこと」である。

2000（平成12）年12月，藤田村長は，細川内ダム計画の白紙撤回後の新たなスタートとして，役場の庁舎にかけられていた「細川内ダム絶対反対」の大きな垂れ幕を下ろし，それに代わる垂れ幕「森と川の村」を高く掲げた。藤田は，ダム反対運動に注がれたエネルギーを村づくりへと向けようと，森と川に木頭村の原点を見出し，国の政策の失敗や資本制商品経済の氾濫によって荒廃した地域環境の再生を図ろうとしたのではなかったか。

[注]
1) Vandana Shiva, "Monocultures of the Mind; Perspectives on Biodiversity and Biotechnology", Zed Books Ltd, *London and New York*, 1993, pp 39-49.
2) Vandana Shiva, "Poverty & Globalisation", BBC Reith Lectures, 2000.
3) Vandana Shiva, "Monocultures of the Mind; Perspectives on Biodiversity and Biotechnology", Zed Books Ltd, *London and New York*, 1993, pp 27-30.
4) Daniel Nettle & Suzanne Romaine, "Vanishing Voices", Oxford University Press, 2000, pp 156-160.
5) Daniel Nettle & Suzanne Romaine, *ibid*, pp 161-163.
6) Daniel Nettle & Suzanne Romaine, *ibid*, pp 164-166.
7) 内山節『憧景のなかの労働——労働のなかの二つの関係』（有斐閣，1988年）。
8) 同上書，202頁。
9) 同上書，205頁。
10) 同上書，206頁。
11) 同上書，213-214頁。
12) 同上書，219頁。
13) 同上書，219-220頁。
14) 同上書，220頁。
15) 同上書，222頁。
16) 同上書，224頁。
17) 同上書，231頁。
18) 同上書，231頁。
19) 同上書，232頁。
20) 同上書，242頁。
21) 同上書，242頁。
22) 同上書，245-246頁。
23) 同上書，246頁。
24) Daniel Nettle & Suzanne Romaine, *ibid*, pp 168-169.

25) 田村によれば，現在では，「ヤサネ」という言葉はあまりつかわれなくなっているようである。
26) 高知県物部村の別府峡温泉の場所に，かつて小学校があり，そこで芝居をおこなったそうである。
27) 田村によると，部落林を解体した昭和36年頃から，地区で何かを地区住民の出役（デヤク）によっておこなうときには出役（デヤク）賃を支払うようになった。
28) 田村によれば，折宇での寺関連の行事は，葬式，虫送り，施餓鬼，お大師さん（大師講），庚申さん（庚申講），お盆，大晦日の年取り（大晦日に寝ないで過ごす），彼岸，土用，初講などである。
29) 昭和44年に北川地区の婦人会が高ノ瀬峡レストハウスを開店し，それがのちに高ノ瀬峡保勝会へと引き継がれた。
30) 和無田地区のヨシノ団地については，他の組と違い，役場からの回覧物や配布物などを配布することのみをおこなっている。したがって，葬儀などについての取り決めはないようである。
31) 開墾し，ある一定期間以上耕作をつづければ，県のほうからその土地が払い下げられるということであったと，中山は記憶している。
32) 付録，図4-3　中山美由喜の記憶にある宇井の内，日早の山と川の地名，参照。
33) 中川によれば，当時の法律では，生産森林組合に申請することで，それまで共有地であった採草地を3年後には個人の所有地として転換することができるようになっていて，その制度を利用したのだという。
34) 木頭村には部落差別は歴史的に存在しないようである。したがって，木頭村の人々は「地区」のことを「部落」という言葉で表現することが多い。
35) 網野善彦『「日本」とは何か』（講談社，2000年）13頁。
36) 同上書，14頁。
37) 同上書，25頁。
38) 同上書，25-26頁。
39) デビッド・C・コーテン「グローバル資本主義は人類を貧困化させる」世界651号（1998年）52-53頁。
40) 同上書，54頁。
41) 同上書，53頁。
42) 同上書，56頁。
43) 宇沢弘文「社会的共通資本を考える」『宇沢弘文著作集Ⅰ』（岩波書店，1994年）195-222頁。
44) 前掲誌，デビッド・C・コーテン59頁。
45) 同上。
46) 内山節『自然と人間の哲学』（岩波書店，1988年）219頁。
47) 同上書，221-222頁。

48) 同上書，225頁。
49) 同上書，242頁。
50) 同上書，245頁。
51) 同上書，246頁。

## あ と が き

　徳島県木頭村には平成9（1997）年8月から平成17（2005）年までの8年間，毎年，1，2度訪れている。多いときは4回行った年もあった。北海道から木頭村までは，千歳空港から飛行機に乗り，羽田経由で徳島空港に行き，バスを乗り継いで合計10時間以上かかる。千歳から関西空港に着き，バスを2度乗り継いで木頭村に行くこともあった。いずれも徳島駅から徳島バスで那賀川の川口発電所まで行き，そこからマイクロバスに乗り継ぎ，那賀川の本流をくねくねと上っていく。その間，点在している鷲敷町，相生町，上那賀町のいくつもの集落を抜けると，終点の木頭村である。しかし，多くの場合，住民運動のリーダーの一人，田村好さんに高知空港まで送り迎えしていただいた。

　平成9（1997）年当時，細川内ダム反対運動は全国的な注目を集め，藤田恵村長の動向が新聞，雑誌，テレビなどでよく取り上げられた。その結果，新聞記者のみならず，自然保護活動家，政治家，研究者など多くの人々が全国から木頭村を訪れるようになった。その都度，藤田村長，田村好さん・高石康夫さんの両村議らが細川内ダム予定地とされた地点や，久井谷の砂防ダム群などを案内し，役場でダム反対運動の経緯を説明するというのが常だった。しかし，平成12（2000）年10月13日，細川内ダム計画の完全中止が決定し，翌年4月8日，藤田恵村長が3度目の村長選挙に敗れると，潮が引くように木頭村から訪問者の姿が消え，メディアの報道も途絶えた。

　私は，木頭村に行くにつれて，細川内ダム反対運動の原動力，すなわち田村好さんや藤田村長ら木頭村の人々がなぜ，30年もの間，権力と闘うことができたかを知りたいと思うようになった。社会的運動への関心にとどまらず，それを担う人々，それを支持する人々への興味が増していったのである。だから，私はダム計画が中止になり，藤田村長が落選したからといって木頭に行くことを止めなかった。その結果，木頭の人々からはダム反対運動はいうまでもなく，

木頭村の自然，文化，社会の仕組みなど，多くのことを教えていただいた。本書はしたがって，木頭村の人々との共著である。

　平成13（2001）年4月，異常な選挙戦を経て，土建業界の強い支持を受けた伊藤英志が新村長に選ばれたことは第2章でのべた。伊藤村長は，就任の挨拶のなかで，国が市町村合併を促進している以上，避けて通れない問題であり，「木頭村は他町村よりこの問題に対する研究が一歩遅れておりますが，真剣に研究していかなければならないと考えております」とのべ，市町村合併を最優先事項と位置づけた。その村政といえば，藤田恵村長によって進められた住民自治の時計の針を元に戻し，国の方針を追随して市町村合併をおこない，木頭村を地図上から消し去ったことに尽きる。

　伊藤村長の晴れ舞台は4年間の在職中，わずか2回であった。一つは平成13（2001）年10月10日，円藤徳島県知事が来村したときである。伊藤村長は円藤知事に対し，「村民は県の最高責任者である知事の見解をお聞きし，ダム問題に本当の決着をつけたいとの思いがあります」と歓迎の挨拶をのべ，円藤知事は次のように答えた。「今日を一つの節目として，新しい木頭村に生まれ変わるんだと，そのために県も一生懸命になってご支援し，財政的な面など色々な面で，一生懸命新しい村づくりのお手伝いをさせていただくと，そういう気持ちを私は十分持っておりますので，村長さんや，また，今日，議会の議長さん，副議長さんもお見えでございますので，よくお話をして，前に向いて，これから木頭村をどうしていくのかということについて，一つ一つ真剣にご要望をお伺いし，実現に向けて努力をしていきたい，真摯な気持ちで対応してまいる所存でございますので，どうか，よろしくお願いしたいと思っております」。その後，円藤知事の話は国道195号線の改良についての具体策におよび，伊藤村長ともどもお互いの支持基盤である土建業者に秋波を送った。なお，円藤知事の来村の際，役場の会議室では松本利夫議員が席をともにし，一緒に写真に納

---

ⅰ）『広報木頭』第242号（平成13〔2001〕年7月）2頁。
ⅱ）『広報木頭』第244号（平成13〔2001〕年10月）2頁。
ⅲ）『広報木頭』第244号（平成13〔2001〕年10月）2-3頁。

あとがき

まっている。伊藤村長のもう一つの晴れ舞台は，平成17（2005）年2月20日，木頭村文化会館に自民党の代議士らを来賓に招き，木頭村閉村記念式典をおこなったときである。

　木頭村の消滅は，細川内ダム反対運動が木頭村＝自治体の首長，議会，住民が一体となって進められたことを踏まえれば，地方自治に逆行する。市町村合併によって自治体が広域化されればされるほど，住民運動が局地化・矮小化され，地域全体の問題となりがたいことは環境問題の歴史上，明らかだからだ。その一例としては香川県豊島の産業廃棄物不法投棄事件があげられる。筆者は，平成10（1998）年3月，香川県豊島を訪れ，当時の住民運動のリーダー石井亨さんに「なぜ，産廃処理問題の解決が遅れているのか」と尋ねたところ，「豊島住民1400人全員が産廃のもち込みに反対したが，豊島は土庄町18000人の一部であり，土庄町役場から離れた島であったため，土庄町全体の問題とはならなかった」といわれたことが強く印象に残っている。また，市町村合併は，財政の立場から見れば短期的には効率的といわれるが，その背後には「農山漁村は過疎化もやむをえない」という前提があるということを忘れてはならない。したがって，市町村合併は，農山漁村の過疎化を解決するのではなく，それを加速・促進し，国の基幹産業であるべき農林漁業や地方の伝統文化の衰退を招くことは必至である。いずれにせよ，伊藤英志村長は，木頭村の課題と向き合うことなく，他の町村との合併を地方自治に優先させた首長として記憶され，後世に語り継がれるだろう。

　ここで改めて細川内ダム反対運動を牽引した田村好さんと藤田恵前村長に話を移し，それぞれの近況をお伝えしたい。

　田村好さんは，細川内ダムが白紙撤回された後も何が起こるかわからないとの危機感から「村民ネットワーク木頭村」を立ち上げ，村内と村外との交流を進めた。具体的には，四季報『やまびこ通信』を発行し，林業体験ツアーの企画・実行をおこない，村内外の人々に木頭村の課題や森林の大切さを訴えつづけてきた。平成17（2005）年5月，その活動は町村合併による木頭村の消滅を機に停止したが，田村さんのダム反対運動への情熱は一向に衰えることなく，

現在，細川内ダム反対運動資料館を自宅の向かいに建て，デモのときのプラカード，旗，鉢巻，謄写版などの道具や国会での質問趣意書，裁判時の資料などを展示すべく準備中である。今後も田村さんの活動は村内外の人々の心をつなぎ，それぞれの心に正義の火を点しつづけるに違いない。

　藤田恵さんは平成13（2001）年4月の村長選挙に敗れたあと，木頭村北川の借家から日和佐町の自宅に戻った。平成14（2002）年7月，日和佐町議会議員選挙において，かつて全国電気通信労働組合（全電通）の分会役員として一緒に活動した戎野博さんの後援会長として支援活動をおこない，そのトップ当選に貢献した。同年同月，「"公害Ｇメン"の名で知られる故田尻宗昭さんの活動の精神を伝えるために設立された」田尻賞を受賞した。これは社会正義のために闘う藤田さんにもっともふさわしい賞だと思われる。平成17（2005）年3月，日和佐町長が実質1週間で隣の由岐町との合併を強行しようとしたため，戎野さんを中心に町長のリコール運動が起こり，同年8月に成立するという出来事があった。その際も藤田さんは戎野さんの相談役として住民自治の推進に寄与した。平成17（2005）年12月からは水源開発問題全国連絡会顧問として，全国各地で権力と闘う人々に勇気を与えている。

　話は変わるが，私の研究のバックボーンおよび木頭村との出会いについて申し添えることをお許しいただきたい。私は北海道の公立高等学校の教員を9年間勤めたあと，北海道大学大学院教育学研究科の高村泰雄先生のもとで，環境科学の体系化というテーマに取り組んだ。高村先生は，環境問題は人類的課題であること，環境科学は従来の科学のように対象としての自然や社会の認識ではなく，人間との関係における自然や社会の認識であるということをいつも口にされていた。私は，したがって，自然の歴史性・階層性のなかに人間を位置づけ，環境科学を「人間生活圏の自然と人間・社会との相互作用における人間の自己認識と人間・社会の変革に関する科学である」と規定し，自然の社会化，相互作用の地球化，持続的発展などを鍵概念として環境科学を体系化することができたのである[iv]。当

---

　iv）　高村泰雄・丸山博著『環境科学教授法の研究』（北海道大学図書刊行会，1996年）。

あとがき

時は環境問題の本質を知るため，自然科学研究に加えて，宮本憲一先生や原田正純先生の公害研究の著作を読み，学会などで両先生の講演に耳を傾け，被害者や住民の立場に立つことの重要性を学んだ。それが私の環境研究の原点になった。その意味において，宮本先生と原田先生は高村先生とともに私にとってとてつもなく大きな存在である。

　平成5（1993）年11月，室蘭工業大学に教授として採用された。当時の私は，博士後期課程を修了したものの，他の院生とは違って，年齢上，研究職が見つからないかもしれないという不安に駆られていた。したがって，あの時の喜びは今でも忘れない。しかし，それもつかの間，高村先生から二つの大きな課題を与えられた。一つは日本における環境研究の先駆者，宮本先生を絶えず意識して社会科学的研究を進めること，二つ目は室蘭工業大学を世界的な環境研究のセンターとすることである。高村先生は，大学院時代，理論物理学の研究者として将来を嘱望された人だが，マルクスやヘーゲルなどの理論にも精通し，北海道大学大学院教育学研究科では弟子の研究への要求水準が高いことで知られていた。正直言って，私は，当初，大変な課題をいただき，どうしたらよいのかすぐには思いつかなかった。その後，「周辺地域における環境問題の歴史と構造をそれにかかわる人々の認識や運動の視点から体系化する」という研究テーマを立て，それと取り組むうちに10年が経った。その一つの成果が木頭村研究であり，本書はしたがって，高村先生の課題の一つに対する私の回答でもある。また私の勤務する室蘭工業大学は，平成16（2004）年4月の国立大学の法人化にともない，環境科学・防災研究センターを立ち上げ，私も「環境の人間的側面研究」のメンバーとしてその末席に名を連ねている。同センターが平成18（2006）年3月には姉妹校のウェスターン・ワシントン大学との共同セミナーを開催した際，同僚の亀田正人をファースト・オーサーとして「ヒグマの保護管理に関する人間的側面研究」の成果の一部を発表した。それは前年の9月，イタリアのリヴァ・デル・ガルダでの国際クマ学会において発表したものを少し前進させたものである。今後，国際学会での発表や海外の大学との共同セミナーを積み重ね，世界を絶えず視野に入れて上記の研究テーマを追求して

いけば，室蘭工業大学が世界の環境研究の一つの拠点になることに寄与することも夢ではないと考えている。

　私にとって幸運だったのは，高村先生との出会いとともに，木頭村の人々や私のもとで卒業論文や修士論文に取り組みたいという学生に出会えたことであった。平成7（1995）年冬，民放のドキュメンタリー番組で放映された木頭村のダム問題に衝撃を受け，翌年3月，熊本市で開かれた日本環境会議で藤田恵村長の話を伺い，その人柄に惹かれたのが木頭村研究をはじめた発端であった。藤田村長のみならず，木頭村の多くの人々からダム反対運動やローカルな知識とともに，人間としての生き方も学ぶことができた。その結果，私の使命は過去の出来事として忘れ去られようとしている細川内ダム反対運動とそれにかかわった人々の名前を歴史に刻むことであると自覚するようになった。だから，登場人物の名前はすべて実名とした。また，私の学生，田中真澄が1年間木頭村折宇に住み，木頭村をテーマにした修士論文「木頭村における開発の歴史とローカルな知識に関する研究」に全力を傾けたことは，私の研究の牽引力となった。田中は釧路工業高等専門学校の建築学科を卒業し，室蘭工業大学に編入学してきた学生で，そのひたむきな努力がなければ，本書は決して日の目を見ることはなかった。第1章と第3章を田中真澄との共著としたのは，そういう理由である。私のもう一人の学生の大野洋一郎は，私に研究をまとめるよう勧め，木頭村の写真の撮影・整理，図表の校正などを献身的にしてくれた。二人の誠実で優秀な学生たちからは「学生は教員を導いてくれる」という大切なことを教えられた。その意味で，彼らの前に，松橋玲をはじめとし，森田千尋，鈴木啓介，李達喜君らの学生諸君が私の研究室の扉を開けていなければ，本書も生まれなかったに違いない。

　本研究を進めるにあたっては恩師や学生以外にも多くの人々の尽力をいただいた。本書第1章の2の3「拡大造林政策と林業・森林」の「林業の労働と技術」は，2001年8月，当時室蘭市の学芸員だった久末進一さんと聞き取り調査をしたときの久末さんの記述に負っている。原稿上の木頭の記述については，木頭村の藤田恵，田村好，中村広知，中川清，中山美由喜ら各氏に間違いを正

あとがき

していただいた。平成17（2005）年7月には，藤田，田村，中村の3氏の家に泊めていただき，原稿に目を通していただいた。室蘭工業大学の同僚，亀田正人，松名隆，富士川計吉，奥野恒久の各先生からは，日々の会話を通して研究を進める上での重要なヒントを頂戴した。私と富士川，奥野の3名で共催する環境平和市民ゼミのメンバーの橋本順子，万城治，万城マキ，万条百合子，包淵，富士川晶，李艶敏，原田圭子，阿部祐也，鎌田直樹の皆さんには原稿の検討をしていただいた。平成13（2001）年度，14（2002）年度の2年間はWWF・日興グリーンインベスターズ基金から研究助成金を得た。その貴重な資金によって，木頭村環境読本づくりの基礎研究を進め，木頭村の人々と日本・中国・アメリカの学生からなるサマーセミナーを開催することができた。当時帯広畜産大学大学院の小島望君が共同研究者となっていなければ，助成金を得ることもサマーセミナーを思いつくこともなかった。また本書の出版にあたっては，室蘭工業大学長の松岡健一先生からことあるごとに励ましの言葉をかけていただいた。法律文化社の小西英央氏には出版上の細かな作業に加えて，心のこもった対応と的確な示唆を頂戴した。この場をお借りして，すべての方々に深く感謝申し上げる。

　最後になったが，平成15（2003）年12月4日，田中真澄の修士論文の発表会を木頭村文化会館でさせていただいた。当日，お忙しいところ，出席してくださった村民の皆様には誰よりも早く本書をお届けするつもりである。以下，その名前を記して（順不同）感謝の気持ちをお伝えしたい。なお，細川内ダム反対運動のキーパーソンの一人，岡田争助さんが今年1月逝去されていたことを最近知った。ここに謹んで哀悼の意を表する次第である。

| | | |
|---|---|---|
| 平野安江（出原） | 西田幸子（和無田） | 走川秋由（助） |
| 宮本春美（川切） | 一香フジコ（出原） | 丸山　縁（折宇） |
| 田中名子（折宇） | 岡田由江（西宇） | 森口サチコ（西宇） |
| 宮本敬明（川切） | 田村トミコ（折宇） | 中山美由喜（和無田） |
| 丸山徳太郎（折宇） | 平　従道（北川） | 高石康夫（出原） |
| 大谷孝捌（出原） | 中川　清（和無田） | 久保　幸（折宇） |

| | | |
|---|---|---|
| 大 西　　玲（和無田） | 大 谷 時 枝（出原） | 山野三代子（出原） |
| 名村トキエ（出原） | 中山祐美子（和無田） | 田 村　　好（折宇） |
| 大澤夫左二（南宇） | 木 場 俊 介（山村留学生） | 玄 蕃 隆 行（北川） |
| 玄 蕃　　雛（北川） | 田 村 ヤ エ（折宇） | 森 脇 一 子（出原） |
| 藤 田　　恵（日和田） | | |

2006年8月

　　　　　　　　　　　　　　　　　　　　　　　　編著者　丸 山　博

| 付　録 | ローカルな知識とかかわる山と川の地名

付　録

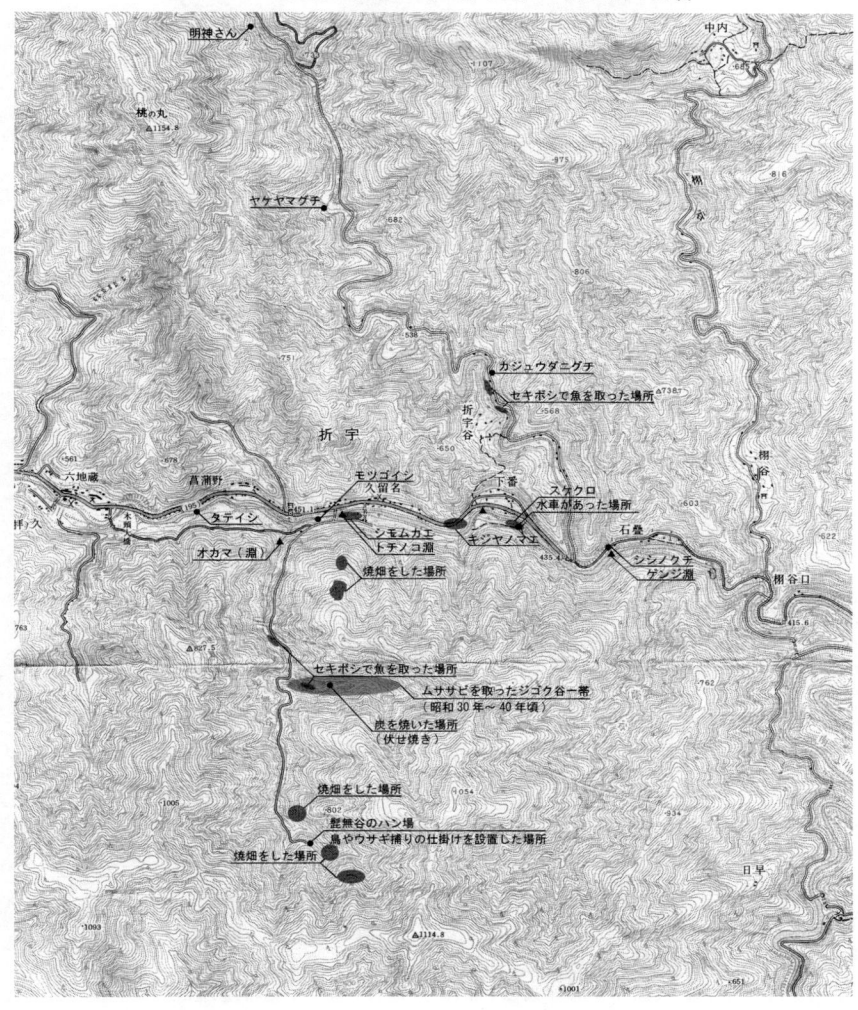

図4-1　田村好の記憶にある折宇地区の山と川の地名

243

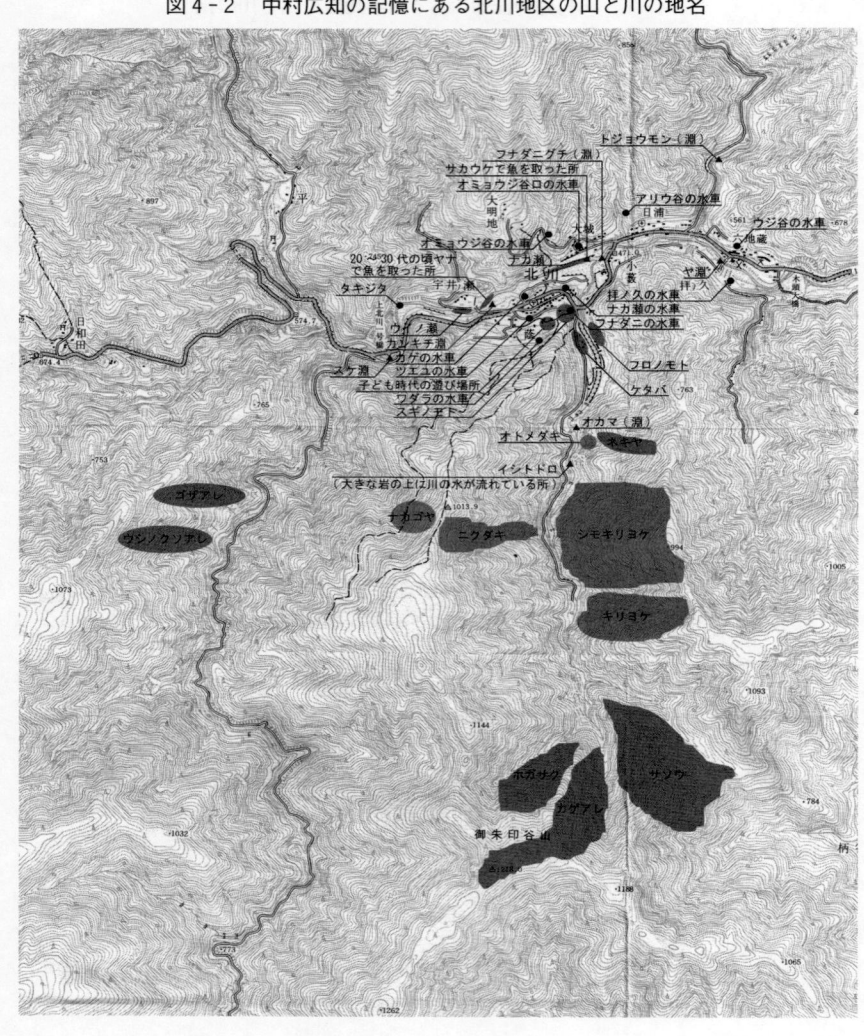

図4-2　中村広知の記憶にある北川地区の山と川の地名

付　録

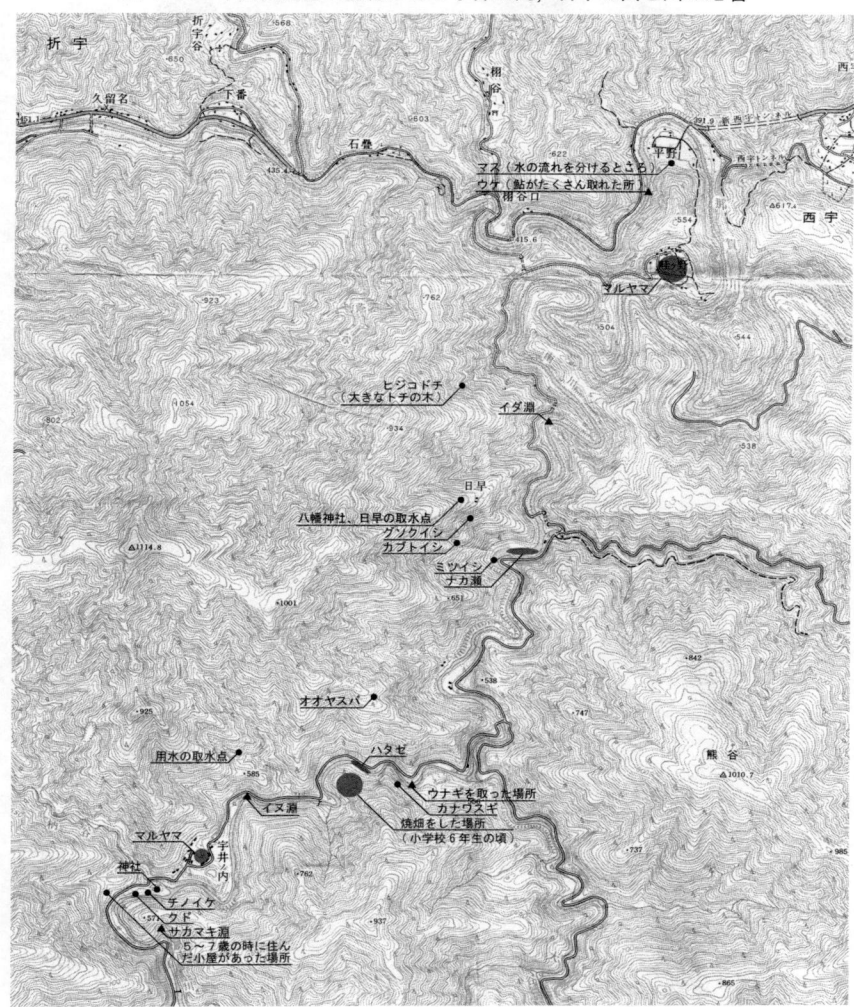

図4-3　中山美由喜の記憶にある宇井の内，日早の山と川の地名

245

# 索　引

## あ行

アメリカの河川政策　151, 154
一香フジ子　74
出　原　10, 12-13, 20, 22, 35, 45, 74, 85, 92, 113, 145, 178-184, 188, 191, 197, 208
イデ普請　184-185, 187, 196-198, 201, 203-204
ヴァンダナ・シバ　163, 165-167, 228
宇井の内　61, 178-179, 186, 191-192, 194-195, 222
ウイングスプレッド宣言　123-124, 126-129
内山節　73, 172-175, 226-229
岡田蒸太郎　18
岡田争助　50, 54, 81, 85, 88, 177
岡田仁平　17, 54
奥木頭村　13, 17, 20
折　宇　10, 12-13, 20, 47, 60, 68, 79, 85-87, 113-114, 178-181, 186-188, 191-194, 197-198, 200, 204-205, 210, 217-218, 220-221, 225
折宇字日早　35, 61, 63, 178-179, 186, 191-192, 194-196

## か行

外来型開発　55-56, 65, 70-71, 163, 172
拡大造林　42-43, 46-48, 52, 54-55, 209, 228
藤原留太　19, 22-23, 35
川口ダム　30-32, 131
環境権　132-133, 135
環境正義　72, 75, 116-119, 122, 128, 163, 229
機関委任事務　25-26
北　川　10, 12-13, 17, 19, 22, 45, 47-51, 59, 63, 68, 85, 107, 108, 113, 114, 145, 178-181, 184, 186-191
木頭村総合開発基本構想　61-62, 64

木頭村ダム建設阻止条例（ダム阻止条例）　132-134
木頭村ダム対策協議会（協議会）　62-63, 89-90, 92, 99-101, 106, 144, 150
木頭村ダム反対同志会（反対同志会）　98, 110, 113-114, 136, 147, 157
木頭村ふるさとの緑と清流を守る環境基本条例（環境基本条例）　132, 135
狭義の労働　73-74, 174, 227, 229
近代開発　9, 15, 75, 146, 163, 165, 167, 168, 172, 225, 228, 229
広義の労働　73, 172, 174, 177, 187, 196-197, 226-227, 229
小見野々ダム　30-33, 35, 39-42, 46, 56-57, 59, 81-83, 101, 110, 131, 205, 208, 216

## さ行

榊野誠，榊野村長　44, 56, 59-62, 64, 70, 80-83, 85, 89-90, 100
佐原甲吉　95
時局匡救事業　18, 21-22, 24, 56
住民運動　72, 88, 89, 114, 147
住民参加　23, 71, 140, 146, 151, 153, 184, 225
住民自治　25, 75, 90, 104, 116, 163, 196, 229
住民直接請求（リコール）　62, 85-86, 86-89, 98-99, 115, 120, 142
住民投票　120
助　12-13, 32, 41, 45, 57, 58, 68, 85, 91, 113, 178, 181, 208
柚　人　12

## た行

第三セクターきとうむら　74, 142, 143, 146
高石康夫　106, 110, 157, 177
武谷三男　120, 124-126
立ち木トラスト　114, 148

タテマエ 194, 197, 201, 203
ダニエル・ネトルとスザンヌ・ロメイン 165, 168, 170-171, 185, 228
太布 66, 200
太布織り 10, 12, 66, 178
ダム反対運動 27, 38, 41, 63-64, 74, 83, 86-88, 101, 106, 110, 116, 129, 134, 139, 142, 146, 156, 163, 177, 229
田村好 41, 47, 50-51, 53, 83, 85-87, 99, 113-114, 137, 157, 177-178, 200-202, 204, 210, 224-225
地域開発 9, 25, 30, 44, 55-56, 59-60, 70-71, 163, 225
地方自治 13, 23-28, 56, 58-59, 65, 70, 79, 85, 104, 112, 129, 134, 163
鶴見和子 71
デビッド・C・コーテン 226-227
テマガイ 184, 192, 194, 196-198, 201, 203
出役（デヤク） 14, 19, 184-185, 188, 190, 192, 198, 200-202, 204-205, 229

## な 行

内発的発展 55, 70, 65, 70-71, 163, 172
那賀川総合開発事業計画 29, 32
那賀川を守る会（守る会） 106, 110-111, 114, 136, 147, 157
中村広知 12, 22, 49-50, 179, 216
長安口ダム 30, 32, 36, 45, 51, 85, 87, 91, 93, 96, 131, 147, 207
西宇 10, 12-15, 17, 19-20, 32, 34, 54, 60, 79, 81, 85-86, 104, 107, 112-113, 178, 181, 196, 207, 224
農間稼 12

## は 行

華山謙 96
久井谷 47, 49-50, 59, 63-64, 203-204, 206-207, 211, 213, 218, 220, 221, 224
藤田恵, 藤田村長 41, 46, 70, 73-74, 104-105, 107, 108, 110, 112, 114, 116, 129-130, 132, 135-137, 139, 141-147, 149-154, 163, 177, 184, 189, 230
部落林 17, 187-188, 203-204
細川内ダム 27, 30-33, 36, 61, 64, 69, 79-81, 83, 85, 92, 95, 96, 98, 100-107, 110, 114, 122, 129-132, 137, 140, 144, 146-150, 152, 154-157, 163, 177, 229, 230
細川内ダム計画 34-35, 59, 61, 63-64, 79-81, 83, 93-94, 101, 106, 110, 113, 129, 132, 137, 147, 149, 150, 154-156, 230
細川内ダム対策同志会（同志会） 41, 61, 79, 81, 85-92, 101, 106, 110, 113, 139, 144, 178
細川内ダム反対同志会連合会（連合会） 85-86, 88-89, 101, 110

## ま 行

道普請 184-185, 187, 189, 190, 196
南宇 10, 12-14, 20, 85, 113, 178, 181
宮本憲一 25, 55

## や 行

焼畑 9, 12, 16, 22, 114, 178, 198, 205, 210, 217-218
ヤマザク 12-13, 210
ユズ皮事件 115, 143, 145
吉野用水 197-198
予防原則 116, 122-123, 125-126, 128-129, 163

## ら 行

ローカルな知識 163-155, 167-168, 172, 175, 177, 205, 223, 226, 228, 229

## わ 行

和無田 10, 12-13, 17, 20, 64, 85, 113, 178-184, 186, 188, 191-192, 194-195, 197-198, 205, 208, 225

■著者紹介

**丸山　博**（まるやま　ひろし）
1976年，北海道大学理学部卒業。
北海道公立高校の教員を経て，
1994年，北海道大学大学院教育学研究科博士後期課程修了。
1995年から室蘭工業大学教授（社会環境論，地域環境政策論）。
2002年度，ウェスターンワシントン大学客員研究員。
現在は，「ヒグマと人間との共生システムの構築」（共同研究）や「PCB処理施設をめぐる社会的合意形成」などの研究にも取り組んでいる。
著書（共著）には博士論文をまとめた『環境科学教授法の研究』（北海道大学図書刊行会，1996）がある。

**田中　真澄**（たなか　ますみ）
1997年，釧路工業高等専門学校建築学科卒業。
1999年，室蘭工業大学工学部建設システム工学科卒業。
ポートランド州立大学留学，ネパールでのNGO活動を経て，2003年室蘭工業大学大学院工学研究科修士課程修了。
2004年4月〜06年4月までの2年間，JICA青年海外協力隊の一員としてベトナム・カントー市に滞在し，周辺の農村開発に従事した。2006年8月からはJICAのネパール・バタン市における環境教育事業に専心している。

---

2006年10月20日　初版第1刷発行

## 内発的発展と地域社会の可能性
―徳島県木頭村の開発と住民自治―

編著者　丸　山　　博

発行者　岡　村　　勉

発行所　株式会社　法律文化社

〒603-8053　京都市北区上賀茂岩ヶ垣内町71
電話 075 (791) 7131　FAX 075 (721) 8400
URL：http://www.hou-bun.co.jp/

©2006　Hiroshi Maruyama　Printed in Japan
印刷：㈱冨山房インターナショナル／製本：㈱オービービー
装幀　平井秀文
ISBN 4-589-02975-8

| 富井利安編〔αブックス〕 | 日本の環境・公害問題の歴史性と公害法の豊富な研究業績および最新の理論動向を踏まえた標準的な基本書。環境法における法的主体たる市民にとって重要と思われる環境問題とそれらと法との関連を取り上げることに主眼をおいた。 |
|---|---|
| **レクチャー環境法**<br>A5判・266頁・2520円 | |
| 吉村良一・水野武夫編<br>**環境法入門〔第2版〕**<br>―公害から地球環境問題まで―<br>A5判・256頁・2835円 | 環境法の全体像を市民・住民の立場で学ぶ入門書。Ⅰ部は、公害・環境問題の展開と環境法の基本概念を、Ⅱ部では、さまざまな環境問題の実体を明らかにし、環境権確立のための法的課題を提示する。 |
| 勝田 悟著<br>**環境保護制度の基礎**<br>A5判・200頁・2415円 | 人間にとって必要な環境を維持するには、自然科学に基づく社会科学的な制度が不可欠との認識に立ち、環境保護のための諸制度を、資源利用の効率化、有害物質の拡散防止などの諸側面から解説する。 |
| 戸﨑 純・横山正樹編<br>**環境を平和学する!**<br>―「持続可能な開発」からサブシステンス志向へ―<br>A5判・244頁・2205円 | 環境破壊は、生命の本来生を奪い、平和ならざる状況の一つである。環境を平和学的に捉え直すことにより環境問題アプローチのオルタナティヴを提言し、「開発」から平和へのパラダイム転換と構造的暴力克服への方途を提示する。 |
| 郭 洋春・戸﨑 純・横山正樹編<br>**脱「開発」へのサブシステンス論**<br>―環境を平和学する!2―<br>A5判・240頁・2205円 | 世界近代システムにほころびが生じる中で、それに替わる世界をどう構築していくのか。開発主義の脱却と平和パラダイムへの転換をめざすサブシステンス志向の平和学の立場から次の時代を開く新たな分析枠組みと理論を提起する。 |

――― **法律文化社** ―――

表示価格は定価(税込価格)です。